O ANTIRRACISMO ESCREVENDO HISTÓRIAS NO MOVIMENTO PSICANALÍTICO

Blucher

O ANTIRRACISMO ESCREVENDO HISTÓRIAS NO MOVIMENTO PSICANALÍTICO

A força transformadora dos coletivos

Organizadores

Ignácio Alves Paim Filho

Bryan Menger dos Santos

Mara Cristina Corrêa Floriano

Tânia Nara Carvalhal Israel

Larissa Brasil Ullrich

Júlia Schneider Protas

(Grupo de Estudos Relações Raciais e Problemáticas Identificatórias)

O antirracismo escrevendo histórias no movimento psicanalítico: a força transformadora dos coletivos

Publisher Edgard Blücher
Editor Eduardo Blücher
Coordenador editorial Rafael Fulanetti
Coordenadora de produção Ana Cristina Garcia
Produção editorial Andressa Lira
Preparação de texto Lidiane Pedroso
Diagramação Lira Editorial
Revisão de texto Regiane da Silva Miyashiro
Capa Departamento de Produção
Imagem da capa iStockphoto

Blucher

Rua Pedroso Alvarenga, 1245, 4º andar
04531-934 – São Paulo – SP – Brasil
Tel.: 55 11 3078-5366
contato@blucher.com.br
www.blucher.com.br

Segundo o Novo Acordo Ortográfico, conforme 6. ed. do *Vocabulário Ortográfico da Língua Portuguesa*, Academia Brasileira de Letras, julho de 2021.

Dados Internacionais de Catalogação na Publicação (CIP)
Heytor Diniz Teixeira, CRB-8/10570

A luta antirracista e sua história no movimento psicanalítico : a força transformadora dos coletivos / organizadores Ignácio Alves Paim Filho et al. – São Paulo : Blucher, 2025.

288 p.

Bibliografia
ISBN 978-85-212-2664-2 (Impresso)
ISBN 978-85-212-2661-1 (Eletrônico – Epub)
ISBN 978-85-212-2662-8 (Eletrônico – PDF)

1. Psicanálise. 2. Clínica psicanalítica. 3. Psicanálise decolonial. 4. Psicanálise e antirracismo. 5. Racismo (Psicologia). 6. Psicanálise e relações raciais. 7. Metapsicologia. 8. Luta antirracista na psicanálise. I. Título. II. Paim Filho, Ignácio Alves.

CDD 159.964.2

Índice para catálogo sistemático:
1. Psicanálise

Não fizemos os quilombos sozinhos. Para que fizéssemos os quilombos, foi preciso trazer os nossos saberes de África, mas os povos indígenas daqui nos disseram que o que lá funcionava de um jeito, aqui funciona de outro. Nessa confluência de saberes, formamos os quilombos, inventados pelos povos afroconfluentes em conversa com os povos indígenas. No dia em que os quilombos perderem o medo das favelas, que as favelas confiarem nos quilombos e se juntarem às aldeias, todos em confluência, o asfalto vai derreter!

Nêgo Bispo, 2023, p. 45

Agradecimentos

A força e a resistência do povo negro atravessaram séculos de opressão e silenciamento. Se hoje podemos entrelaçar a luta antirracista ao movimento psicanalítico, é porque utilizamos a força transformadora dos coletivos, inspirados no movimento negro. Agradecemos a todos os grupos que fizeram deste sonho uma realidade – coletivos reunidos em um coletivo maior para que esta história possa ser contada e inscrita no movimento psicanalítico: Núcleo de Estudos e Pesquisa E'léékó/UFRGS, Grupo de Estudos Egbé: Negritude, Clínica e Comum, Grupo de Estudos Relações Raciais e Psicanálise do ESIP, Grupo Sankofa, Comissão de Ações Afirmativas IEPP, Ananse CEP, Sankofa – Núcleo de Ações Afirmativas – ITIPOA e Comissão Ubuntu.

Grupo de Estudos Relações Raciais e Problemáticas Identificatórias

Sobre os autores

Núcleo de Estudos e Pesquisa E'léékò/UFRGS

Ademiel de Sant'Anna Junior é doutorando em Psicologia Social e Institucional pela Universidade Federal do Rio Grande do Sul (UFRGS). Professor convidado no Departamento de Direitos Humanos, Saúde e Diversidade Cultural da Fiocruz (DIHS-Fiocruz).

Ezequiel de Cândido Amaral é doutorando em Psicologia Social e Institucional pela Universidade Federal do Rio Grande do Sul (UFRGS). Psicanalista em formação pela Sociedade Brasileira de Psicanálise de Porto Alegre (SBPdePA).

Míriam Cristiane Alves é doutora em Psicologia pela Pontifícia Universidade Católica do Rio Grande do Sul (PUCRS). Professora da Universidade Federal do Rio Grande do Sul (UFRGS). Psicanalista em formação pela Sociedade Brasileira de Psicanálise de Porto Alegre (SBPdePA).

Thaís Alves Ghenês é mestre em Psicanálise pela Universidade Federal do Rio Grande do Sul (UFRGS). Psicanalista em formação pela Sociedade Brasileira de Psicanálise de Porto Alegre (SBPdePA).

Grupo de Estudos Egbé: Negritude, clínica e comum

Camila Maggi Rech Noguez é mulher cis, branca, psicóloga, psicanalista e doutoranda em Psicologia Social e Institucional pela UFRGS.

Carolina da Silva Pereira é mulher negra psicóloga, doutoranda em Psicologia Social pela UFRGS, psicanalista em formação pelo Centro de Estudos Psicanalíticos de Porto Alegre (CEPdePA), professora universitária e poeta.

Fernanda Vidal Beltrão é psicóloga pela Universidade Federal de Mato Grosso (UFMT), especialista em Psicologia Organizacional.

Guilherme Domingues dos Santos Souza da Silva é psicólogo formado pela Universidade Federal de Santa Maria (UFSM), mestrando em Psicanálise, Clínica e Cultura pela UFRGS.

Jaqueline Batista da Silva é psicóloga negra, psicanalista em formação, mãe de dois, esposa e um ser inquietante.

João Victor Marques da Silva é psicólogo formado pela Pontifícia Universidade Católica do Rio Grande do Sul (PUCRS), mestrando em Psicologia Social e Institucional pela UFRGS.

Joel Lopes de Camargo é homem cis, branco, psicanalista e graduando em psicologia da Estácio – Unidade Florianópolis/SC (Estácio-FLN).

José Geraldo Soares Damico é professor associado IV do Departamento de Psicanálise e Psicopatologia e do Programa de Pós-graduação em Psicanálise, Clínica e Cultura da UFRGS. Coordenador do Coletivo Egbé: Clínica, Negritude e Comum.

Kaianara Castro Valério é psicóloga e mestranda em psicanálise pela UFRGS.

Karla Julliana da Silva Sousa é psicóloga, especialista em atendimento clínico e mestra em psicanálise pela UFRGS.

Nathan Brasil de Brasil é homem cis, negro, psicólogo formado pela PUCRS e mestrando em Psicologia Social e Institucional pela UFRGS.

Neuziane Ule de Souza é psicóloga, especialista em saúde da família pela UFMT e mestra em psicanálise pela UFRGS.

Weidila Nink Dias é psicóloga, mestra em psicanálise e doutoranda em psicologia pela UFRGS.

Grupo de Estudos Relações Raciais e Psicanálise do Estudos Integrados em Psicanálise (ESIP)

Alessandra Guedes de Araújo Dettmann é psicanalista e membro da SBPdePA.

Aline Regina da Silva Pinheiro é psicóloga clínica e membro associada do ESIP.

Ana Cristina Romera Carlson é psicóloga, especialista em Atendimento Clínico, servidora da SMDS/POA.

Bryan Menger dos Santos é psicanalista, membro associado do ESIP e mestre pelo Programa de Psicanálise, Clínica e Cultura da UFRGS.

Daniela Rodrigues Izolan é psicóloga, psicanalista e mestranda no Programa de Psicanálise, Clínica e Cultura da UFRGS.

Franciele Michelon é psicanalista e membro efetiva do ESIP.

Jéssica Laís Silva Antunes é psicanalista e membro associada do ESIP.

Júlia Beatriz Alves de França é psicóloga clínica e escolar, professora universitária e membro associada do ESIP.

Larissa Brasil Ullrich é psicanalista e membro efetiva do ESIP.

Mara Cristina Corrêa Floriano é psicanalista e membro associada do ESIP.

Maria Eduarda de Souza é psicanalista e membro associada do ESIP.

Matheus Augusto Batista é psicólogo e psicoterapeuta de adultos.
Moema Schifino Linkiwcz é psicanalista e membro efetiva do ESIP.
Monique Machado é psicóloga, educadora social e membro associada da ESIP.
Tamires dos Santos Rios é psicóloga, psicoterapeuta de adultos, membro associada do ESIP e psicóloga do Hospital de Clínicas de Porto Alegre.
Themiz Preussler Constantino é psicóloga, psicanalista e membro efetiva do ESIP.

Grupo de Estudos Relações Raciais e Problemáticas Identificatórias

Bryan Menger dos Santos é psicanalista, membro associado do ESIP e mestre no Programa de Psicanálise, Clínica e Cultura da UFRGS.
Ignácio Alves Paim Filho é psicanalista, escritor, membro pleno do CEPdePA, membro titular e didata da SBPdePA e membro da Comissão Ubuntu.
Júlia Schneider Protas é psicanalista, membro efetiva do Estudos Integrados em Psicanálise (ESIP). Doutora em Ciências Médicas pela UFRGS.
Larissa Brasil Ullrich é psicanalista e membro efetivo do ESIP.
Mara Cristina Corrêa Floriano é psicanalista e membro associada do ESIP.
Tânia Nara Carvalhal Israel é psicanalista, membro plena do ESIP e do CEPdePA.

Grupo Sankofa

Alessandra Guedes de Araujo Dettmann é psicóloga clínica, psicanalista em formação pela SBPdePA.
Cidiane Vaz Melo é doutora em Psicologia Clínica pela PUC/Rio, professora adjunta da Universidade Federal Fluminense (UFF) e psicanalista em formação pela Sociedade Brasileira de Psicanálise do Rio de Janeiro (SBPRJ).
Ignácio Alves Paim Filho é psicanalista, escritor, membro pleno do CEPdePA, membro titular e didata da SBPdePA e membro da Comissão Ubuntu.
José Jacinto Silva Santos é psicanalista, mestre em Ciências da Educaçãoe membro do Instituto de Psicanálise da Sociedade Psiquiátrica do Recife da Sociedade Psicanalítica do Recife (SPRPE).
Larissa Albertino é psicanalista em formação pela SBPRJ.
Maria Cristina Leão é psicóloga judicial do Tribunal de Justiça de Minas Gerais (TJMG), psicóloga clínica com formação em Psicologia e Relações Étnico-raciais pelo Instituto Amma Psique e Negritude, arteterapeuta, psicanalista em formação e membro provisório da SBPRJ.
Maria José Tavares Barbosa Irmã é psicanalista, membro filiada ao Instituto Durval Marcondes da Sociedade Brasileira de Psicanálise de São Paulo (SBPSP).

Patricia Dias da Silva é psicanalista em formação da SBPRJ, doutoranda e mestre em Psicossociologia de Comunidades e Ecologia Social pela Universidade Federal do Rio de Janeiro (EICOS/UFRJ).
Sônia Beatriz dos Santos é Ph.D. em Antropologia pela University of Texas at Austin (EUA), pós-doutora pelo Humphrey Institute of Public Affair da University of Minnesota (EUA), professora associada da Universidade do Estado do Rio de Janeiro (UERJ); psicanalista em formação e membro provisória da SBPRJ.

Comissão de Ações Afirmativas (IEPP)

Eduarda Cardoso é psicóloga clínica, co-cordenadora da Comissão de Ações Afirmativas, sócia efetiva do Instituto de Ensino e Pesquisa em Psicoterapia (IEPP) e mestranda no Programa de Psicanálise, Clínica e Cultura da UFRGS.
Jaqueline Batista da Silva é mulher negra, cis, psicóloga, aprendiz de psicanalista e psicoterapeuta de orientação psicanalítica em formação pelo IEPP.
Laura Aime de Oliveira Inda é psicóloga, psicoterapeuta de orientação psicanalítica e sócia aspirante do IEPP.
Maria Cecília Santos Netto Ferlimi é psicóloga, psicoterapeuta, docente e supervisora do IEPP.
Maria Elisabeth Cimenti é psicóloga, psicanalista, docente e supervisora do IEPP, membro efetivo da Sociedade Psicanalítica de Porto Alegre (SPPA).
Natália Dementshuk Lengler é psicóloga e sócia aspirante do IEPP.
Vitória Sander Ferraro é psicóloga clínica, co-coordenadora da Comissão de Ações Afirmativas e sócia graduada do IEPP.

Grupo de Trabalho ANANSE – CEPdePA/Serra

Bárbara Parobé Mariano da Rocha é psicanalista membro do CEPdePA/Serra, mestra em Psicanálise: Clínica e Cultura pela UFRGS.
Camila Menoncin é psicanalista e advogada. Membro associada do CEPdePA/Serra, do Coletivo Psicanálise na Praça da Alfândega e do apoio em saúde mental do Documentadas.
Camila Terra da Rosa é psicóloga pela PUC-RS, psicanalista membro do CEPdePA/Serra e mestra em Psicanálise: Clínica e Cultura pela UFRGS.
Denise Fátima Casara é psicóloga, psicanalista, membro plena do CEPdePA/Serra. Possui formação em Infância e Adolescência no Centro de Estudos, Atendimento e Pesquisa da Infância e Adolescência de Porto Alegre (CEAPIA).

Fernando Basso é psicólogo clínico e psicanalista, mestre em Psicanálise: Clínica e Cultura pela UFRGS. Membro associado do CEPdePA e membro titular e docente do ITIPOA Psicanálise e Criatividade.
Rafaela Degani é psicanalista membro do CEPdePA e da SBPdePA.
Viviane Leal Pickering é psicanalista membro do CEPdePA/Serra, mestra em Ciências Criminais pela PUC-RS.

Sankofa – Núcleo de Ações Afirmativas – ITIPOA Psicanálise e Criatividade

Ana Laura Algarve é médica, membro titular do ITIPOA Psicanálise e Criatividade.
Célia Stadnik é psicóloga, membro em formação na SPPA e membro titular do ITIPOA Psicanálise e Criatividade.
Fernando Basso é psicólogo clínico e psicanalista, mestre em Psicanálise: Clínica e Cultura pela UFRGS. Membro associado do CEPdePA e membro titular e docente do ITIPOA Psicanálise e Criatividade.
Giovanna Miron dos Santos é psicóloga, mestre em Saúde Coletiva, membro titular e docente do ITIPOA Psicanálise e Criatividade, além de Coordenadora do Núcleo Sankofa.
Magaly Wainstein é psiquiatra, membro graduada da SPPA e cocoordenadora do Grupo Rodaviva (SPPA). É também membro titular e coordenadora do Núcleo da Infância e Adolescência do ITIPOA Psicanálise e Criatividade.
Sandra Nunes Angelini é psicóloga, membro titular e docente no ITIPOA Psicanálise e Criatividade.
Thaís de Lima Müller é psicóloga, membro titular e docente no ITIPOA Psicanálise e Criatividade.
Thaís Z. P. Haas é psicóloga clínica, diretora administrativa, membro titular e docente no ITIPOA Psicanálise e Criatividade.
Tieli Soldi é psicóloga clínica, membro titular e docente no ITIPOA Psicanálise e Criatividade.

Comissão Ubuntu

Ane Marlise Port Rodrigues é médica, psiquiatra, psicanalista, membro titular com função didática da SBPdePA, professora da CELG/UFRGS e coordenadora da Comissão Ubuntu/SBPdePA.
Beatriz Behs é médica pediatra, psicanalista, membro titular com função didática da SBPdePA, membro plena do CEPdePA e membro da Comissão Ubuntu.

Camila Reinert é médica psiquiatra, membro do Instituto da SBPdePA, membro do Núcleo de Estudos sobre Colonialismo, Racismo e Desigualdade e membro da Comissão Ubuntu.

Carolina Freitas é psicóloga, psicanalista, especialista em Clínica da Infância e Adolescência pelo ICPT, mestre em Desvalimiento pela Universidad de Ciencias Empresariales y Sociales (UCES), membro do Instituto da SBPdePA e membro da Comissão Ubuntu.

Christiane Vecchi da Paixão é psicóloga, psicanalista, membro titular com função didática da SBPdePA, membro plena do CEPdePA e membro da Comissão Ubuntu.

Eliane Grass Ferreira Nogueira é psicóloga e psicanalista, membro titular da SBPdePA, coordenadora do Núcleo de Estudos sobre Colonialismo, Racismo e Desigualdade e membro da Comissão Ubuntu.

Evelise Bastos de Braga é psicóloga e psicanalista, membro associada do CEPdePA, membro do Instituto da SBPdePA e membro da Comissão Ubuntu.

Juliana Lang Lima é psicóloga, psicanalista e escritora, membro titular da SBPdePA, membro plena do CEPdePA e membro da Comissão Ubuntu.

Luciana Saraiva Schmal é psicóloga e psicanalista, membro do Instituto da SBPdePA e membro da Comissão Ubuntu.

Renata Manica é psicóloga, membro do Instituto da SBPdePA e membro da Comissão Ubuntu.

Sandra Maria Sales Fagundes é psicóloga, membro do Instituto da SBPdePA, membro da Comissão Ubuntu e do Núcleo de Estudos sobre Colonialismo, Racismo e Desigualdade.

Vera Elisabethe Hartmann é psicóloga e psicanalista, membro titular da SBPdePA e membro da Comissão Ubuntu.

Conteúdo

Argumento

A força transformadora dos coletivos: aquilombamentos epistêmicos

Encorajados pelos ensinamentos de Fanon (1952/2006), que afirma a necessidade de bagunçar a inteligibilidade moderna, pretendemos destacar o papel determinante que os coletivos desempenham na produção do conhecimento científico, mais do que isso, na transformação dos modos hegemônicos de apreensão da experiência social. Para esse fim, propomos a noção de "territorialidade científica" para remeter ao conjunto de saberes produzidos coletivamente, apostando no diálogo entre relações raciais e psicanálise, campos historicamente estrangeiros um ao outro, mas que se unem para denunciar e reconfigurar a matriz ontológico-racial que desenha as sociedades ocidentais.

Uma das premissas em que esta obra se apoia é de que o aquilombamento é um conceito profundo que ressoa não apenas o refúgio, mas também a luta. Nesse sentido, trata-se não apenas de uma resistência empreendida contra os recônditos instintos do branco colonizador, mas também de uma reexistência, por meio de uma insurreição coletiva que reivindica a afirmação da negritude diante da racialização forçada, dos genocídios e o do desenraizamento cultural. Ao afirmar a sua existência, a negritude ressoa no aquilombamento.

Na historiografia psicanalítica, há um momento paradigmático da literatura freudiana que conversa com as proposições anteriores.

Trata-se do discurso de Freud, em 1918, aos psicanalistas de primeira e segunda onda, em Budapeste, na Hungria, publicado em 1919 com o nome "Caminhos da terapia psicanalítica", responsável por inaugurar uma nova tradição de psicanalistas implicados com o laço social (Freud, 1919/2010). Ao longo de toda a década de 1910, Freud promove uma profunda reestruturação do seu edifício teórico: funda o segundo dualismo pulsional e a segunda tópica, reformula a teoria do masoquismo e amplia o diálogo, até então embrionário, com a filosofia política.

Diante de todas essas transformações e em interação direta com os efeitos tanáticos da Primeira Guerra Mundial, Freud não deixa de vislumbrar também uma nova posição social à psicanálise, a qual nomearemos aqui "psicanálise extramuros", em concordância com Laplanche (1987/1992): uma psicanálise que não se confina nos muros da clínica, mas que se outorga o humilde direito de palpitar na vida política.

Ao constatar que as camadas mais pobres da população não conseguiam acessar o tratamento psicanalítico, Freud convoca os seus discípulos a reinventarem a psicanálise em busca de novos caminhos que considerem as particularidades do corpo social. A partir desse momento, as chamadas clínicas públicas de Freud multiplicam-se ao redor de toda a Europa, em conjunto com os governos sociais-democratas instigados pela República de Weimar, produzindo fissuras na antiga organização monárquica. Nomes importantes como Max Eitingon, Ernst Simmel, Eduard Hitschmann, Ernest Jones, Wilhelm Reich e Sándor Ferenczi lideraram a criação de clínicas de atendimento gratuito, fundamentadas no princípio da saúde como dever do Estado, e não como serviço privado (Danto, 2019; Gabarron-Garcia, 2022).

Nesse sentido, defendemos que a reunião de saberes políticos, epistêmicos, identitários, estéticos, mitológicos, tradicionalmente marginalizados, por intermédio do diálogo com a psicanálise, representam uma força transformadora capaz de questionar paradigmas e produzir fissuras na organização colonial.

Seguindo esse caminho, almejamos que nossos escritos possam materializar, articulados ao pensamento psicanalítico, as múltiplas possibilidades que o exercício da luta antirracista, por meio da produção de novos conhecimentos, viabilizem uma genuína e autêntica psicanálise decolonial: saberes renegados – força da ancestralidade do povo negro – cumprindo seu papel de alicerçar novas/velhas cosmovisões.

Visando alcançar novos horizontes capazes de redesenhar a história do movimento psicanalítico brasileiro, dividimos nosso argumento em duas partes: a metapsicologia e o institucional. Tal divisão implica não em cisão, mas na confluência de saberes que potencializem os aquilobamentos epistêmicos. O teorizar com trampolim para novos fazeres.

Abrindo o bloco que reúne os textos que versam sobre a metapsicologia na *confluência* do singular e do coletivo do povo negro, no Capítulo 1, o Núcleo de Estudo e Pesquisa E'léékò faz um convite provocador: que a psicanálise pare de se sentir confortável nos *in*cômodos de sua "sala de estar" e de fato suporte o "mal-estar" que a opacidade do outro lhe causa. Nas cenas cotidianas que vivenciamos nos institutos de formação psicanalítica – mesmo naqueles que promovem estratégias de enfrentamento ao racismo – abundam questionamentos, à medida que personagens racializados circulam pelos papéis do tripé psicanalítico, possibilitando que o desconforto em relação às nossas formações psicanalíticas se apresentem.

O Capítulo 2, "Vamos falar da gente ganhando: saída do elevador de serviço", discorre sobre a força transformadora da cultura negra, tomando como ponto de partida as discussões realizadas no Grupo de Estudos EGBÈ: Negritude, Clínica e Comum. Desenvolve-se uma articulação entre a clínica psicanalítica e as relações raciais, considerando a formação histórico-cultural do Brasil, sua dimensão colonial e o estado de exceção imposto sistematicamente para uma parcela da população negra; ao mesmo tempo, fornece subsídios para a ampliação da escuta da alteridade em sua radicalidade nos consultórios e nas instituições de saúde mental.

A pele negra por si só evoca significados de subalternidade e desumanização, decorrentes do racismo estrutural e institucional, como restos da colonização que persistem na contemporaneidade. Para ilustrar essas questões, no Capítulo 3, o Grupo de Relações Raciais e Psicanálise do ESIP recorre à obra literária *O avesso da pele*, de Jeferson Tenório, para apresentar a forma avassaladora como essa lógica de poder invade e domina a constituição psíquica na precocidade da infância, garantindo a continuidade da estrutura social escravista e os privilégios do grupo hegemônico branco.

No Capítulo 4, a temática das especificidades do racismo à brasileira é utilizada pelo Grupo Relações Raciais e Problemáticas Identificatórias para pensar o engendramento criado e reproduzido pela branquitude, o qual atravessa o saber colonizado, incluindo a psicanálise. As construções teóricas de racismo estrutural (Sílvio Almeida) e forma social escravista (Muniz Sodré) contêm o arraigamento profundo desses funcionamentos e impelem em direção a uma ruptura, inspirada na lógica dos terreiros.

O Capítulo 5, "Entre sotaques: o coletivo como potência formativa para mulheres migrantes em territórios hostis", nasce no diálogo entre cinco psicólogas mulheres cisgênero pretas, pardas e indígenas, migrantes interestaduais da região Norte, Nordeste e Centro-oeste do Brasil, que abordam os desafios cotidianos de terem se retirado da sua terra natal em busca de melhores condições de vida por via da formação acadêmica. Para referirem-se a si próprias, utilizam o termo "retirantes", herdado das literaturas de Graciliano Ramos em *Vidas secas* e João Cabral de Melo Neto em *Morte e vida severina*. Em relação ao material de experiência apresentado, além de oferecerem um recorte de gênero, em que o sexismo soma-se à violência racista vivenciada, as autoras questionam a colonialidade como um sistema de exploração e subjugação constituído a partir de uma perspectiva maniqueísta de mundo.

Amar a negritude é uma forma de resistência proposta por bell hooks diante de um cenário de exceção e pautado pela primazia branca.

Essa convocatória pode causar aversão, devido à lacuna na inscrição psíquica referente a amar um corpo enegrecido e desvalido ao longo do processo civilizatório eurocentrado. Partindo deste convite da autora, no Capítulo 6, o Grupo de Relações Raciais e Psicanálise do ESIP apresenta os desdobramentos, decorrentes do racismo, no nascimento psíquico do sujeito negro, que resultam no comprometimento de seu narcisismo primário. Haja vista que, na transmissão de herança psíquica, vivências de rejeição e auto-ódio são experimentadas de forma ininterrupta. Nesse sentido, a economia psíquica precisa se apresentar em proporção análoga, por meio de um movimento contracultural de amor à negritude e a cosmovisão que representa.

No Capítulo 7, que marca o encerramento das proposições metapsicológicas e a abertura para o pensar institucional, temos exemplificadas as ideias forjadas por pensadores, como Nêgo Bispo (2023), as quais advogam a importância da circularidade do pensamento, marcadas pelo princípio do começo - meio - começo. Buscando percorrer essas trilhas, o Grupo de Estudo Sankofa apresenta um diálogo entre as ideias de Freud e Kaës, com o objetivo de dar sustentabilidade metapsicológica à tese: o "bem-estar" do povo branco se faz às custas do "mal-estar" do povo negro. Essa problemática é abordada na inter-relação entre o complexo do semelhante – a busca do idêntico – e a dor psíquica. Diante de tal cenário, evocam-se o pacto narcísico e o pacto denegativo, bem como suas repercussões no cotidiano da vida do povo não branco.

O pensar institucional que já vinha se apresentando na primeira parte do livro toma forma na segunda parte e é inaugurado pelo Capítulo 8 "Que cor tem o IEPP", apresentando reflexões referentes a uma posição histórica excludente e racista das instituições psicanalíticas. Percebendo a reprodução do racismo estrutural dentro da instituição, seus membros sentiram-se convocados a provocar mudanças estruturais e coletivas na forma de escutar e estudar e na formação oferecida aos seus membros. Os questionamentos sobre se estaria o IEPP surdo para o diferente, para além do seu grupo branco ou o que estaria passando "em branco", são compartilhados pelas autoras por meio de relatos de experiências provocadas por uma movimentação interna disposta a encarar e se desacomodar com a implementação das ações afirmativas com todas as reviravoltas, incômodos e desafios que elas provocam.

A construção de um projeto de ações afirmativas dentro de uma instituição é uma história que merece registro, considerando a facilidade com que os apagamentos são impostos pela branquitude. Com esse intuito, no Capítulo 9, o Grupo de Relações Raciais e Psicanálise do ESIP reconstrói, passo a passo, sua história coletiva de implementação de ações afirmativas, apresentando as conquistas e as resistências de uma caminhada na qual se sabe "que o jogo nunca está ganho".

No Capítulo 10, "Por que cotas raciais?", o Grupo de Trabalho Ananse aborda a diferença entre cotas raciais e sociais com seus reflexos na cultura brasileira, apresentando o racismo como uma grande ferida, um trauma circundante no qual está estruturada a nossa sociedade. Por meio de um percorrido histórico, alude questões jurídicas do não acesso à educação às populações negras e indígenas e seus efeitos nocivos, transpondo essa problemática, também, às instituições psicanalíticas. Em uma tentativa reparatória, mediante a implementação de ações afirmativas, as instituições e seus psicanalistas buscam se implicar com a racialidade com uma disposição de renunciar a seus privilégios.

O direito à esperança contra o racismo é o alento soprado pelo Sankofa – Núcleo de Ações Afirmativas – ITIPOA Psicanálise e Criatividade no Capítulo 11. Ao apresentar o histórico das ações afirmativas dentro da Instituição, assim como um interessante apanhado teórico acerca da questão racial – além de um enlace entre as perspectivas de Fanon e Winnicott –, o grupo destaca que o trabalho da psicanálise antirracista não se trata de uma ingênua superação das relações de poder, mas de lutar, principalmente nas instituições, por novas formas de reconfiguração e reestruturação da circulação de poder.

Ao finalizar não só a segunda parte, mas também o livro, a Comissão Ubuntu põe em destaque, no Capítulo12, a vivência coletiva, que é uma das marcas das comunidades negra e indígena. Um coletivo que se situa em um plano relacional, um plano de produção de subjetividades e que é evocado pela própria definição da filosofia africana Ubuntu: "Eu sou porque nós somos". Importantes questões como o pacto narcísico da branquitude, o racismo antinegro e anti-indígena, o direito à opacidade, o rompimento com a ideia da história única, assim como os espaços de resistência e luta são abordados e enlaçados com a própria história do Projeto Ubuntu: projeto de ações afirmativas para ingresso na formação psicanalítica de pessoas negras e indígenas. O desconforto decorrente do encontro dos corpos brancos e negros na instituição é apresentado como um desafio e um convite para que sigamos na travessia com nossas redes coletivas possíveis.

Os organizadores

Referências

Bispo, A. S. (2023). *A terra dá, a terra quer*. Ubu/PISEAGRAMA.

Danto, E. A. (2019). *As clínicas públicas de Freud: psicanálise e justiça social*. Perspectiva.

Fanon, F. (2006). *Pele negra, máscaras brancas*. EDUFBA. (Obra original publicada em 1952)

Freud, S. (2010). Caminhos da terapia psicanalítica. In S Freud. *História de uma neurose infantil; Além do princípio do prazer e outros textos* (Vol. 14, pp. 279-292). Cia. das Letras. (Obra original publicada em 1919)

Gabarron-Garcia, F. (2022). *Uma história da psicanálise popular* (C. Euvaldo, trad.). Ubu.

Laplanche, J. (1992). *Novos fundamentos para a psicanálise*. Martins Fontes. (Obra original publicada em 1987)

PARTE 1
A metapsicologia escrevendo e reescrevendo sua história: na *confluência* do singular e do coletivo do povo negro

1. Violência antinegro e direito à opacidade: o complexo do semelhante para *além do princípio do prazer* da sua majestade a branquitude

Núcleo de Estudos e Pesquisa E'léékò/UFRGS

Primeira fricção:[1] *o campo problemático apresentado por Cassiana e Flor*

Na ficção em cena,[2] Cassiana Regnisem, mulher branca, cis gênero, psicanalista e sensível à luta antirracista, é inegavelmente uma grande aliada na construção de estratégias de enfrentamento ao racismo em

1 A fricção é tomada "enquanto movimento de contato e esfregação de vivências e memórias do presente e do passado aquecidas na e para a produção e enunciação de um devir, de um porvir" (Alves et al., 2023, p. 4).

2 "[...] desde a subversão das noções de realidade e ficção, perspectivando torções e criações de hipóteses conceituais que contribuam com a psicanálise brasileira" (Alves, 2024a, p. 4), recorremos à ficção para costurar experiências singulares que podem ser agenciadas coletivamente. Atrevemo-nos a transmutar nosso olhar-sentir sobre a pesquisa em psicanálise, navegando por uma noção de ciência que parte de uma racionalidade não linear, assentada na complementaridade entre razão e emoção, realidade e ficção, poética e emperia (Alves et al., 2023; Alves, 2024b).

seu instituto de formação psicanalítica. No entanto, sua amiga Flor sempre a lembra de que ser uma aliada antirracista não garante que consiga escutar aquilo que extrapola as fronteiras do cômodo preferido de pessoas brancas, a "sala de estar".

Flor, que atravessa os pensamentos de Cassiana, insiste que é preciso estar atenta para perceber quais silêncios a "sala de estar" – esse hábitat organizado pela arquitetura de interiores – pôde, historicamente, naturalizar. Assim, Cassiana tem sido provocada a refletir: que posições de "mal-estar" podem emergir caso se autorize a vasculhar o que existe por trás de seus *(in)*cômodos? Mas essa não é uma tarefa simples. Exige um reposicionamento constante diante dos sentidos que atravessam tanto a formação psicanalítica quanto a clínica. No lugar de coordenadora institucional das ações afirmativas, Cassiana segue percorrendo suas indagações, entre elas: como as existências negras têm sido acolhidas na formação em psicanálise? Poderiam as ações afirmativas, ao serem propostas, já operar uma confluência e, consequentemente, contribuir para a elaboração do mal-estar experienciado tanto por pessoas negras quanto por pessoas brancas? Quais paradigmas já nos permitem articular os diferentes incômodos que emergem nesse encontro?

Cassiana decide enviar uma mensagem de áudio para sua amiga e psicanalista, Flor Azambuja. Mulher negra e cis gênero, Flor trilhou ao lado de Cassiana, anos atrás, o percurso da formação em psicanálise. Em um áudio mais extenso, Cassiana a convida para um café:

> – Menina, você não morre mais! Estava pensando em você hoje. Lembrei daquela conversa sobre as diferentes posições de mal-estar. Eu fiquei chocada com o último ataque da Latifundia Gêneris às ações afirmativas. Você sabe que eu até ia no coquetel na casa dela, mas cancelei o convite. Você ainda vai?
>
> No intervalo entre atendimentos, Flor responde:

– Cassiana, nem sei que coquetel é esse... meu convite deve ter sido extraviado. Vamos marcar um encontro perto do meu consultório? Amanhã à tarde, depois do seminário, eu posso.

Após confirmar o encontro com Flor, Cassiana se detém em um pensamento:

– Ué, que estranho... esse coquetel foi organizado para comemorar os 25 anos da nossa turma de formação. Tenho certeza de que as outras colegas foram convidadas. Talvez o convite da Flor tenha realmente extraviado. Afinal, Latifundia sempre foi nossa amiga. E, quanto ao seu posicionamento na instituição, sempre deixou muito claro que não é contra a entrada de pessoas negras. Pelo contrário, o que ela não suporta é esse lugar de "cala a boca, branca" que sente que as pessoas negras impõem com suas presenças, comentários e contextualizações nos seminários.

Cassiana se lembra de uma reunião em que Latifundia afirmou:

– Minha melhor amiga é a Nininha, tá comigo desde que eu era bebê, cuidou dos meus filhos e hoje cuida dos meus netos. Não sou racista, a Nininha é o estatuto da minha amizade com pessoas negras.

Ao ser contestada por candidatos em formação psicanalítica, Latifundia não hesitou: publicou um artigo no jornal onde mantém uma coluna periódica, intitulado "Cala a boca, branca: sensibilidades exageradas de nosso tempo". E não é que o texto está ganhando espaço em diversos institutos de formação psicanalítica?

Cassiana é interrompida por um som familiar.

– Ihiiii... o Jorge chegou, como sempre pontual. Vou lá atender, né?

Na mesinha de apoio do consultório, repousa o presente de Natal que recebeu de Flor: um livro de Lélia Gonzalez. Após encerrar as anotações sobre o encontro com Jorge, Cassiana registra tudo que escutou naquele dia e que, de algum modo, lhe chamou atenção. Entre suas notas, destacam-se suas reflexões sobre o antirracismo, o encontro com Flor, o convite extraviado e a posição de Latifundia.

Ao se deparar com o conceito de racismo por denegação na neurose cultural brasileira, sustentado por Lélia Gonzalez (1980/2018), Cassiana experimenta um incômodo estranho. A autora aponta que a organização da história do Brasil e suas ideologias escravocratas seguem atualizadas pela recusa da presença negra em espaços dominados por pessoas brancas. Segundo Lélia, na arquitetura do imaginário brasileiro, esse pensamento escravocrata mantém pessoas negras presas e vinculadas à lógica da inexistência, como meros produtos a serem explorados.

Enquanto isso, uma espécie de fabulação da superioridade branca (Gonzalez, 1980/2018), entranhada pelo discurso que inventa o mundo moderno (Mbembe, 2018), é quem cria a ficção brasileira. Ao autorizar e naturalizar nesse território a exploração de pessoas negras e tantos outros povos originários, os colonizadores o fazem por meio da recusa da própria cultura escravocrata na qual o Brasil foi inscrito. Uma prática discursiva que supõe a natureza patronal de pessoas brancas, de modo a reafirmar sua posição de privilégio enquanto se colocam como sujeitos de direitos universais e modelo evolutivo a ser seguido.

E as pessoas negras nesta economia psíquica? Seguem associadas como "[peque]Nininhas" na ordem discursiva de Latifundia, cuja distribuição na neurose cultural brasileira as inscreve em registros tutelares de vigilância e/ou domesticação: "Por quê? Ora, porque elas têm umas qualidades que não estão com nada: irresponsabilidade, incapacidade intelectual, criancice, etc. e tal. Daí, é natural que sejam perseguidas pela polícia, pois não gostam de trabalho, sabe?" (Gonzalez, 1980/2018, p. 193).

Mesmo incomodada, Cassiana segue sua leitura de Lélia Gonzalez, mas precisa se arrumar para o encontro com sua amiga Flor. Mais tarde, as duas cumprimentam-se com um abraço, pedem o café expresso e, após alguns minutos falando da rotina, Cassiana começa a contar sobre suas indignações:

– Flor, você precisa pegar a gravação da roda de conversa de ontem e assistir à fala da Latifundia, você soube? Até cancelei minha ida ao coquetel. Menina, eu fiquei com muita raiva, mas não consegui dizer nada. Pena que você não estava, pois ela merecia uma resposta à altura, igual àquela dos candidatos.

Ao respirar fundo, Flor assopra o café que estava quente e, olhando com cansaço para Cassiana, interroga:

– Você consegue escutar o que está dizendo? Você consegue sentir o lugar que estás me colocando?

– Mas é tão difícil, Flor.

– E para mim não é difícil? O que te faz pensar que eu posso suportar a violência da colega branca e você não? Confesso que estou bem cansada... delegando a mim a intervenção, você segue a mulher branca frágil e eu a mulher negra forte. Você consegue escutar como esta expressão do racismo ainda produz efeitos em nossa relação, Cassiana? Te conheço há mais de 25 anos, já é hora de você estar na linha de frente e eu na retaguarda. Você compõe o grupo que idealizou e bancou as ações afirmativas no instituto de formação, você precisa se posicionar. Jota Mombaça (2017) tem um texto incrível sobre a redistribuição da violência, vou te passar. Cassiana, eu estou exausta de ser lida como a mulher negra violenta. Eu posso falar o mesmo que você, no mesmo tom de voz que você, mas qualquer crítica que eu faça serei lida como violenta.

– Mas às vezes eu acho que você pega pesado mesmo, Flor [risos de Cassiana].

– Isso não tem graça, Cassiana... você consegue escutar a sua violência agora?

– Flor, nós já avançamos muito no instituto. Nosso projeto de ações afirmativas é lindo, maravilhoso. Olha quantas pessoas negras que já fazem parte da formação, isso é maravilhoso! E tem mais, eu me recusei a ir ao coquetel da Latifundia logo que ela tentou defender essa tese absurda do "Cala a boca, branca!" e fez referência à Nininha.

– Sim, Cassiana. É realmente maravilhoso! Mas ainda precisamos mexer na estrutura do instituto. Sobre o coquetel, eu nem sabia. Mas isso não importa, o que quero saber é: como você nomeou sua recusa ao convite? Disse que não ia pela violência do posicionamento que ela marcou no instituto? Ou, simplesmente desmarcou sem justificar o motivo? Essa é uma informação importante para analisarmos esse lugar cômodo que pessoas brancas ocupam.

– Flor... pega leve, estou aprendendo ainda, né? Tenha paciência comigo.

– Sim, Cassiana, eu só persisto contigo porque nossos laços são fortalecidos, diferente do que Latifundia escreveu naquela coluna. Eu aposto que nós, pessoas negras e pessoas brancas, temos muito a construir e estou disposta a isso, e sei que você também está. Hoje temos um lindo projeto de ações afirmativas que já começa a movimentar, desacomodar, incomodar a branquitude que, como discorre Cida Bento (2022), está ancorada em um pacto de cumplicidade, não verbalizado, mas operado entre pessoas brancas para a manutenção de seus privilégios. Com sua língua afiada, a autora alerta que:

> *Esse pacto da branquitude possui um componente narcísico, de autopreservação, como se o "diferente" ameaçasse o "normal", o "universal". Esse sentimento de ameaça e medo está na essência do preconceito, da representação que é feita do outro e da forma como reagimos a ele.* (Bento, 2022, p. 18)

É exatamente por isso que um projeto de ações afirmativas em qualquer instituição precisa transversalizá-la no todo, em suas diferentes dimensões: a política, a econômica, a científica e a organizacional. A perspectiva deve ser, como salienta Cida Bento (2022), "reconhecer, explicitar e transformar alianças e acordos não verbalizados que acabam por atender a interesses grupais, e que mostram uma das características do pacto narcísico da branquitude" (p. 19).

– Estou acompanhando, Flor. Mas, às vezes, penso que nem tudo é sobre raça, isso fica até meio repetitivo, mas acho que estou começando a entender.

– Enquanto você não se escutar como uma mulher branca privilegiada, realmente, nem tudo será sobre raça, Cassiana! Esses dias eu estava relendo o texto *O inconsciente*, de Freud, e me chamou atenção uma frase em que ele, no seu tempo, situa o lugar dos mestiços nas sociedades *ocidentocêntricas*[3]. Nas palavras de Freud (1915/2010): "mestiços das raças humanas, que no geral semelham os brancos, mas denunciam a origem de cor em algum traço notável e por isso são excluídos da sociedade, não desfrutando os privilégios dos brancos" (p. 132).

– Flor, eu nunca tinha lido, escutado isso na obra de Freud [fica pensativa].

---

3 *Ocidentocêntrico* faz referência à visão de mundo centrada nos valores, perspectivas e interesses do Ocidente, impondo à pluriversidade do mundo referências europeias, estadunidenses e cristãs como universais em detrimento de cosmopercepções e conhecimentos outros.

Essa afirmativa de Freud nos convoca a problematizar o Complexo do Semelhante (Paim Filho et al., 2020) enquanto um conceito que presentifica o amparo e o desamparo no encontro com o semelhante ou com o dissemelhante, a depender da perspectiva de quem sente-vive uma relação inter-racial, por exemplo: se desde a hierarquização do mundo entre humanos e não humanos ou se desde a "crioulização do mundo", como acena Édouard Glissant (2005).

Nas palavras de Ignácio Paim Filho et al. (2020):

> *O estado de desamparo desempenha um duplo papel, remetendo não só ao caos pulsional, mas também ao acontecer da vida anímica, na medida em que ganha significado pela presença do amparo dado por um outro: um semelhante. A relação desamparo/amparo acabará por estar imbricada de forma visceral na relação do sujeito consigo e com o laço social. (pp. 20-21)*

Pensar a relação do sujeito consigo e com o laço social em uma sociedade marcada pelo roteiro colonial, como a brasileira, exige uma abertura ao outro diferente, dissemelhante, mas cujas semelhanças podem ser reivindicadas na convivência e confluência inter-racial, na crioulização do mundo. Seguindo os passos de Édouard Glissant (2005), é interessante sentir a crioulização como um processo de profundas permeabilidades, imbricações e emaranhamentos entre povos e culturas. Ela possibilita que, na totalidade do mundo, tudo o que é tomado como heterogêneo pelo roteiro colonial possa ser colocado em Relação, produzindo novas identificações a partir da diversidade humana.

Se acreditamos que as identificações dizem sobre a função do semelhante, precisamos (re)inventar nossas estruturas e instituições políticas, sociais, econômicas e culturais para que pessoas negras se enxerguem em todo e qualquer espaço que constitui a sociedade brasileira, bem como para que essas mesmas estruturas e instituições se enxerguem nas pessoas negras. Precisamos extirpar, diariamente, o roteiro colonial antinegro que habita nossos corpos e nossas existências colonizadas. E, sobretudo, não podemos entrar na lógica de dissecar o outro para compreendê-lo a partir da nossa verdade, em busca da transparência – o que o determinismo narcísico da branquitude operou e ainda opera sobre nossos corpos-sujeitos negros. O direito à opacidade, como ensina Édouard Glissant (2021), precisa ser suportado.

> – Sua cara de surpresa está engraçada, Cassiana. Mas eu já elucido para podermos estabelecer nossas combinações, sei que é muita coisa.

Édouard Glissant é de uma importância profunda para estabelecermos conversações em psicanálise. Ele é um escritor da Martinica, uma das colônias francesas no Caribe. É da mesma terra que pariu Frantz Fanon e Aimé Césaire, este que, inclusive, foi seu professor no Liceu Victor Schoelcher, onde estudou com Fanon. Glissant se tornou um escritor dos arquipélagos, e suas poéticas inscrevem críticas ao Ocidente e ao modo como esse mesmo Ocidente convencionou, pela hierarquia, a se relacionar com as diferenças. Isso é o que o autor problematiza como "transparência", ou seja, a colonização inventa a raça e usa a pele como estratégia de identificação. Aqueles que não têm a mesma tez pálida do europeu, por muito tempo, foram coisa alguma (Mbembe, 2018), de modo que, mais tarde, com o *boom* da aceitação à diferença, passaram a ser reconhecidos dentro dessa categoria, isto é, como diferentes – pessoas negras e povos originários.

Podemos, ainda, elencar neste campo das diferenças *compreendidas,* aquelas pessoas que não cabem na cis-heteronorma ou em convencionamentos binários – homem e mulher. Para essas existências, a sigla LGBTQIAPN+ emerge como movimento de inegável importância política, e, para adensarmos esse caldo, uma pergunta se faz necessária: quantas pessoas negras conseguem ter suas vozes escutadas nesse importante movimento? Onde estão as travestis pretas, as sapatonas e as bixas pretas na distribuição dos lugares de poder quando pensamos em representatividade LGBTQIAPN+? E as pessoas negras com deficiência? Onde estão no cenário político das discussões sobre o anticapacitismo? Eis o campo problemático da transparência.

Aqui, precisamos avançar em novos questionamentos, agora com Glissant (2021): sob quais perspectivas essas diferenças são balizadas? A partir de quais normas se delimita quem é o diferente? Para que a diferença exista, quem é considerado igual, semelhante? Se pessoas brancas europeias são a norma, as demais categorias da diferença precisam ser aceitas, compreendidas e esquadrinhadas pela hierarquização do humano. Nessa esteira, corremos alguns riscos com a própria ideia de diferença, sobretudo quando o roteiro colonial da transparência anuncia: "eu a coloco em relação sem hierarquizar com minha norma. Admito tua existência em meu sistema. Eu te crio novamente. Estas são as ideias da transparência" (Glissant, 2008, p. 53).

> – Como você escuta isso, Cassiana? Vou te dar um exemplo: no caso de algumas pessoas negras, o fato de construírem e afirmarem seus sotaques fora da norma europeia parece produzir, em alguns analistas brancos, a sensação de que não são sequer analisáveis. Preciso chamar a sua atenção para isso. E você, que me conhece desde nossos primeiros seminários, se fizer um esforço vai conseguir se lembrar daquele didata super conhecido que coordenava um dos seminários que fizemos juntas, lembra? Aquele que já era um grande nome na época, que fez a formação na Argentina. Ele se enchia feito um pavão quando dizia seu jargão: "Formação em psicanálise não é para todos!". Lembrou, né? Uma

vez ele me perguntou, na frente do grupo, o que eu estava fazendo ali. Se com muito esforço já era psicóloga, para que me esforçar em outra formação? E ele nem me conhecia. Nunca sequer havia escutado a minha história. Pelo seu espanto, você lembrou daquele dia, né? Olha que falamos de 25 anos atrás e eu nem ocupava aquele espaço por ações afirmativas. Aliás, eram impensáveis quaisquer ações afirmativas nas formações em psicanálise.

– É verdade, Flor... algo impensável para a época!

– Como filha de concursados públicos, vivenciei algum conforto. E em minha vida, sempre me relacionei e transitei por espaços diferentes daqueles habitados pela grande maioria das pessoas negras. Nunca fui rica como você e muito menos como a Latifundia, mas, quando me formei, tive a oportunidade de pegar todo o dinheiro que ganhava em meu trabalho nas políticas públicas de saúde mental e investir na formação caríssima em psicanálise, na análise didática e na supervisão. Mas minha mãe e meu pai me auxiliavam com moradia, alimentação e um colinho quando precisava.

– Sim, Flor, os almoços na casa de Dona Mirtes e do Seu Alcindo eram memoráveis. Até a Latifundia batia dois pratões gigantes da feijoada de sua mãe... [risos]. Agora me lembro de que, naquele seminário, o coordenador disse, num dia que você precisou faltar, sem mais nem menos, que iria precisar mudar o horário do seminário para o meio da tarde. E isso te impossibilitou de continuar participando do seminário. Lembro-me de me irritar com isso e questionar que nem todas estavam presentes ali. E lembro-me também de ele responder que isso era uma questão de desejo! Meu *(in)*cômodo me atravessou de novo ali, mas fiquei em silêncio novamente. Latifundia concordou com ele e o restante foi como um coro sincronizado. Novamente não falei! Nossa, Flor... isso é alguma coisa que se repete mesmo. E realmente não é uma questão exclusiva de classe social, porque como disse, você pagava, assim como eu, a formação.

– Cassiana, acho que você está começando a se deixar tocar pela exaustão que eu sinto. A partir dessa perspectiva que te disse da transparência, construída com Édouard Glissant, percebe como a matriz hierárquica por onde a brancura se coloca tem a ver com um ocultamento da própria diversidade das pessoas brancas? Você é minha amiga, convive comigo há anos, e, hoje, numa conversa disparada pela minha exaustão e pelo seu silêncio, podemos voltar no tempo e perceber que esses afetos não são de hoje. Não é essa a nossa tarefa como analistas? Bagunçar o tempo linear, com nossas opacidades? Quem sabe não lemos juntas esse livro de Édouard Glissant (2021)? E talvez, em algum momento, possamos dançar pelo "direito à opacidade", em que as minhas derivas se encontrem com as suas, sem que eu ou você tenhamos que explicar tudo uma para a outra. Na opacidade, não precisamos compreender o outro, apenas confluir entre nossas diversidades. Olha como seria interessante operarmos essa produção do Complexo do Semelhante, em diálogo com o direito à opacidade.

O direito à opacidade não quer dizer que as diferenças não existem. Na realidade, significa que, ao nos relacionarmos com o diferente, nossos afetos não estarão voltados para a compreensão, assimilação. Ao contrário disso, o encontro produzirá confluências e composições. Inclusive, podemos problematizar o lugar do semelhante na produção e perpetuação da violência pelo racismo antinegro em nossa sociedade ocidentocêntrica, marcada pelo roteiro colonial de invasão, exploração e aniquilamento do dissemelhante, e colocar em discussão a opacidade do semelhante como a possibilidade do encontro com a pertença, a autoria e a existência do dissemelhante.

Segunda fricção: a função do semelhante, o roteiro colonial e a "Sua Majestade, a Branquitude"

Na ficção em cena, Cassiana procura Tânia da Mata – psicanalista renomada, mulher negra, que em sua formação psicanalítica foi supervisionada por Virgínia Bicudo. Ela procura Tânia para supervisionar o acompanhamento analítico iniciado com uma pessoa negra: a primeira em 25 anos de trabalho. É chegada a hora da supervisão, Cassiana sente transbordar sentimentos que há muito não experimentava como analista – está insegura e se questiona se consegue escutar Jorge, seu mais novo analisando. Jorge tem quebrado suas certezas, tem lhe apresentado um mundo de vivências muito distantes daquelas acumuladas em anos de experiência analítica.

> – Oi, Tânia. Que bom que você pode me receber! Estou muito feliz!
>
> – Olá, Cassiana. Ótimo te ver por aqui. Acho que a última vez que nos encontramos foi no congresso retrasado, né?
>
> – Sim, já se passaram quatro anos. Mas lembro de sua conferência como se fosse hoje. Sua fala me desmontou, me estilhaçou, que espetáculo. De lá para cá, já senti raiva, medo, culpa, foram tantas coisas... minha amiga e colega Flor tem me ensinado muito, mas parece que às vezes perde a paciência. Teve um momento em que ela foi dura comigo dizendo o quanto eu estava sendo racista ao dizer que ela teria mais elementos para enfrentar situações racistas em nossa instituição psicanalítica. E teve um momento que inventei de dizer para ela que nem tudo é sobre raça; demorei para enxergar que preciso me racializar, de modo crítico continuamente. Mas hoje me sinto mais inteira para perceber o quanto eu não conheço, nunca precisei pensar o que é ser uma pessoa branca. E nem imagino como é ser uma pessoa negra. Sinto que é tudo muito opaco e que não consigo apreender o que esse outro me traz. Por isso lhe

acesso, gostaria de falar de um analisando, um homem negro que comecei a atender, o Jorge. Ele tem um rosto sisudo, parece mais fechado que o comum nas entrevistas preliminares, fala umas palavras da cultura dele que não acompanho, mas acabo não perguntando o que são. Tem silêncios densos e respostas pontuais que não tenho conseguido apreender.

– Algumas perguntas circularam por aqui. O que você quer apreender, Cassiana? Vamos escutar isso aqui: *Jorge-sisudo-fechado...* será que este é o Jorge? Quem mais o Jorge pode ser?

– Tânia, Jorge é opaco pra mim, de algum modo, lembrei de um primo distante da família, era chamado de bugre na época, não sabia viver fora do hospício, interrompia o efeito dos remédios com o uso de drogas, parecia estar sempre querendo briga com todos à sua volta, bem difícil. Sei que Jorge já interrompeu o uso de olanzapina e fuma maconha, isso me ligou um alerta, como que ele não percebe os prejuízos? E, ao mesmo tempo, eu tenho a sensação de que a minha presença, a minha aparência, a minha brancura produz ruídos nas sessões com ele. Nesta semana, durante nossa sessão de análise, ele foi narrando em detalhes a violência vivida lá onde ele mora. Eu senti sono, apertei a pele da minha "mãe", opa, quis dizer da minha "mão", para não dormir. Mas também é algo que me chama a atenção a presença da mãe, da avó e das tias, sabe?

– Cassiana, ele nomeia como violência os detalhes vivenciados? Bocejou novamente? Está com sono agora? Vejo que assente com um não, mas o que escorre junto dessas lágrimas?

– Eu me sinto impotente para atendê-lo. Ele me causa alguma coisa [...]. Ele me causa medo. Pronto falei. Sou uma psicanalista péssima, né? Não deveria estar o atendendo. Ah, Tânia não me deixe neste silêncio.

– Você é uma psicanalista. E sua ética te trouxe até aqui. Não acho que seja péssima. Ao contrário disso. Hoje você saiu da sala de estar e começou a fazer um movimento importante. Isildinha Nogueira (2021), em *A cor do inconsciente*, faz referências aos aspectos físicos e fenotípicos que constituem o corpo-sujeito negro, sobretudo a cor da pele, enquanto representação de atributos morais, intelectuais e psíquicos que categorizam e hierarquizam aquilo que é da dimensão do normal e aceitável e aquilo que é da dimensão do indesejável, inaceitável, inscrevendo o outro Negro como inferior e o outro Branco como superior. Nesse contraste forjado pela hierarquização do humano, "*negros* e *brancos* se constituem como extremos, unidades de representação que correspondem ao distante – objeto de um gesto de afastamento – e ao *próximo* – objeto de um gesto de adesão" (Nogueira, 2021, p. 66).

– O que, Tânia? Por que esse incômodo de sair da sala de estar é tão importante?

– Cassiana, que tal encerrarmos por aqui hoje, e no próximo encontro revisitarmos a função do semelhante e do outro nos escritos de Freud? Quem sabe, então, possamos conhecer Jorge para além dos estereótipos que emergiram nesta sessão. O que você precisa para ocupar a posição de semelhante no encontro analítico com ele? Que papéis lhe escapam na transferência? Ignácio Paim Filho et al. (2020) referem que "Por ser um objeto similar ao próprio sujeito, o semelhante se oferece à percepção, motivo pelo qual pode ser um elemento facilitador para a satisfação do desejo" (p. 24). Será que, enquanto mulher branca, você pode sustentar Jorge, um homem negro, na centralidade dos cuidados e dos seus investimentos clínicos? Pode sustentar o lugar de objeto primordial de um homem negro? Precisamos lembrar que "pensar no semelhante é afirmar a centralidade do outro, o qual acaba sendo imprescindível para o acontecer da vida psíquica"

> (Paim Filho et al., 2020, p. 23). O que Sua Majestade, o Bebê, de cútis preta, está comunicando à Sua Majestade, a Branquitude? E, afinal, que traços de semelhança, entre vocês, você não permite que Jorge reconheça?

A expressão "Sua Majestade, o Bebê" é utilizada por Freud no texto *Introdução ao Narcisismo* (1914/2010), inspirado pela tela de Arthur Drummond, *His Majesty the Baby*, de 1898, a qual apresenta a imagem do centro urbano de uma província onde um guarda faz gesto para que as pessoas abram passagem para uma mulher branca com uma criança branca. Tal expressão, que se associa com essa imagem, conta-nos sobre os primeiros anos de vida, quando os bebês ocupam o centro da atenção dos pais e cuidadores, que nele procuram sinais de semelhança e que lhe depositam seus ideais e desejos não realizados. Dessa cena apresentada pela tela, também é importante que possamos lançar mão da seguinte pergunta, considerando o contexto histórico da obra e, também, trazendo-a para a atualidade: e se fosse uma mulher negra com uma criança negra, será que a criança também receberia o devido cuidado e investimento oferecido pela sociedade da Era Vitoriana, mas também pela sociedade atual? Você consegue sentir, saborear essa interrogação, aproximando à tela de Arthur Drummond a cena do caso Mirtes e Miguel,[4] vivenciada durante a pandemia da Covid-19, em Recife, Pernambuco?

O desamparo de Miguel não foi considerado pela patroa branca de sua mãe. Miguel não encontrou no mundo externo, representado por seu semelhante/dissemelhante, algo que pudesse ir ao encontro de sua demanda – encontrar a mãe. A identidade de percepção pela via curta, desejo-encontro-satisfação, não foi materializada. Miguel não teve a chance de colocar em curso o "trabalho da identidade de pensamento, iniciando uma busca, nos arquivos da memória, de atributos" (Paim Filho et al., 2020, p. 24) que lhe possibilitasse satisfazer

4 Ver informações na reportagem de Soares (2023).

o desejo de encontrar a mãe a partir da presença dela em si mesmo. Foi desamparado pela patroa branca, dissemelhante, ao lhe conceder a responsabilidade de estar sozinho em um elevador. O que impediu a patroa branca de se colocar para Miguel como um semelhante?

Frantz Fanon (1952/2008) enuncia que o projeto colonial tem como ênfase primeira um ataque ao corpo, em que a colonização opera como produção de mortandade e ampla destruição da diversidade, do dissemelhante. Efeitos do colonialismo que, como indica Aimé Césaire (1955/2020), é um regime de exploração desenfreado de imensas massas humanas que têm a sua origem na violência e se sustenta por ela. Com a expansão do colonialismo, enquanto a noção de raça surgia para atender a uma demanda social da modernidade, a construção do moderno ideário filosófico estabelecia o europeu como unidade universal, no qual a raça passava a figurar, essencialmente, como um elemento político. É nesse roteiro colonial da violência antinegro que podemos dizer que, de uma perspectiva da dinâmica social racista, a Sua Majestade, o Bebê, só é majestade se atender aos ideais ocidentocêntricos, lugar que, mais tarde, passa a ocupar o lugar de Sua Majestade, a Branquitude. Para a patroa branca, Miguel não figura a Sua Majestade, o Bebê.

É também do lugar de majestade, socialmente legitimado pelo pacto narcísico da branquitude, que podemos compreender quando pessoas brancas supõem que pessoas negras têm todos os atributos para suportar a violência da qual elas mesmas [pessoas brancas] se protegem – seja por não conseguir dizer ou fazer nada diante da violência racista, seja ao supor que pessoas negras são fortes o suficiente para responder "à altura" à violência antinegro. As lógicas que alimentam a ideia da fragilidade branca são as mesmas que sustentam a violência antinegro, que atinge pessoas negras na infância, na juventude, na vida adulta e na velhice. Suportar a dissemelhança, para que seja possível romper com os itinerários coloniais do racismo na cultura brasileira, requer o esfacelamento do que Kaës (1997) nomeia de pacto denegativo, o qual se funda sobre diferentes operações psíquicas de recalque, denegação ou negação, desmentido, recusa ou enquistamento e que engendra o social e suas estruturas institucionais. Todavia, sobretudo, requer a ruptura do racismo por denegação presente na neurose cultural brasileira, como explicita Lélia Gonzalez (1980/2018).

Lembremos que a função do semelhante, ainda indiferenciado, diz sobre a ação específica de sobrevivência, de modo que a *poiésis* da convivência no coletivo, no âmbito civilizatório, instaura-se desde os estados de desejo, do autoerotismo, ou seja, é o ponto de partida para a experiência de prazer e para a sexualidade humana, como elucida Freud (1895/1996), em seu texto embrionário, *Projeto para uma psicologia científica*. Nas palavras do fundador da psicanálise:

> *O organismo humano é, a princípio, incapaz de promover essa ação específica. Ela se efetua por* ajuda alheia, *quando a atenção de uma pessoa experiente é voltada para um estado infantil por descarga através da via de alteração interna. Essa via de descarga adquire, assim, a importantíssima função secundária da comunicação, e o desamparo inicial dos seres humanos é a* fonte primordial *de todos os* motivos morais. *(Freud, 1895/1996, p. 379, grifos do original)*

Enquanto condição inerente à experiência humana, o desamparo coloca o sujeito "no estado de *estar* à mercê, ou seja, à mercê do outro, mas não submetido a esse. Estar à mercê revela uma ligação, um apelo e uma necessidade do semelhante" (Paim Filho et al., 2020, p. 33, grifos do original). Quando nos deparamos com o desamparo de corpos-sujeitos negros na cena político-social da violência antinegro, a ação específica de sobrevivência por meio da ajuda alheia não é presentificada pelo outro branco semelhante, afinal, ele é o próprio algoz que produziu e produz o roteiro colonial da violência. Semelhante branco, não igual ao corpo-sujeito negro, é quem instala a hierarquização e a subordinação racial daqueles cuja tez escancara um tipo de dissemelhança. Em tese, o semelhante não deveria ser pensado, sentido, saboreado, tateado como o reflexo de um espelho, numa perspectiva concreta, material, mas, sim, desde a abstração, do imaginário daquele que cuida, que investe na Sua Majestade, o Bebê.

A mãe preta é um exemplo da função do semelhante que possibilita a instalação do Eu, no bebê branco, a partir da identificação dele com esse objeto cuidador de tez preta, que investe, que libidiniza esse ser e, ao mesmo tempo, não o aprisiona numa relação de dependência. Nas palavras de Lélia Gonzalez (1980/2018): "Ela, simplesmente, é a mãe. É isso mesmo, é a mãe. Porque a branca, na verdade, é a outra" (p. 204). Mãe preta que subverte o sistema racista colonial enquanto, a partir da função do semelhante, transmite ao bebê branco valores, histórias, memórias e linguagens que irão constituir o imaginário da sociedade brasileira.

Mãe preta foi aquela que historicamente exerceu a genuína função do semelhante, mesmo vivenciando na carne a dissemelhança imposta pelo branco colonizador. Ignácio Paim Filho et al. (2020) referem que "a relação com o semelhante é o que nos torna humanos, consistindo no elemento capaz de fundar e manter viva a nossa existência e a capacidade de produzir encontros" (pp. 32-33).

Assim, uma das questões clínico-políticas que nos interessa parte da problematização da afirmativa "nem tudo é sobre raça", como comumente escutamos de pessoas brancas no contexto da clínica e da vida. Tal problematização faz ecoar, *além do princípio do prazer* da Sua Majestade, a Branquitude, a *destrutividade* humana sobre seu semelhante, sobre o outro, sobre si, postulando o que Freud (1920/2021) nomeará de pulsão de morte – essa que é constitutiva do sujeito, sendo a pulsão sexual construída a partir do encontro com o outro mais experiente (Paim Filho et al., 2020). Aimé Césaire (1955/2020) é cirúrgico ao afirmar que a colonização desumaniza o humano mais civilizado:

> *que a ação colonial, o empreendimento colonial, a conquista colonial fundada no desprezo pelo homem nativo e justificada por esse desprezo, inevitavelmente, tende a modificar a pessoa que o empreende; que o colonizador, ao acostumar-se a ver o outro como animal, ao treinar-se para tratá-lo como um animal, tende objetivamente, para tirar o peso da consciência, a se transformar, ele próprio, em animal. (Césaire, 1955/2020, p. 23)*

Destrutividade que opera na lógica do Eu-prazer e do não-Eu-desprazer. Freud desenvolve uma importante discussão sobre a destrutividade humana em *O futuro de uma ilusão* (1927/2014) e *O mal-estar na civilização* (1930/2010), permitindo-nos pensar, sentir, degustar, tatear a clínica, a cultura, a sociedade e suas questões políticas e sociais, desde a problematização do modelo civilizatório imposto no mundo ocidentocêntrico. Um mundo forjado pelo pacto narcísico da branquitude, que irá operar na consolidação da supremacia do branco e na desumanização do outro Negro em um espaço-tempo em que a vida de um só é possível a partir da morte material, subjetiva e simbólica do outro, evidenciando a operação sangrenta da necropolítica (Mbembe, 2017). Esta é regida pela desigualdade, operada pelo racismo e acentuada pelo prazer da violência exercida e não sofrida pelos algozes, ou seja, sem prejuízo ao conforto e normalidade civil cotidiana por eles vivida.

> – Tânia, como é maravilhoso te escutar. Tem sido de grande aprendizagem nossas supervisões. Eu amo aprender contigo! Aproveito para dizer que ficou ecoando na minha cabeça aquela pergunta que você me fez. Você questiona se Jorge nomeia como violência os detalhes vivenciados e narrados na sessão e se haveria algo que eu não estava querendo escutar. Isso mexeu muito comigo. O Jorge gosta muito de escrever, ele é *slammer*,

e outro dia ele me entregou um texto que vou ler para você. Ele começa assim:

> *É um tremor que me revira no escuro, no lugar quentinho e protegido de tudo. De repente, o cortisol entra em frenesi, coração bate como um tambor que perdeu o ritmo, fico alerta. Mas não nasci nesse mundo como um igual que escuta o clamor e sabe dizer fluentemente a linguagem da violência. Após criações e vidas insurgentes, mesmo no cativeiro, nasço na liberdade das águas doces, mal dá tempo de fugir. A minha boca está tapada para chorar baixo e com um leite fraco sou consolado. Enquanto a barriga de minha mãe ronca, com um sorriso de canto de boca, ela diz que os patrões não conseguiram encobrir a vida. Recebo um nome e uma promessa: esse leite vai me nutrir, não vou ter o mesmo destino que as crianças anteriores, que morreram de fome com o choro afogado para os corpos-recursos amamentarem as crianças dos patrões. Durmo, embalado em canto e a roupa de algodão e linho da mãe pingando sangue, com um facão amarrado na cintura. Alguém foi decapitado hoje. Um sol negro no horizonte está por vir... pelos sonhos, eu circulo no tempo. Cansado de ser guerreiro, como será ao acordar em uma época em que isso não aconteça? Para qual tempo posso viajar sem cativeiros? [correspondência de Jorge à Cassiana].*

– Cassiana, você me convoca a trazer Glissant para nossa supervisão. Édouard Glissant (2021), fala sobre duas noites, dois momentos de escuridão que ainda assombram o clarão da modernidade: a primeira escuridão diz sobre ser arrancado da terra, sobre deuses protetores e comunidade; já a segunda fala de uma noite de tortura e degeneração, com vinte, trinta milhões de deportados, por dois séculos ou mais. Associo com a questão da medicação do Jorge e ao uso de maconha, que te assusta,

> Cassiana. Esse anoitecer acontece diariamente no tempo espiralar de Leda Martins (2021), que na clínica psicanalítica é movimentado e operado pelo inconsciente. Como isso chega para você, Cassiana? Já se perguntou sobre as necessidades não atendidas de Jorge? Sobre a função e o sentido das drogas para ele – seja o remédio ou a maconha? Já se questionou sobre a interseccionalidade de raça, gênero e sexualidade, condição socioeconômica e territorial de Jorge?
>
> – Mas, Tânia, ainda assim ele é homem, e eu uma mulher branca.
>
> – Cassiana, agora, ao frisar que vivemos em uma sociedade que produz opressão de gênero, você não se referiu a Jorge como negro. Quem sabe se, ao invés de pensarmos a partir do signo da hierarquia entre opressões, refletirmos sobre os efeitos cotidianos dos encontros e congestionamentos da diferença? Não foi você mesma quem narrou, há um tempo, a fala da Latifundia quando ela referiu ter o direito de intervir/educar o outro, caso entendesse como necessário, usando como exemplo um homem negro espancando uma criança negra? A quem você acha que atende essa fabulação da figura do homem negro como perigoso, animalizado e bruto?

O roteiro colonial segue operando a violência do mundo antinegro, universalmente inimigo da diversidade de existências humanas, a partir de inscrições e marcas biológicas, epistemológicas e ontológicas que explicitam a dissemelhança do ser, estar e entender o mundo. Isildinha Nogueira (2021) afirma que as pessoas brancas podem se reconhecer em um "nós" (p. 66) e, consequentemente, se identificarem imaginariamente com atributos morais, sociais e intelectuais de seu grupo racial, mas as pessoas negras vivenciam uma luta eterna na busca por se constituir como sujeito no reconhecimento de um "nós" (p. 67). O que sobra aos excluídos, aos deportados, aos desumanizados? Em 1492, a modernidade nasce quando a Europa pôde se deparar com o outro, o diferente, e não teve censura, impedimento, filtro para controlá-lo, vencê-lo, violentá-lo, tornando-se colonizador da alteridade constitutiva da própria modernidade, que encobre o outro, sacrificando-o para o seu próprio ganho (Dussel, 1993).

Nesse fio de perspectiva da hegemonia, o lugar do outro Negro é o lugar de um recurso para acesso, exploração, colonização – eis o paradigma da razão que *pensa para existir*. Há também a inscrição de pessoas negras no "paradigma do outro" que, conforme Sueli Carneiro (2005, p. 27-99), trata-se de uma dimensão de não ser humano, uma coisa que fala, ao qual é negada a possibilidade de se reconhecer e ser reconhecido pelo outro Branco, aquele que repete recorrentemente a fabulação do Negro rejeitado na sociedade brasileira. Negro que, ao se colocar no lugar de questionar o *status quo*, é taxado como militante, ativista, identitário, insuportável. Naturalizado pelo racismo, ao Negro é imposto o lugar de estranho, de outro, para sustentar uma superioridade europeia e hegemônica enquanto ficção e unidade, construindo o seu deslocamento entre humanidade intermediária e animalidade. "É o olhar do Eu hegemônico instituindo o Não-ser. Um olhar educador, que carrega e explicita a verdade do Outro, o nada que o constitui. E que a nossa resistência permanente, desmente" (Carneiro, 2005, p. 322).

Para Achille Mbembe (2017), os sem-lugar não têm qualquer direito a serem divididos igualmente e são regidos pela lei da desigualdade. É sobre essa desigualdade que se funda o preconceito da raça e toda a violência do racismo antinegro. Jota Mombaça (2017) enfatiza que a violência precisa ser redistribuída enquanto uma estratégia de enfrentamento e de prevenção às ações violentas de instituições, do Estado, da Justiça. A ideia de redistribuição da violência (d)enuncia que ela não é equilibrada na sociedade, tendo como alvo, principalmente, corpos-sujeitos lidos como fora da régua social aceitável para a convivência com o semelhante, estabelecendo parâmetros de julgamento ao dissemelhante. Frank Wilderson III (2021), ao debruçar-se sobre o afropessimismo,[5] assevera que, no imaginário da antinegritude, o contrário de ser Negro não é ser Branco, mas sim ser humano.

> – Cassiana, esse é o motivo pelo qual você afirma que nem tudo é sobre raça, afinal, você não é branca, você é humana e pode circular em todos os espaços que desejar. Você tem, inclusive, direito ao desejo.

Frank Wilderson III (2021) adverte que o fim do racismo antinegro está no fim do mundo tal como ele existe. Osmundo Pinho (2021), ao dialogar com a antinegritude, aponta a figura do escravizado enquanto categoria não reconhecida de recursos simbólicos e autonomia; uma imagem pouco transgredida, que evidencia o olhar de sujeição e alienação. Ou seja, o outro Negro, como alguém que está à disposição do outro Branco, em uma relação de dependência econômica e subjetiva, que restitui o valor ao seu senhor pela compra feita, ou torna-se, em algum aspecto, socialmente morto, pronto para ser esquecido – na expectativa de também esquecer o que foi a *plantation*[6] como regime.

Diante da violência colonial, não podemos ter dúvidas, como alerta Isildinha Nogueira (2021), da dimensão "inconsciente em que o racismo se inscreve, tanto para os brancos quanto para os negros" (p. 71), cujos conteúdos inconscientes, que mantêm e atualizam a violência racista, persistem, insistem e conservam-se independentemente das realidades sociais, políticas, econômicas, entre outras. Denise Ferreira da

5 Perspectiva de pensamento crítico ligada ao campo interdisciplinar dos *Black Studies* afroamericanos.

6 Conforme Jess Oliveira (2019), trata-se do "sistema de exploração colonial utilizado entre os séculos XV e XIX, principalmente nas colônias europeias nas Américas, que consistia em quatro características principais: grandes latifúndios, monocultura, trabalho escravizado e exploração para a metrópole"; esse sistema criava "uma estrutura social de dominação centrada na figura do proprietário de latifúndio, o senhor, que controlava tudo e todas/os ao seu redor" (p. 29, nota de rodapé).

Silva (2019), em *A dívida impagável*, parte da constatação da impossibilidade da justiça para corpos-sujeitos negros no mundo que conhecemos, ou seja, a autora afirma que "a justiça falha diante de corpos e territórios negros, os quais ela só pode conceber como excessivamente violentos" (p. 36). A violência colonial, imbuída de materializar o desejo e o princípio de prazer da supremacia branca, é compactada e representada no corpo-sujeito negro por meio do aniquilamento físico, subjetivo e simbólico do Eu, concretizados pelo epistemicídio e pelo semiocídio cultural afrodiaspórico, conforme aponta Muniz Sodré (2017). Essa é a representação de corpos-sujeitos sobre os quais é projetada a dívida impagável, produzida pelo roteiro colonial de um país forjado pela violência do racismo antinegro. Nessa esteira, eis uma advertência: racismo não é um fenômeno, não é um tema, não é um recorte, é "uma episteme intrínseca ao projeto moderno/colonial/eurocêntrico, que produziu e produz o genocídio e epistemicídio da população negra na diáspora e na África" (Alves, 2019, p. 226). E por isso devemos recusar qualquer analogia do racismo antinegro com outras opressões.

Se nem tudo é sobre raça, por que nós, pessoas negras, ainda estamos "na lata do lixo da sociedade brasileira", como vocifera Lélia Gonzalez (1980/2018, p. 193)? Por que continuamos habitando, vivendo no "Quarto de Despejo mais imundo que há no mundo", como (d)enuncia Carolina Maria de Jesus (2014, p. 138)? Como a alteridade – elemento indispensável para o investimento libidinal e, portanto, para a função do semelhante – é vivenciada no encontro inter-racial? Iray Carone e Maria Aparecida Silva Bento (2002) nos convidam a perspectivar que a constituição da alteridade se dá no reconhecimento do outro, a partir de um *Nós*. Lembremos que "Freud revolucionou a subjetividade ao mostrar que o eu não é o senhor em sua própria casa, e Lacan desfez a ilusão de totalidade, a pretensão da síntese e a miragem da unidade de eu, mostrando que o eu é – antes de mais nada – o outro" (Quinet, 2012, p. 12).

Precisamos (re)ver, intervir, (re)editar, (re)inscrever o cotidiano das relações raciais em nosso país. Nós, pessoas negras, já fugimos da Casa Grande e das Senzalas e construímos os quilombos para deixar de sermos dissecados, explorados pelo *Sinhô* e pela *Sinhá*. Agora, é preciso que pessoas brancas também inventem espaços para onde possam fugir e ampliar suas confluências com o dissemelhante. Nossa pertença, autoria e autonomia diante das instituições que constituem esse país indicam que avançamos na quebra do elevador de serviço e na ocupação do elevador social – movimento que tem possibilitado bagunçar com o *encobrimento* de nossa existência, afinal: ainda estamos aqui! Sempre estivemos aqui! No entanto, é preciso que pessoas brancas sigam imbuídas de convocar a si e a outros semelhantes para extirpar a relação *escravizado/subalternizado e patrão*, que ainda marca e inscreve discursos e práticas violentas, banhadas no racismo antinegro. Considerando que nós, pessoas negras, renunciamos ao estatuto de escravizados/subalternizados, os patrões e seus engenhos não precisam seguir vivos simbolicamente.

O racismo antinegro, portanto, não é uma questão das pessoas negras, mas uma problemática da humanidade, cujo futuro do mundo está no direito de o dissemelhante não ser dissecado, esquadrinhado, categorizado a serviço do gozo, da onipotência e do prazer da branquitude, face a sua necessidade de absoluta transparência do outro – a Sua Majestade, a Branquitude.

Terceira fricção: da transparência ao direito à opacidade

Ao final da semana, Cassiana se recosta na cadeira, o texto de Lélia Gonzalez (1980/2018), *Racismo e sexismo na cultura brasileira*, continua sobre a mesa. As palavras de sua amiga Flor Azambuja e sua supervisora Tânia da Mata ainda ressoam como um eco *(in)*cômodo, mas também como uma abertura. O que significa sustentar realmente a escuta do outro sem pretender compreendê-lo inteiramente? Como abandonar ao desejo de transparência que a branquitude tanto exige para si e impõe outros?

> – Flor, vou gravar um áudio porque preciso partilhar contigo minhas impressões desse primeiro encontro com Glissant. Sim, menina, comprei o livro *Poéticas da Relação* (Glissant, 2021) e, ao folheá-lo pulei logo para um capítulo cujo nome me chamou a atenção – ler aquelas palavras me transportou ao cenário da "praia negra[7]" (p. 150). Minhas lágrimas molharam cada página daquele capítulo. Ao acompanhar o andarilho, o poeta não ousa dar a ele uma característica, apenas nomeia sua "deriva tão implacável" (Glissant, 2021, p. 151), e assim criam juntos alguns gestos que marcam a presença de um e outro no percurso caminhante pela praia negra. Quero agradecer, minha amiga, pelo presente, e reafirmar que estou aqui. E confesso que ainda não sei qual é o meu lugar, se de poeta, andarilha ou de uma observadora distante. Mas prometo que não vou tentar compreender, mas transitar entre um e outro. Abraço!

Cassiana segue a leitura enquanto relembra sua própria formação em psicanálise e se questiona: quantos anos passamos nos escondendo do inexplicável, enquadrando-o em uma estrutura rígida? Quantas vezes a transferência pode ter sido negligenciada, ao ser logo

---

7 Glissant (2021) faz referência à praia do Diamante localizada no sul da Martinica que vive de maneira subterrânea e cíclica. Ou seja, nas palavras do autor, durante os "meses de inverno, ela se reduz a um corredor de areias negras, diríamos que vindas das costas acima, ali onde a montanha Pelée varre suas folhagens de lavas quebradiças. Como se o mar empreendesse um comércio subterrâneo com o fogo escondido do vulcão. E imagino essas camadas escuras rolando na profundeza marinha, escoltando até o espaço arejado daqui o que a intensidade do Norte amadureceu de noite e de cinzas impassíveis" (p. 150).

colocada uma hierarquia entre pessoas analisáveis ou não? Por que tanto medo do *obscuro*? Para que tentar clareá-lo e torná-lo palpável? E se a obscuridade for, justamente, a potência de Jorge? Se a opacidade for a artilharia que ainda permite que ele vivencie e narre suas experimentações da vida? Precisamos fazer um seminário em conversação com Édouard Glissant. O direito à opacidade é uma urgência para uma psicanálise contemporânea. Se a modernidade colonial instituiu a necessidade de dissecar, categorizar e tornar o outro inteligível a partir da sua própria lógica, então a opacidade se apresenta como uma radicalidade política e epistemológica. Jorge, em sua presença densa, em seus silêncios carregados, em sua resistência ao olhar tutelar da psicanalista branca, materializa esse direito.

Ao receber a mensagem de Cassiana, Flor, entre um gole e outro de seu inseparável café, escuta sem pressa. Finalmente, responde com outro áudio:

> – Isso, Cassiana. O problema nunca foi saber o lugar que previamente se deve ocupar, mas sim suportá-lo. Você nota como a psicanálise pode ser um campo de invenção se você não estiver o tempo todo tentando fazer caber o outro na sua própria lógica? Talvez, pela primeira vez, possamos suportar o vazio de não explicar o outro, mas sustentar no encontro essas lacunas, sem tentarmos preenchê-las rapidamente com respostas fáceis. Desse modo, é incontestável que nossas escutas precisem se refazer, não como uma apropriação, mas como uma abertura real ao desconhecido, ao opaco. O mundo que conhecemos até agora parece vacilar. E talvez este seja um bom começo. Ah, Cassiana... antes que eu me esqueça, curto e sou parceira nessa ideia de conversação entre Freud, Ferenczi e Glissant. Acho que dá um caldo muito legal! Mas, desde nossa conversa, estou operando um exercício de *atrevivência* (Sant'Anna Junior, 2021, p. 25) a partir do envio de uma correspondência endereçada ao

infinito. Uma composição que deve ser continuada por muitas mãos, em tempos diversos. Então, o endereçamento inicial é à Virgínia Bicudo, uma das primeiras psicanalistas brasileiras (Braga, 2016). Gostaria que todas nós, psicanalistas de tantos tempos, também pudéssemos compor essa *atrevivência*. Vou mandar o que escrevi, mergulhe na escrita como e quando puder, com carinho.

Sua amiga, Flor Azambuja.

Querida Virgínia Bicudo,

Escrevo-lhe do calor de uma inquietação que insiste em pulsar. Se ontem discutíamos sobre a opressão da cor e seus efeitos na ascensão social, hoje ainda tateamos as ruínas deixadas por esse processo, percebendo que os alicerces da branquitude se reconstroem incessantemente. Os institutos de formação psicanalítica, Virgínia, ainda se engasgam diante da presença negra, hesitam em sustentar a opacidade sem exigir transparência, sem querer nomear e domesticar o que não cabe em sua lógica. E isso está mudando aos poucos, é inegável. Mas, ainda assim, tenho me sentido exausta!

Alguns colegas ainda insistem na ideia de que sua escuta poderá iluminar as sombras do outro, traduzindo-o para as coordenadas de um saber universal. Mas e se o que se faz necessário não for a luz, e sim a possibilidade de o desconhecido existir no escuro, sem ser aprisionado? Como sustentar a transferência sem diluir a radicalidade da diferença? Como aprender com os candidatos a analistas negros e não sobre os Negros?

Ainda nos encontramos em um campo de batalha onde a branquitude, como nos ensina Lourenço Cardoso (2010), continua protegendo seu privilégio epistemológico como uma leoa que defende sua cria. Esse privilégio, Virgínia, articula-se na lógica da exclusão camuflada em meritocracia, na violência antinegro velada sob discursos de universalidade. É a mesma lógica que escamoteia a presença negra nos institutos de formação em psicanálise, que faz com que convites sejam extraviados, que determina quem pode ou não ser considerado semelhante.

A psicanálise precisa, urgentemente, deslocar-se das quatro paredes brancas onde foi enclausurada. Ela pode aprender as línguas dos rios, dos ventos e dos tambores. Precisa se abrir à experiência da crioulização, como propõe Glissant, e se deixar atravessar pela multiplicidade dos mundos que insiste em recusar. Talvez, Virgínia, devamos parafrasear suas perguntas: perto de quem nos sentamos? Quem autorizamos a ocupar as mesas e os debates? Quem escutamos, de fato, sem tentar traduzir? (Bicudo, 1988).

Ainda hoje, a resposta a essas questões desenha os contornos das exclusões institucionais que perpetuamos, mesmo quando acreditamos estar lutando contra elas. Virgínia, seguimos caminhando, e agora temos ações afirmativas que garantem nossas presenças. Mas qual o custo de nossas permanências? Precisamos problematizar a psicanálise para além dos recortes, permitir que ela se desloque de seu *status quo* construído a despeito daquilo que o próprio Freud propunha, uma prática em movimento, desde suas clínicas públicas (Danto, 2020) para poder, enfim, ser um campo de invenção e encontro.

Se antes buscava-se uma ciência apolítica e adaptativa, hoje precisamos de uma psicanálise que trema, que se arrepie. Que pare de se sentir confortável nos incômodos de sua "sala de estar" e, de fato, suporte o "mal-estar" que a opacidade do outro lhe causa. Mais do que nunca estamos na linha de frente de regressões infantis como esta que Latifundia Generis propõe como lugar de "Cala boca, branca". Como se não conhecêssemos, Virgínia, o silêncio das pessoas brancas. Ao contrário disso, queremos conhecer suas palavras frente às sombras, ao escuro, à deriva implacável do desconhecido. Psicanálises que estejam dispostas a falar francês, bantu, húngaro, alemão, tupi-guarani, português, yorùbá, espanhol, inglês etc., sustentando o direito à opacidade como um princípio ético e epistemológico.

E agora, Virgínia, seguimos expandindo esta correspondência, convidamos outras vozes a compô-la. Quem mais deseja tomar a palavra e nomear os silêncios que ainda pairam sobre nossas formações? Será que alguns de nós já conseguem escutar quais inquietações precisam ser inscritas e que outras perguntas precisam ser feitas? Quais pactos ainda sustentam as barreiras do pertencimento e da escuta? Que incômodos nos atravessam quando sustentamos nossos desconfortos ao invés de denegá-lo?

Esta correspondência não se encerra aqui. Ela segue, multiplicando-se na escrita de quem se dispõe a tensionar, reescrever e reinventar os lugares que ocupamos. Nós, que viemos de longe, seguimos de perto, carregando em nossos corpos-sujeitos a resistência às transparências e a afirmação de nossa incontornável existência.

Com afeto e insubmissão,

Flor Azambuja

Referências

Alves, M. C. (2019). Saúde mental da população negra: reflexões sobre uma clínica política antirracista, descolonial e antimanicomial. In M. M. Belloc et al. (Orgs.). *Saúde mental em campo: da lei da reforma psiquiátrica ao cotidiano do cuidado* (pp. 221-232). Rede UNIDA.

Alves, M. C. (2024a). *Escrevivência na pesquisa em psicanálise: possibilidades de nomeação e de agenciamento coletivo de corpos-sujeitos negros*. 35º Congresso da FEPAL – Intolerância, fanatismo e realidade psíquica.

Alves, M. C. (2024b). *O pensar-sentir estético-poético-político na pesquisa em psicanálise: agenciando ficção e escrevivência*. 35º Congresso da FEPAL – Intolerância, fanatismo e realidade psíquica.

Alves, M. C., Sant'Anna Junior, A. de, & Izidoro-Pinto, C. M. (2023). Mulheres pretas da enfermagem: escrevivência atrevivida em oralitura na COVID-19. *Revista Estudos Feministas, 31*(1), e83154. https://doi.org/10.1590/1806-9584-2023v31n183154

Bento, C. (2022). *O pacto da branquitude*. Companhia das Letras.

Bicudo, V. L. (1988). Aspectos históricos do desenvolvimento da psicanálise da criança no Brasil. *Revista Brasileira de Psicanálise, 22*(4),659-660.

Braga, A. P. M. (2016). Pelas trilhas de Virgínia Bicudo: psicanálise e relações raciais em São Paulo. *Lacuna: Uma Revista de Psicanálise, 2*.

Cardoso, L. (2010). Branquitude acrítica e crítica: a supremacia racial e o branco antirracista? *Revista Latinoamericana de Ciencias Sociales, Niñez y Juventud, 8*(1), 607-630.

Carneiro, A. S. (2005). *A construção do outro como não-ser como fundamento do ser* [Tese de Doutorado, Universidade de São Paulo]. Repositório da Produção USP. https://repositorio.usp.br/item/001465832

Carone, I., & Bento, M. A. S. (Orgs.). (2002). *Psicologia social do racismo*. Vozes.

Césaire, A. (2020). *Discurso sobre o colonialismo*. Veneta. (Obra original publicada em 1955)

Danto, E. A. (2020). *As clínicas públicas de Freud: psicanálise e justiça social (1918-1938)*. Perspectiva.

Dussel, E. (1993). *O encobrimento do outro: a origem do mito da modernidade: Conferências de Frankfurt*. Vozes.

Fanon, F. (2008). *Pele negra, máscaras brancas*. EDUFBA. (Obra original publicada em 1952)

Freud, S. (1996). Projeto para uma psicologia científica. In *Edição standard brasileira das obras psicológicas completas de Sigmund Freud* (Vol. 1, pp. 339-509). Imago. (Obra original publicada em 1895)

Freud, S. (2010). *Obras completas, volume XII. Introdução ao narcisismo*. Companhia das Letras. (Trabalho original publicado em 1914)

Freud, S. (2010). *Obras completas, volume XII: O inconsciente*. Companhia das Letras. (Obra original publicada em 1915)

Freud, S. (2010). *Obras completas, volume XVIII: O mal-estar na civilização*. Companhia das Letras. (Obra original publicada em 1930)

Freud, S. (2014). *Obras completas, volume XVII: O futuro de uma ilusão*. Companhia das Letras. (Obra original publicada em 1927)

Freud, S. (2021). *Obras incompletas de Sigmund Freud. Além do princípio de prazer*. Autêntica. (Obra original publicada em 1920)

Glissant, É. (2005). *Introdução a uma poética da diversidade*. Editora UFJF.

Glissant, É. (2008). Pela opacidade. *Criação & Crítica, 1*, 53-55.

Glissant, É. (2021). *Poéticas da relação*. Bazar do Tempo.

Gonzalez, L. (2018). Racismo e sexismo na cultura brasileira. In L. Gonzalez. *Primavera para as rosas negras: Lélia Gonzalez em primeira pessoa* (pp. 190-214). Editora Filhos da África. (Obra original publicada em 1980)

Jesus, C. M. (2014). *Quarto de despejo: diário de uma favelada*. Ática.

Kaës, R. (1997). *O grupo e o sujeito do grupo*. Casa do Psicólogo.

Martins, L. M. (2021). *Performances do tempo espiralar, poéticas do corpo-tela*. Cobogó.

Mbembe, A. (2017). *Políticas da inimizade*. Antígona.

Mbembe, A. (2018). *Crítica da razão negra*. N-1 Edições.

Mombaça, J. (2017). *Rumo a uma redistribuição desobediente de gênero e anticolonial da violência!* 32ª Bienal de São Paulo.

Nogueira, I. B. (2021). *A cor do inconsciente: significações do corpo negro*. Perspectiva.

Oliveira, J. (2019). Tradução. In G. Kilomba. *Memórias da plantação: episódios do racismo cotidiano* (p. 29, nota de rodapé). Cobogó.

Paim Filho, I., Goldstein, J., & Wolffenbüttel, S. (2020). Do desamparo ao complexo do semelhante: uma interlocução com as origens. *Berggasse 19*, 10(2), 19-40.

Pinho, O. (2021). *Cativeiro: antinegritude e ancestralidade*. Segundo Selo.

Quinet, A. (2012). *Os outros em Lacan*. Jorge Zahar.

Sant'Anna Junior, A. de. (2021). *Exercícios de atrevivência* [Dissertação de Mestrado, Universidade Federal do Rio Grande do Sul]. Lume. https://lume.ufrgs.br/bitstream/handle/10183/237435/001139662.pdf

Silva, D. F. da. (2019). *A dívida impagável*. Casa do Povo.

Soares, F. (2023, 28 de setembro). Caso Miguel: justiça condena patrões de Mirtes a pagarem R$ 2 milhões por trabalho na pandemia. *Globo.com*. https://g1.globo.com/pe/pernambuco/noticia/2023/09/28/caso-miguel-justica-do-trabalho-condena-patroes-a-pagarem-r-2-milhoes-a-familia.ghtml

Sodré, M. (2017). *Pensar nagô*. Vozes.

Wilderson III, F. B. (2021). *Afropessimismo*. Todavia.

2. Vamos falar da gente ganhando: saída do elevador de serviço

Grupo de Estudos Egbè: Negritude, Clínica e Comum

Introdução

Elevador é quase um templo
Exemplo pra minar teu sono
Sai desse compromisso, não vai no de serviço
Se o social tem dono, não vai
Quem cede a vez não quer vitória
Somos herança da memória
Temos a cor da noite, filhos de todo açoite
Fato real de nossa história
Se preto de alma branca pra você é o exemplo da dignidade
Não nos ajuda, só nos faz sofrer
Nem resgata nossa Identidade[...]

Jorge Aragão

Este capítulo discorre sobre a força transformadora da cultura negra, tendo como ponto de partida as discussões realizadas no grupo de estudos Egbé, que, na língua yorùbá, significa grupo, sociedade ou, ainda, comunidade (Freitas & Dada, 2025). O grupo de estudos Egbè: Negritude, Clínica e Comum é coordenado pelos professores José Damico e Tadeu de Paula, com encontros quinzenais realizados de forma híbrida, sendo que a modalidade presencial ocorre em Porto Alegre, na Universidade Federal do Rio Grande do Sul (UFRGS). Os estudos desenvolvidos buscam articular a clínica psicanalítica e o campo das relações raciais, apresentando um panorama a partir das perspectivas ético-sócio-políticas dessa clínica. Tem em vista a formação histórico-cultural do Brasil, sua dimensão colonial e o estado de exceção imposto a uma parcela da população negra; ao mesmo tempo, articula essa história com os principais conceitos psicanalíticos para pensar clínica e política. Assim, o grupo oferece subsídios para a ampliação da escuta da alteridade na sua radicalidade, tanto no âmbito do consultório como nas instituições de saúde mental (UFRGS, 2025).

Assumimos neste texto, como temática central, a análise das potencialidades, transformações, negociações e transmissões da cultura africana e afrodiaspórica, em articulação com a categoria de identidade negra. Nas duas últimas décadas, principalmente após a implementação da lei nº 12.711, de 2012, que institui uma política de ações afirmativas, ampliam-se e modificam-se os discursos sobre a racialidade brasileira no tecido social, com destaque para os debates massivamente difundidos pelas mídias, principalmente pelas mídias sociais. Entre esses discursos, é comum encontrarmos imagens de representatividade da negritude, bem como denúncias de práticas racistas perpetuadas pela branquitude.

Para evidenciar tais denúncias, partiremos de uma entrevista concedida pela psicanalista Maria Rita Kehl, ao canal TV Brasil, em fevereiro de 2025, na qual tece críticas ao chamado identitarismo. Ao entrevistador Leandro Demori, do programa *Dando a Real*, ela afirmou:

> *o importante é reconhecer o outro ou grupos humanos, com aquilo que os caracteriza, então reconhecer que os descendentes de africanos no Brasil, não, eles não são vagabundos, eles vieram para cá, arrastados, [...] que depois*

eles ficaram sem emprego [...] E se muitos dos negros que, nunca são todos, se organiza em torno de uma ideia de que eles têm características próprias, né, muito bonitas inclusive, que tem que ser respeitadas, que tem... até aí é lindo! eu não vejo nenhum problema [...] esse grupo aqui tem uma marca que destoa de uma, digamos, de uma generalidade de outros grupos, que defendem mais ou menos um conjunto de ideias que os exclui.[...] Então até aí, isso é muito precioso, que essas pessoas possam se unir, possam dizer: "Olha nós somos isso e nós queremos um lugar sendo isso". O ruim é quando o movimento identitário vira, e por isso que eu escrevi o Lugar de Cálice, vira uma espécie de nicho em que só os que estão nesse nicho podem falar consigo, entre si, né. Porque daí você se fecha pra crítica, você se fecha pro outro que vem dizer: "olha vocês pensam assim, mas quem sabe se vocês pensarem assim", às vezes, é uma colaboração só, não precisa ser uma crítica, "quem sabe se você considerar assim, dá mais certo?"

O problema dos movimentos identitários é que ele não produz laço social, só dentro do movimento, né, [...] O que ele produz é uma estagnação do diálogo. Eu posso . . . eu mulher de classe média, descendente de alemão, branca, eu posso criticar um negro, se ele tiver espancando o filho dele, por exemplo? Eu posso tentar interferir, e se ele, a resposta . . . ele pode responder: "não se mete na minha vida!". É legítimo, eu posso dizer: mas espera aí... Agora se ele diz: "você não pode falar porque você é branca!", eu acho que isso não vai dar certo, ao mesmo tempo, eu tenho esperança que isso não vai muito longe né, que isso não vai muito longe [...] (Kehl, 2025, s.p).

A simplória contextualização feita pela entrevistada sobre o período escravista brasileiro não carrega o peso do trauma que se estabeleceu a partir desse marco histórico, não se trata, como sugerido, de uma situação em que a população negra estaria "trabalhando" e, de repente, ficasse "sem emprego". Maria Aparecida Bento, em seu livro *O pacto da branquitude*, explana sobre o cenário: "o lado dos escravocratas incluía expropriação de trabalho, violência física e psicológica, estupros, invasões, exploração de recursos naturais e tantas outras barbaridades" (Bento, 2022, p. 6). Essa abordagem branda feita por Kehl (TV Brasil, 2025), não nos parece contemplar a seriedade do assunto, pois há uma necessidade da branquitude em afastar da consciência a violência de que foi protagonista. Trata-se de um movimento de apagamento, ou seja, o epistemicídio da história traumática que nos constitui enquanto sociedade. Tentam instaurar, mesmo que de forma inconsciente, o recalcamento dessa violência. A filósofa Katiúcia Ribeiro, primeira mulher negra a escrever uma monografia somente com autores africanos, afirma:

> *História é poder. E uma das bases que alicerçam o racismo é o epistemicídio. O epistemicídio chega antes da bala, chega antes da corrente, chega antes das violências e das desigualdades. Porque, se você não tem uma base que alicerça, uma história humana que não seja uma história somente de açoite e chicotes, o que você reconhece na nossa população? Isso cria, na nossa subjetividade, um lugar de desumanização das nossas populações negras. (Ribeiro, 2020, p. 53)*

Em seus estudos, Lélia Gonzalez (2020) aponta que, diferentemente do que aconteceu nos Estados Unidos, a questão racial no Brasil se apresenta de maneira hierárquica, com a ideologia branca tentando controlar as decisões a respeito das pessoas negras. Esse fenômeno é percebido implicitamente na fala da intelectual durante a entrevista, quando adota a postura de quem teria a autoridade para chancelar o que se pode e o que não se pode, ou seja, "autorizando" que negros(as) possam se reunir e reinvindicar seus direitos, desde que tais direitos não coloquem em risco os privilégios brancos.

Lélia já demonstrava em suas pesquisas a constatação de que, diante de uma mobilização articulada dos movimentos populares, os setores dominantes procuram formas de neutralizar as ações articuladas pela negritude. Para ela, "essas formas têm consistido basicamente em duas: a manipulação ideológica e a repressão direta" (Gonzalez, 2020, p. 101). Em consonância, Damico, Ohnmacht e Souza (2021) articulam que psicanalistas, majoritariamente brancos(as), perante a crescente discussão sobre as relações raciais e a psicanálise, têm reagido de forma defensiva a esses movimentos. Diante das exigências do movimento negro, em vez de acolhê-las, muitos psicanalistas tentam desqualificá-lo, rotulando-o de "identitário" como se as demandas do movimento fossem algo que se localiza fora do interesse, à margem do campo de saber psicanalítico. Há uma resistência implícita em manter um suposto saber universal ou, ainda, sustentar um ideal branco, resistindo em abrir-se à necessidade do diálogo com o ativismo negro, contrastando com a fala da entrevistada, que distorce as reivindicações com empenho em sufocar as ações orquestradas pelo movimento. Costa & Fernandes (2021), psicanalistas autoras de um artigo na coletânea *Dialógos da diáspora*, ressaltam a importância do Movimento Negro; segundo elas, ele estabelece um ambiente de resistência e inquietação contra-hegemônico, com o intuito de proteger-se e fomentar rupturas na ideologia racista.

Uma coisa é a crítica de parte do pensamento psicanalítico e filosófico europeu em relação às identidades nacionais, forjadas na criação dos estados modernos capitalistas na Europa. Tais identidades implicam processos de homogeneização cultural e religiosa, para justificar a ideia de nação e suas disputas de fronteiras territoriais. Outra coisa são as identidades motivadas politicamente, como enunciações coletivas que sinalizam as desigualdades de oportunidades, acessos e barreiras que os distintos corpos sociais vivem. Mais coerente seria, então, aplicar a crítica ao identitarismo branco-nacionalista a fenômenos também originários da Europa, como o crescimento vertiginoso do neonazismo em Santa Catarina, por exemplo. Importar colonialmente uma crítica situada no Norte global (Souza, Damico & David, 2020; Alcoff, 2016) para classificar pejorativamente os movimentos como identitários e sectários não é acidental, é um pacto (Bento, 2002) e uma disputa por posições de prestígio, que também marca presença na esquerda branca brasileira. Além disso, essa importação colonial tem tamponado a escuta para revoluções clínico-políticas que nos estão sendo confiadas.

Outro exemplo mais recente foi a expressiva recepção, no meio psicanalítico, do livro *O eu soberano: ensaio sobre as derivas identitárias* (Roudinesco, 2022). Não pretendemos aqui nos debruçar sobre os trechos controversos e embaraçosos do livro, tarefa já realizada, de maneira magistral, pela cearense Ana Carolina B. Leão Martins (2022), mas podemos adiantar que a obra responsabiliza os estudos decoloniais por estimular o racismo que combatem por meio de uma hipertrofia do eu (expurgando aquilo que não é o si mesmo), além de afirmar que os movimentos identitários seriam submissos ao pensamento hegemônico neoliberal, o que sabotaria a transformação social. Ademais, entrega elementos[1] que nos ajudam a compreender

---

1 Escolhemos um pequeno trecho que retrata não só a falta de costume da autora, mas também da branquitude, em não ocuparem a centralidade de certo regime oficial da história, da verdade e do conhecimento, ao contrário do que tradicionalmente sempre ocorreu. Trata-se de clássico exemplo de identitarismo branco (Ferreria, 2022; Safatle, 2022 apud Menezes 2022) universalista europeu expresso em reação quase virulenta:

> *"Mas como identificar os culpados quando um empreendimento criminoso se estende durante séculos? Devemos condenar os descendentes dos colonizadores? Sou culpada pelos crimes cometidos na metade do século XIX, na Terra do Fogo, por meu ancestral distante Julius Popper, judeu romeno responsável pelo massacre*

como a acusação de identitarismo muitas vezes tenta mascarar a angústia da branquitude, mais especificamente, no campo psicanalítico. São manifestações que se aproximam muito do que entendemos por mecanismos de defesa diante da ameaça de um "eu" enlutado por perder a condição de régua do mundo.

Dito isso, queremos ressaltar neste capítulo a importância da identidade negra relacionada à negritude enquanto um conceito dinâmico, que abrange dimensões distintas políticas, ideológicas e culturais, o que aqui no Brasil se conecta à população negra diaspórica. No campo político, a negritude serve de subsídio para as reivindicações diante das desigualdades e das opressões influenciadas pela ideia de raça que estruturam a sociedade brasileira, servindo como base à ação do movimento negro organizado. Na esfera ideológica, a negritude pode ser entendida como um processo de aquisição de uma consciência racial crítica por meio da qual emerge uma identidade negra positivada pelo sentimento de orgulho racial e pela conscientização do valor da cultura negra, afrodiaspórica e da herança ancestral africana.

Branquitude e negritude não são noções análogas. Enquanto a branquitude é uma racionalidade que visa à desqualificação e à destituição daqueles identificados como negros ou indígenas, a negritude acontece quando há uma desidentificação com os ideais brancos. Nesse sentido, há uma tentativa dos movimentos negros contemporâneos de construir uma identidade racial por meio do passado como descendentes de africanos/as, do pertencimento a um grupo estigmatizado que teve sua humanidade negada e a sua cultura inferiorizada,

---

dos indígenas Selk'nam? É preciso erradicar os traços do passado degradando estátuas, prédios, obras de arte que foram erguidos pelos colonialistas ou pertenceram a eles? É preciso censurar livros, peças de teatro e filmes ou proibi-los, quiçá reinterpretá-los em função de uma vulgata identitária recém-construída: generificada, não generificada, queer, decolonial, racializada? E quem vai decidir o quê? O que vai resolver destruir o quê? O Estado, os sujeitos que sofrem, as multidões em fúria? Quem vai denunciar quem?" (p. 180).

vítima de diversas estratégias de apagamento, as quais não obtiveram êxito por completo (Munanga, 2019).

Assim, nas páginas a seguir, falaremos sobre as formas de subversão e transgressão da cultura negra *amefricana* e transatlântica. Entendemos a própria afirmação da negritude como um dos modos de transgredir o que se coloca como ordem colonial, na medida em que a identidade afrodiaspórica, nesse contexto sócio-histórico e geográfico, desafia a perspectiva fixa e essencializada dos modos de existir impostos pela branquitude.

Na sequência, abordaremos as formas de aquilombação (materiais e simbólicas), além dos sentidos do corpo negro como guardião de saberes ancestrais e afrodiapóricos, e como produtor de novos elementos enegrecidos, a partir dos sincretismos e frestas presentes em cada território, nos fluxos das marés transatlânticas. Por fim, traremos o samba, o funk e o carnaval como formas de produção de vida, de compartilhamento e de transmissão da negritude. Tais movimentos culturais se constituem como uma maneira importante de existência e de resistência à colonialidade, que fracassa na tentativa de entristecer e mortificar os corpos negros. Nosso objetivo alinha-se à perspectiva de Nêgo Bispo: "Queremos aqui falar de "nós ganhando", porque pra falar de nós perdendo eles já falam" (Bispo, 2023).

Formas de subversão e transgressão da cultura negra amefricana e transatlântica

Um olhar para a negritude amefricana e transatlântica

A negritude é um movimento político, social e cultural surgido na década de 1930, liderado por intelectuais negros francófonos como Aimé Césaire, Léopold Sédar Senghor e Léon-Gontran Damas, para afirmar a identidade, a cultura e a história dos povos negros. Como resposta ao colonialismo e ao racismo, a negritude celebra o orgulho de ser negra, valorizando as construções culturais e históricas da África e de sua diáspora. Além de resistir à opressão racial, o movimento resgata elementos culturais africanos, promovendo uma consciência coletiva, crítica e política que une os povos negros em torno de sua identidade, história, resistência e existência comum (Munanga, 2019).

Historicamente, dentre as formas de apagamento utilizadas no cenário brasileiro, podemos elencar os artigos que proibiam práticas culturais e religiosas, como o exemplo do Decreto número 847, de 11 de outubro de 1890, promulgado pelo General Manoel Deodoro da Fonseca que era usado para proibir o culto religioso por meio do Capítulo III – Dos Crimes Contra a Saúde Pública, Art. 157. "Praticar o espiritismo, a magia e seus sortilégios, usar de talismãs e cartomancias para despertar sentimentos de ódio ou amor, inculcar cura de moléstias curáveis ou incuráveis, enfim, para fascinar e subjugar a credulidade pública."

Também houve proibição da prática da capoeira, conforme estabelecido no Capítulo XIII – dos vadios e capoeiras, Art. 402. "Fazer nas ruas e praças públicas exercícios de agilidade e destreza corporal conhecidos pela denominação capoeiragem" (Brasil, 1890). Essas proibições só seriam revertidas na era Vargas em 1937. Em 2014, a Organização das Nações Unidas para a Educação, a Ciência e a Cultura (Unesco) reconheceu a capoeira como Patrimônio Cultural Imaterial da Humanidade. Apesar de parecer ter um final feliz, essas proibições sempre buscam voltar à ativa; um exemplo disso, são os dados recentes que mostram um aumento nos ataques a templos de matriz africana bem como suas praticantes. E, no âmbito político, circula atualmente o Projeto de Lei Anti-Oruam, proposta apresentada por Amanda Vettorazzo (União Brasil) que pretende proibir o financiamento público de eventos e artistas de rap e funk.

Por essas razões, o entrecruzar desta escrita é fomentado por formulações que visam a destituir esse poderio profícuo que alimenta os modos de subjetivação inseridos e inscritos em modulações capitalísticas-coloniais, estes, como aqui expostos, que encontram seus territórios de existência a partir do apagamento, cerceamento e exclusão sociocultural das negritudes brasileiras. Portanto, ao maquinar insubordinações subjetivas, lançamos mão de conceitualizações que possibilitam erigir a vida a partir de núcleos balizados por uma cosmologia do múltiplo e práticas de existir que sejam contracoloniais (Jourdan, 2024), ofertando linhas e fios de criação vislumbradas em um habitar fertilizados por novos modos e arranjos de subjetivação, capazes de enfrentar as problemáticas colonialistas que, nos últimos anos, têm ganhado cada vez mais espaços.

Assim, deve-se situar que os eixos e modos de subjetivação encontrados no *bRasil*[2] partem de arranjos que colocam em confronto duas cosmologias distintas. Em uma instância abriga-se uma forma de tomar e narrar o existir, balizada por normatizações que têm como ponto de partida os modos ocidentais-europeus, nos quais o cotidiano e as relações são bordadas e interpeladas de todos os modos pelas inquisições *colonialísticas*. Em contrapartida, Bispo (2015) traz produções que correspondem a uma cosmologia pagã: nela o tempo é circular, a vida é integrada e não mais atomizada, é colaborativa e não competitiva, encontra, como ponto fulcral, uma vida animada pelas formas comunitárias e coletivizadas, em detrimento das logísticas desenvolvimentistas. Desse modo, as experimentações que inserimos em nosso existir não podem se perder do horizonte e se desgarrar dos balanços erigidos a partir da cosmologia pagã, pois é nutrindo-a que

2 Estilística inspirada em Lélia González (1984), a autora pontua a importância do *R* na construção do *Pretuguês* em um contrabalanço da *colonialística* encontrada no *Português*. Em título de exemplificação, ela descreve os porquês da popularização da vocalização *Framengo* em detrimento ao uso do Flamengo. bRasil escrito desta maneira é, portanto, uma forma de especular uma possível rachadura na norma culta padrão.

podemos criar poros em um mundo cada vez mais arraigado pela cólera *colonialística.*

Outrossim, ao elencar as possibilidades de vida, tricotando-a com as cosmologias do múltiplo, cabe trazer as discussões arguidas por Paul Gilroy (2001) as quais pautam as experimentações erguidas a partir das perspectivas da cultura negra, tendo como fonte primeva a multiplicidade da encruza transatlântica. O autor vai conceitualizar que os pontos nodais das culturas negras emergem de suas estruturas rizomáticas/rizomórficas, nas quais o *Atlântico Negro* atua como um pingente formador dos intercâmbios transculturais; pensa-se, aqui, a imagem do navio furando com os vértices-colonialísticos: o navio tomado enquanto um incessante porvir, fazendo de si um sistema vivo, microcultural e micropolítico, que coloca em movimento – *diante das mazelas da brancura* – um modo de existir preconizado por intercâmbio e criação.

Embebido desses sentidos, ao falar da plurivocidade das culturas negras, é necessário esgotar e descontinuar elementos tomados como centrais para a cosmovisão *colonialística*, por exemplo, as noções de fronteira e territórios, pois ao perspectivar as fundações subjetivas negras e as nuances imbricadas nessas produções identitárias, torna-se imprescindível abolir os marcadores que tentam tematizar um possível negro-essencial (Fanon, 2022).

As vivências negras e os modos de subjetivação derivados do múltiplo encontram e fazem morada em fluxos alimentados pela fluidez, em detrimento da rigidez. Pensar nas formações das comunidades negras é ir ao encontro do que Nêgo Bispo (2015, p. 48) pauta como *cuidado da terra*: "para as comunidades contra colonizadoras, a terra era e continua sendo de uso comum e o que nela se produzia era utilizado em benefício de todas as pessoas, de acordo com a necessidade de cada um". O plano de subjetivação, nesse sentido, é captado por fluxos que cuidam da terra e que expulsam e expropriam de suas concatenações as regulações latifundiárias da brancura.

As formações identitárias negras são produzidas e catalisadas, portanto, por modos que colocam em circulação os encontros e afetações em um ateliê de múltiplas mãos, artesanias que procuram furar com os engodos enlaçados em uma cosmovisão que tenta alocar e fabricar o dia a dia a partir do que é estabelecido *a priori*. As negritudes, nesse campo, são pensadas nos terrenos férteis da performatividade: somos derivações das práticas de linguagem, significações, desejos e maquinações corpóreas. Não há uma negritude pré-estabelecida, ela é incessantemente construída sob os escopos das marés transatlânticas.

Perante essas desenvolturas, Lélia González (1984) traça como a linguagem *colonialística* foi torcida e perfurada em nosso território; essas disputas e interpelações erigidas por meio das correntezas transatlânticas fizeram emergir as multiplicidades subjetivadoras abrigadas no *pretuguês*. De forma sucinta, essa forma de agenciar a linguagem parte da encruzilhada que dispõe os encontros afrobrasileiros e indígenas em uma conjuração que tece novos lugares ao corpo, aos saberes das matas e à oralitura (Martins, 2021, p. 41).

A linguagem é incorporada com as nuances de um tempo circular, em temporalizações que constroem as maneiras de viver, ver e sentir a partir das ressonâncias ancestrais, e que abrem os trajetos das vivências para além das cronologias. Passado-presente-futuro são matizados e abastecidos como um *vir a ser*, no qual encontram, no corpo e em suas multifacetas, abrigo para agenciar a memória ancestral pelas atualizações que o corpo-conhecimento articula. É nesses aspectos que Leda Martins (2021) versa sobre como a linguagem sai de uma matrizaria que a coloca em um tempo-parado e passa a ser agitada como um fluxo prenhe de novas modulações: corpo-conhecimento tece coreografias vocalizadas, alarga e areja as palavras cantando-a via corpo. É sob esses enredos que a musicalidade negra-brasileira ganha caldo, imbricada em um caldeirão que cose ancestralidade em um banho transatlântico e amefricano.

Em relação ao conceito de *amefricanidade*, entendemos que seja importante compreender o caminho percorrido por Lélia Gonzalez até a sua concepção, utilizando os pesquisadores Ratts e Rios (2010), no livro intitulado *Lélia Gonzalez;* ao escreverem a biografia da autora, eles apresentam, de forma historiográfica, os elementos que contribuíram para a criação do conceito de *amefricanidade*, segundo eles:

> *De fato, graças às viagens, sobretudo para fora do país, Lélia Gonzalez reconstruiu sua visão de África e da diáspora africana. Foi a partir daí que ela imprimiu maior densidade à sua negritude e ao seu feminismo com um horizonte transnacional, além de formular a categoria política e cultural de amefricanidade. (Ratts & Rios, 2010, pp. 140-141)*

Essas visitas, tanto em território nacional quanto pelo Atlântico Negro (espaço triangular entre Américas, Caribe e África), permitiram que Lélia, com seu olhar bastante atento, percebesse semelhanças com o que era vivido no Brasil, mas também observasse uma diferença singular, que era distanciamento do saber eurocêntrico:

> *Não eram poucas as semelhanças com o Brasil. No que diz respeito à religiosidade, e apesar de o catolicismo ser a religião oficial da Martinica, havia um conjunto de práticas conhecidas popularmente como kenbwa, que, na opinião de Lélia, eram parecidas com as da chamada "macumba" brasileira. [...] Lélia também assistiu ao desfile carnavalesco martiniquense e registrou alegria e a descontração, sentidas ao som dos ritmos caribenhos, realçando os aspectos regionais dos desfiles de rua, tão populares também no Brasil. "Aqui a Europa se tornou distante e o Caribe se*

> *impôs com força ancestral". Para ela, a ladjya, músicas de trabalhos cantadas no dialeto local e marcadas ao som do atabaque, fizeram os brasileiros sentirem-se em casa, principalmente devido à semelhança que guardam com a capoeira, pois o ladjya também tem dança mesclada à luta. (Ratts & Rios, 2010, pp. 143-144)*

Lélia, ao perceber essa semelhança entre as manifestações culturais praticadas nas diferentes regiões das Américas, usa essa constatação como estopim para construir o conceito de *amefricanidade*, afinal: "o legado e a forma de resistência cultural, a passagem do conhecimento ancestral de uma geração para a outra e a subversão negra dos códigos da cultura dominante (religião, língua, vestuário, etc.) subsidiam, segundo Gonzalez, a categoria político-cultural da *amefricanidade*." (Ratts & Rios 2010 p.143-144)

Ainda discorrendo sobre a categoria político-cultural da *amefricanidade*, Lélia utiliza esse título para construir o trabalho que dará luz a esse conceito e explica a construção fonética da palavra:

> *Trata-se de um olhar novo e criativo no enfoque da formação histórico-cultural do Brasil que, por razões de ordem geográfica e, sobretudo, da ordem do inconsciente, não vem a ser o que geralmente se afirma: um país cujas formações do inconsciente são exclusivamente europeias, brancas. Ao contrário, ele é uma América Africana cuja latinidade, por inexistente, teve trocado o T pelo D para, aí sim, ter o seu nome assumido com todas as letras: Améfrica Ladina (não é por acaso que a neurose cultural brasileira tem no racismo o seu sintoma por excelência). Nesse contexto, todos os brasileiros (e não apenas os "pretos" e os "pardos" do IBGE) são ladino-amefricanos. (Gonzalez, 2020, p. 127)*

A categoria de *amefricanidade*, criada por Lélia, abarca e abraça os povos do Atlântico Negro, pensando além da geografia e incorporando a história sem que ela seja apagada pela branquitude.

> *As implicações políticas e culturais da categoria de amefricanidade (Amefricanity) são, de fato, democráticas; exatamente porque o próprio termo nos permite ultrapassar as limitações de caráter territorial, linguístico e ideológico, abrindo novas perspectivas para um entendimento mais profundo dessa parte do mundo onde ela se manifesta: A AMÉRICA como um todo (Sul, Central, Norte e Insular). Para além do seu caráter puramente geográfico, a categoria de amefricanidade incorpora todo um processo histórico de intensa dinâmica cultural (adaptação, resistência, reinterpretação e criação de novas formas) que é afrocentrado, isto é, referenciada em modelos como: a Jamaica e o akan, seu modelo dominante; o Brasil e seus modelos iorubá, banto e ewe-fon. (Gonzalez, 2020, p. 135)*

A construção do conceito de *amefricanidade*, criado por Lélia Gonzales, abriu portas para estender essa busca por mais afinidades entre diferentes cosmologias, como apresentado no ensaio escrito por Tadeu de Paula (2021) intitulado "Encruzilhada de mundos: revoluções amefricanas e cosmopolíticas anticoloniais", em que buscou mapear e apresentar afinidades encontradas na cosmologia ameríndia e afrodiaspórica. Segundo o pesquisador:

> *O conceito de Amefricanidade pode ser situado em uma encruzilhada cosmológica, como perspectiva potente para se pensar as lutas e alianças entre os povos da diáspora africana e os povos ameríndios. Um perspectivismo*

> *amefricano (Gonzalez, 1988) situa as lutas anti-coloniais nas disputas de sentidos de mundo, de modos de existência, de modos de habitar a Terra e das ontologias constituídas na relação humano-natureza. (de Paula, 2021, p. 557)*

Formas de aquilombação e sentidos do corpo negro

Esse perspectivismo amefricano, pensado por de Paula (2021), é um conceito que busca resgatar as marcas de lutas e alianças que indígenas e negros travaram ao longo da história em suas aldeias, quilombos e terreiros, a fim de evitar o epistemicídio que visa a apagar os efeitos gerados por essas alianças. Assim, é de suma importância resgatar esse saber-fazer construído nessa troca de saberes, que vai na contramão do pacto narcísico da branquitude e da necropolítica atual.

> *A cosmologia amefricana opera uma democratização da capacidade de assumir um ponto de vista fora de si e uma democratização das entidades que podem incorporar, num intercâmbio riquíssimo que foi se estabelecendo nos territórios de resistência. As ervas, os ritmos, os cantos, os mitos, as entidades passaram a criar uma virtualidade cosmológica amefricana que emergiu do encontro entre indígenas e africanos em diáspora. Esse saber-fazer foi preservado nesses territórios e redes de troca do aquilombamento, numa dinâmica de recriação permanente. (de Paula, 2021, p. 577)*

Durante o período da escravização negra no Brasil, o quilombo surge como importante lugar de existência coletiva entre africanos, indígenas e outros grupos marginalizados, caracterizando uma sociedade alternativa, baseada no trabalho livre, uma experiência social, de resistência e reelaboração dos valores culturais e sociais africanos e afrodiaspóricos (Moura, 2001). Nessa perspectiva, o quilombo representa uma ruptura radical com os valores sociais hegemônicos do sistema colonial e com seus valores raciais e ideológicos. Aquilombar é "dialogar, compartilhar, enfrentar, co-construir. É o corpo individual que se transforma em experiência coletiva de luta, resistência e partilha. Aquilombar é conectar em rede" (Veloso & Andrade, 2021, p. 173). Clóvis Moura (2001) e Abdias do Nascimento (2020) analisam como importantes elementos simbólicos, políticos, socioeconômicos e culturais difundidos nos quilombos durante o período da escravização se atualizam e permanecem presentes no imaginário social e nas relações materiais da população negra brasileira contemporânea.

> *Objetivamente, essa rede de associações, irmandades, confrarias, clubes, grêmios, terreiros, centros, tendas, afoxés, escolas de samba, gafieiras foram e são os quilombos legalizados pela sociedade dominante; do outro lado da lei, erguem-se os quilombos revelados que conhecemos. Porém tanto os permitidos quanto os "ilegais" foram uma unidade, uma única afirmação humana, étnica e cultural, a um tempo integrando uma prática de libertação e assumindo o comando da própria história. A este complexo de significações, a esta práxis afro-brasileira, eu denomino de quilombismo. (Nascimento, 2020, p. 338)*

Nessa mesma proposição, o psicólogo Emiliano de Camargo David (2024) nos oferta uma conceituação acerca da prática de aquilombamento, compreendendo-a enquanto ideia-força e direção ético-política antirracista, a qual seria elemento fundamental para "alargamento de todas as bases vigentes na reforma psiquiátrica e um agir em saúde comprometido com a desinstitucionalização do racismo". Tal afirmação nos provoca a conduzir essa perspectiva ética-política antirracista para atravessar o cerne psicanalítico. Ainda acompanhado das discussões suscitadas pelo psicólogo (David, 2024), há de se pensar maneiras de promover o aquilombamento da psicanálise, sem que este caia na marafunda colonial da representatividade, pois atribuir ao aquilombamento sua finitude na representação de alguns sujeitos cria margem para produzir certa guetificação da experiência.

No campo psicanalítico, de maneira prática, o aquilombar não se limita à introdução de algumas pessoas negras nas formações psicanalíticas. Reduzir essa prática à mera inclusão gera uma discussão sobre o racismo que se mantém restrita a um eixo representacional. Nesse sentido, trata-se, sobretudo, de consolidar um viés libertário e antirracista, que ultrapasse a lógica da representatividade formal. Para tanto, tomamos o conceito abordado por Glissant e Obrist (2023) como forma de fazer operar uma práxis psicanalítica comprometida com a possibilidade do utópico.

> *A utopia não é objetivo nem uma meta. Tampouco é um sonho. A utopia é o que nos falta no mundo. Nossa utopia é uma busca por interconexão e totalidade, mas de forma que não deixemos de fora nenhum componente do mundo quando pensamos "mundo". Assim, no mundo de hoje, a utopia nunca está completa. É aquilo que falta. (Glissant & Obrist, 2023, p. 45)*

Em consonância com o viés libertário que se evidencia nos escritos, aquilombar refere-se ao "como", enquanto direção ético-política, ao passo que o "objetivo" torna-se o emergir de mundos e suscitar uma teoria e dispositivos de cuidados, que almejam a libertação enquanto horizonte de possibilidades.

Nesse gancho, Beatriz Nascimento, historiadora e militante negra brasileira, aborda o quilombo e as dimensões de potência do corpo negro. O quilombo é entendido por ela como um espaço que também é marcado no corpo que se movimenta e que se fortalece no encontro com outros corpos negros que resistem à violência racial (Reis, 2020).

A historiadora expande o conceito de quilombo, compreendendo-o também em sua dimensão simbólica: "A Terra é o meu quilombo, meu espaço é meu quilombo. Onde eu estou, eu estou. Onde eu estou, eu sou" (Nascimento, 2018, p. 337). Para a autora, o quilombo se configura como um espaço que não se limita ao território físico, mas que também se inscreve no corpo que se movimenta e se reafirma na interação com outros corpos negros. Nesse sentido, o quilombo torna-se um lugar de resistência, fortalecido pela união daqueles que se opõem à violência racial. O corpo torna-se guardião da memória, funcionando como âncora para a inscrição do Quilombo enquanto território simbólico. Com base nesses pressupostos, Beatriz trabalha com a ideia de Ôrí enquanto possibilidade de uma memória coletiva inscrita corporalmente. Reconhecer o Quilombo em seu processo de ação, em sua fuga, é afirmar seu *continuum* dinâmico (Nascimento, 2018).

E o que somos nós, senão filhos do entre, imersos no Atlântico Negro, não paridos em África, nem pertencentes ao território nacional? A história dos negros escravizados trata-se de uma história de presença em terras de outros, terras fundadas no aparato colonial, e que como forma de resistência e reexistência, o corpo negro é o Quilombo, sendo ele mesmo o território de pertença (Nascimento, 2021).

Leda Maria Martins é outra importante intelectual negra pesquisadora sobre os sentidos simbólicos do corpo negro, entre outras estratégias de existência negra diante do colonialismo. Para ela, o corpo é um agenciador privilegiado nas práticas culturais africanas e afrodiaspóricas. A autora evidencia que, apesar da intensa violência epistêmica historicamente imposta à população negra no Brasil, o epistemicídio nunca alcançou êxito pleno. Desde o período colonial, a população negra tem buscado brechas criativas de resistência, compartilhando sua episteme e transmitindo seus saberes culturais por meio de práticas performáticas que continuam a ecoar no presente. Essas práticas se manifestam por meio de códigos "sensoriais, visuais, cinéticos, olfativos, gustativos, repletos de música e dança"

(Martins, 2021, p. 118). Em outras palavras, mesmo diante da repressão constante que demoniza as expressões culturais dos povos negros e indígenas, foram as múltiplas formas de restauração e resistência que permitiram a preservação de um vasto corpo de conhecimentos, desafiando as tentativas de apagamento total de suas epistemes (Martins, 2021).

Nesse sentido, a autora apresenta a oralitura, a qual (con)funde e transforma os conceitos de escrita e oralidade, texto e imagem, que são hegemonicamente compreendidos, pela lente do eurocentrismo moderno, como distintos ou dicotômicos. Na oralitura reconhece-se a oralidade como uma forma legítima e complexa de produção literária e cultural, especialmente no contexto das tradições africanas e afrodiaspóricas. O termo subverte a dicotomia entre oralidade e escrita, destacando que as narrativas orais possuem sofisticação, estrutura e valor estético equivalentes às formas literárias escritas. A oralitura é fundamental na transmissão de saberes, histórias, mitologias e valores culturais, funcionando como um meio essencial de preservação e perpetuação da memória coletiva e do patrimônio cultural de povos africanos e suas diásporas. Além disso, ela integra elementos performáticos, como gestos, ritmos e entonações, que enriquecem as narrativas e ampliam seus significados, evidenciando a corporeidade e o caráter vivo dessas tradições. Mais do que um modo de narrar, a oralitura afirma-se como um espaço de resistência cultural, reivindicando a legitimidade dos saberes africanos e afrodescendentes, historicamente desvalorizados em contextos coloniais e eurocêntricos.

> *Conceitual e metodologicamente, oralitura designa a complexa textura das performances orais e corporais, seu funcionamento, os processos, procedimentos, meios e sistemas de inscrição dos saberes fundados e fundantes das epistemes corporais destacando neles o trânsito da memória, da história, das cosmovisões que pelas corporeidades se*

> *processam. E alude também à grafia desses saberes, como inscrições performáticas e rasura da dicotomia entre oralidade e escrita. (Martins, 2021, p. 41)*

Em sua perspectiva do tempo espiralar, o conhecimento se inscreve no corpo e se perpetua ao longo do tempo. Martins (2021) afirma que o tempo é, então, expandido como espirais que são traduzidos por poéticas expressas por um corpo vozeado e grafitado de saberes ancestrais, constituído por traços gestuais e dançantes. Essa corporeidade é corpo-tela, é corpo imagem, é

> *um corpo, síntese poética do movimento [...] Complexo, poroso, investido de múltiplos sentidos e disposições, esse corpo, física, expressiva e perceptivamente, é lugar e ambiente de inscrição de grafias do conhecimento, dispositivo e condutor, portal e teia de memória e de idiomas performáticos, emoldurados por uma engenhosa sintaxe de composições. (Martins, 2021, p. 79)*

Cabe, assim, adentrar em um dos pontos fulcrais para essas navegações e movimento do corpo negro: a musicalidade. Gilroy (2012) toma nota de como muitas comunidades negras frequentemente se articulam e são construídas por meio dos enredos imbuídos na musicalidade, na qual ocorre um redesenho dos locais que a música ocupa e um redimensionamento de como o corpo é fundamental para que haja as formações da vida e das tradições. O corpo, que para a cosmovisão *colonialística* é desenhado a partir do proibido, aqui vai ser maturado nas suas potencialidades e em sua elasticidade, atuando como vocalizador de uma linguagem prenhe de resistência e ancestralidade (Martins, 2021).

O corpo negro e a ginga: o samba, o funk e o carnaval

Esse corpo-quilombo, corpo-território, corpo-tela é um corpo dançante. Não é o corpo rígido e mortificado preconizado pelo colonialismo: é um corpo que samba, que ginga, que dança funk e pula carnaval. Dessa forma, articular as musicalidades negras é agenciar mundos para além das fronteiras territoriais, pois elas são frutos das encruzilhadas que colocam em diálogos diferentes saberes e óticas.

Algumas práticas de resistência e sobrevivência da cultura negra são observadas nos movimentos de preservação, transmissão e recomposição daquilo que o poder colonial visou dizimar. Tais movimentos foram objeto de análises teóricas como as de Lélia Gonzalez, que toma o fenômeno das festas populares como espaço privilegiado para observar efeitos sociais e modos de subjetivação promovidos por eventos como o Carnaval. A autora identifica que, devido ao modelo eurocatólico que estruturou a formação cultural do Brasil, nossas festas populares se realizam num espaço simbólico influenciado por esse modelo. Em seu livro *Festas populares no Brasil* (2024), Gonzalez toma o Carnaval como primeiro exemplo da força da dinâmica cultural e de sua capacidade de transformar "as classificações impostas de cima para baixo" (p. 46). A autora lembra como a origem do Carnaval remonta às festas consagradas a Dionísio, na Grécia Antiga, e aos bacanais dedicados a Baco, no Império Romano. Tais eventos de matriz pagã foram confrontados e incorporados ao modelo cristão, que os integrou em seu calendário. Dessa forma, o Carnaval brasileiro passou a ter como referência o português, cujas características incluíam a prática de sujar transeuntes com água, farinha e tinta. Assim, teria sido após o período da Guerra do Paraguai que o Carnaval no Brasil começou a adquirir predominantemente as características que possui na atualidade:

> *E foi das camadas populares que procederam essas contribuições, essa nova configuração que deu identidade*

própria ao Carnaval brasileiro. Sobretudo dos segmentos negros urbanos que, pressentindo as possibilidades de ritualização oferecidas pelo Carnaval, foram ocupando esse espaço de festa com seus ritmos, seus cantos e suas danças. E é justamente na perspectiva da procedência dessas contribuições que podemos entender o Carnaval como festa popular - a maior do país. (Gonzalez, 2024, p. 50)

Nos textos "Beleza negra, ou: Ora-yê-yê-ô!" (2020) e "Odara Dudu: Beleza negra" (2020), Gonzalez observa a criação do bloco afro Ilê Aiyê, na Bahia, com sua exaltação da beleza negra, da soltura e do estilo, configurando uma "revolução estética". Nesse caso, a autora reforça que esse e outros blocos não se restringem ao calendário do Carnaval, de forma que "seus membros estão sempre juntos, discutindo, refletindo, criando coisas novas" (p. 215). Assim, trata-se de um movimento que mobiliza alguns operadores característicos do Carnaval, como as dinâmicas de visibilidade, corporeidade, musicalidade e sua relação com a afirmação orgulhosa da cultura e da beleza negra. Já em seu texto "Racismo e sexismo na cultura brasileira" (2020) , vemos Gonzalez analisar o "outro lado da moeda" do Carnaval, considerando seu papel como rito que atualiza o mito da democracia racial (p. 80). Nesse trabalho, Gonzalez considera a face "pra inglês ver" do Carnaval carioca como produto de um projeto de nação que nega o racismo e que teria, nessa principal festa popular, um exemplo da harmonia entre as raças. A autora chama atenção para a construção de um imaginário que gira em torno da mulata, lugar simbólico assumido pela mulher negra, cujo contraste entre o destaque no Carnaval e seu cotidiano como empregada doméstica serve para a autora elucidar a noção de mito da democracia racial.

Se voltarmos nossa atenção para a importância do calendário eurocristão no desenvolvimento das festas populares no Brasil, bem como para a relevância dessas festas para a afirmação da cultura negra e indígena no país, podemos recorrer a algumas noções exploradas por Georges Bataille acerca da relação entre a religião, a lei e a transgressão. Bataille – leitor de Freud e influente nas construções teóricas de Lacan acerca do conceito de gozo – compreende que a vida social se estabeleceu a partir da interdição da violência e da sexualidade, cujo caráter de excesso se opõe aos esforços da esfera do trabalho humano. Estabelece-se, assim, uma razão própria do mundo do trabalho, com seu cálculo de esforços e previsibilidades, que produzem uma organização para a vida social.

> *Em nossa vida o excesso se manifesta na medida em que a violência prevalece sobre a razão. O trabalho exige um comportamento em que o cálculo do esforço, ligado à eficácia produtiva, é constante. Ele exige uma conduta sensata, onde os movimentos tumultuosos que se liberam na festa, e geralmente no jogo, não são decentes. Se não pudéssemos refrear esses movimentos, não seríamos suscetíveis ao trabalho, mas o trabalho introduz justamente a razão de refreá-los. Esses movimentos dão aos que a eles sucumbem uma satisfação imediata: o trabalho, ao contrário, promete aos que os dominam um lucro posterior, cujo interesse não pode ser discutido, a não ser do ponto de vista do momento presente. Desde os tempos mais remotos, o trabalho introduziu uma pausa em cujo nome o homem deixava de responder ao impulso imediato que comandava a violência do desejo. (Bataille, 2021, p. 64)*

Assim, haveria, para o autor, algo da natureza de um jogo alternativo entre interdito e transgressão, formando um par complementar, não uma oposição. A festa seria o momento de expressão da desmesura, da libertação dos "movimentos tumultuosos" refreados no cotidiano do trabalho.

> *A transgressão não tem nada a ver com a liberdade primeira da vida animal: ela abre um acesso para além dos limites ordinariamente observados, mas salvaguarda esses limites. A transgressão excede sem destruir um mundo profano de que ela é o complemento. A sociedade humana não é somente o mundo do trabalho. Simultaneamente – ou sucessivamente – ela é composta pelo mundo profano e pelo mundo sagrado, que são as suas duas formas complementares. O mundo profano é o dos interditos. O mundo sagrado abre-se a transgressões limitadas. É o mundo da festa, dos soberanos e dos deuses. (Bataille, 2021, p. 91)*

Como vimos na obra de Lélia Gonzalez, a festa (em especial o Carnaval) apresenta um caráter duplo, contraditório: por um lado, é um rito que atualiza o mito da democracia racial e, por outro, um espaço de afirmação da negritude e confrontação de paradigmas racistas. Nesse sentido, a perspectiva de Bataille sobre o interdito e a transgressão pode nos oferecer um elemento a mais para essa discussão. De certo modo, reconhecer o Carnaval como parte do mito da democracia racial é compreendê-lo como parte do jogo alternante entre interdito e transgressão, que não altera "os valores do tempo ordinário", mas os inverte apenas temporariamente. O caráter limitado e prescrito dessa transgressão implica no fenômeno de objetificação da mulher negra, que é a rainha durante o Carnaval e posteriormente desprezada no cotidiano. Lélia parece compreender que a força das festas populares está na construção de movimentos contínuos, no cultivo coletivo da liberação dos gestos reprimidos de sujeitos que o racismo insiste em relegar a posições de objeto. Há uma aposta nas qualidades do sentir promovidas pelas festas negras, principalmente quando aliadas a um movimento contínuo, como a autora reconhece nos blocos afro e afoxés de Salvador.

Outro importante elemento da cultura negra brasileira é o samba, gênero musical que constitui um elemento central em um complexo cultural dinâmico, em que se estabelece uma relação de mútuo intercâmbio. Nesse contexto, circulam saberes e expressões simbólicas que contribuem para a construção de identidades coletivas, particularmente entre a população negra, cujos vínculos sociais foram historicamente fragilizados pelo sistema escravista. Ademais, o samba incorpora e ressignifica práticas cotidianas, abrangendo aspectos como hábitos alimentares, vestuário, ritos fúnebres, manifestações afetivas, celebrações religiosas e a valorização dos ancestrais (Mussa & Simas, 2023).

Especificamente, em relação ao contexto da cidade de Porto Alegre, assume-se o samba presente na capital como *lugar transicional* (Sodré, 2019). Atrelado às noções de Corpo e Oralitura elaboradas por Beatriz e Lélia, convocamos o corpo como primado em nossa escrita. Esse samba, que se instala no centro da cidade de Porto Alegre, resiste às duras repressões operadas pelo colonialismo: racismo e graves interferências (leia-se violências) das instituições de segurança pública. Destacamos aqui a resistência do samba, que se confronta com a colonialidade nos espaços citadinos como a Escadaria da Borges [3] e o Boteco do Paulista.[4] Tomar esses espaços como núcleos de resistência implica sustentar conceituações e políticas que se direcionem ao caminhar da libertação. Apostar no samba é apostar na dança como descentramento. Vislumbrar a arte do samba atuante na centralidade do colonizador, o dito centro da cidade, mas que se baliza em outro espaço circundante. Corpos que navegam na dança, em um sistema simbólico livre da colonialidade, forjando novas territorializações.

---

3 Escadaria da Borges é um samba que ocorre no viaduto da Avenida Borges de Medeiros, em geral às terças-feiras, a partir das dezoito horas.

4 O Boteco do Paulista é bar tradicional em Porto Alegre, localizado no Centro Histórico, na rua Riachuelo, e funciona como espaço destinado aos sambas às sextas-feiras e aos sábados. Trata-se de um espaço fortemente marcado por sua popularidade e pelas duras repressões sofridas pelos serviços de segurança pública.

> *A dança é um jogo de descentramento, uma reelaboração simbólica do espaço. Considere-se a dança do escravo. Movimentando-se, no espaço do senhor, ele deixa momentaneamente de se perceber como puro escravo e refaz o espaço circundante nos termos de uma outra orientação, que tem a ver com um sistema simbólico diferente do manejado pelo senhor e que rompe limites fixados pela territorialização dominante. (Sodré, 2019, p. 125)*

Cultura negra implica um outro lugar quando se trata de "corpo". Distinta das premissas que a lógica do burguês-europeu propõe como o distanciamento entre corpos, a lógica da cultura negra afirma a liberdade corporal na centralidade dos processos comunicativos (Sodré, 2019). Os sambas da capital, dotados de dança, corpos próximos e risos, evidenciam a possibilidade de existência da passagem – seja de intensidades ou de momentos, "Como se vê, os fluxos socializantes implicam heterogeneidade étnico-cultural, mas também pluralidade de afetos (amor, ódio, desejo), constitutiva da territorialização" (Sodré, 2019, p. 140).

Banhado por esses elementos, o samba propicia um lugar de trânsito, consolida-se enquanto contraespaço, atribui poder aos "minoritários", de modo que, "o contraespaço é um lugar de não poder branco" (Sodré, 2019, p. 143). Investe-se na territorialidade, pois a colonialidade também se apropria desse campo, e não exclusivamente do território regional/geográfico; o colonizador atenta-se aos espaços interacionais. Por via do território do corpo, poderá se assumir uma maior flexibilidade. Cabe, neste ponto, a seguinte proposição: o território do corpo se expande em meio às tardes e noites de samba na capital?

> *Por outro lado, o território do corpo sempre se mostrou flexibilizante, relativizando a fixação da área implicada na noção de território físico, fazendo emergir a pluralidade*

> *de lugares. E ao relacionar-se festivamente com o espaço pela dança, pela liberação dos sentidos, o indivíduo modifica a sua energia, a sua força pessoal, e seduz a diferença étnica para uma maior sensibilização em face do mundo. (Sodré, 2019, p. 135)*

Retomar a história da população afrodiaspórica é assinar que territorializações, como as que emergem a partir do samba, propiciavam às pessoas escravizadas possibilidades temporárias de operar e existir fora das amarras coloniais, em meio às frestas. No contexto da população negra brasileira, mesmo quando o samba se torna "música popular" apesar de haver perdas de suas características estruturais, como a perda do improviso da estrofe, ainda assim mantinha em seu *soul* a sincopação. Dessa forma, a análise histórica nos possibilita afirmar como esses sambas presentes em Porto Alegre emergem e se estabelecem enquanto práticas anticoloniais, assentadas em outras lógicas de mundo.

Ao falar, nesse sentido, de musicalidade, faz-se imprescindível trazer à cena a importância e os impactos que o funk alicerça em nosso contexto. Incumbido das potencialidades presentes no *pretuguês*, ele é desenhado enquanto uma cartografia que se sustenta traçando planos e mapas de intensidade, em que as afecções e os afetos são diretrizes que produzem o corpo a partir de uma localidade fomentada por aquilo que Deleuze (2010) nomeia de potência de um impessoal: uma singularidade que qualifica um devir, podendo ser compreendida como uma especificação de um trajeto, mas não sua totalidade. Desse modo, o corpo impessoal movimenta-se não mais pelas dualidades que a cosmovisão *colonialística* outorga: racional/emocional, escrita/oralidade, e sim por transversalizações, o corpo – berço das negritudes – é fomentado enquanto uma fábrica ressoada pelas marés transatlânticas. Nesse aspecto, ao alçar o funk enquanto movimento cultural, procura-se postulá-lo como esse agenciador de singularidade, fermentado por meio das potências que estão imbricadas nas encruzas do *Atlântico Negro.* O funk, assim como nossas identidades, é performado para além das fronteiras, costurando diferentes hábitos e formas de viver. Como pontua Gilroy (2001, p. 211) acerca do hip-hop, o gênero "foi fruto mais da fecundação cruzada das culturas vernaculares africano-americanas com seus equivalentes caribenhos do que florescimento pleno formado das entranhas do blues". Ou seja, a musicalidade negra encontra nesse impessoal-encruzilhado suas propriedades de existência; suas performances rizomáticas criam e entrelaçam mundos inspirados em modos antropofágicos, tecem-se mapas-temporários que se ocupam em produzir na linguagem e nos modos de subjetivação deslocamentos, aberturas e redistribuições (Deleuze & Guattari, 2010) de nossos investimentos desejosos.

O funk, bem como o samba, inventam formas de germinar em nossos processos de singularização uma cosmologia do múltiplo, ocupando-se de fazer com que nossos encontros sejam férteis e verdejantes, assim como a produção da terra-comum. E, desse modo, estabelecem-se rupturas e reinscrições identitárias; nossa corporeidade é inscrita enquanto fruto de um inconsciente que lida com trajetos e devires (Guattari, 2010), em que a vida é tomada na qualidade de um plano de intensidades e extensões que, mediante suas forças de investimento, nos mobilizam e nos colocam a navegar-coletivo por diferentes travessias.

São por esses caminhos que o funk irá prosseguir e trabalhar de forma muito bonita e singular com o conceito de *opacidade,* presente nas obras de Glissant (2023). Para o autor, essa conceitualização opera como um ponto-chave para resistir às garras *colonialísticas*, que a todo instante tentam capturar nossas singularidades por meio da produção de uma identidade-nome-unívoca.

A *opacidade* servirá como uma ferramenta para dar vazão ao que não se deixa interpelar pela colonialidade, ganhando espaço de existência a partir da gerência de canais e códigos que deixam determinado grupo embaraçado com as produções rizomáticas de significações. Portanto, a tentativa de homogeneizar as culturas é quebrada, visto que a *opacidade* cria, a todo momento, modos e arranjos novos de dialogar com a vida e as nuances culturais. Ao não se deixar translúcida, ela confunde quem está de fora e, assim, lança mão de linhas de fuga que negam às capturas do homogêneo-universal. Lembro-me aqui de Luiz Melodia (1980) em *Mistério da raça:* "quem não pisa na terra//não sente o chão". A *opacidade*, em resumo, é um convite a pisar para saber, pois quem não pisa não saberá (e para pisar tem que saber como).

Diante desse caldo e abastecido das encruzas do *pretuguês* e das marés transatlânticas, o funk coloca em trajeto suas linguagens por meio das ferramentas fornecidas pela *opacidade*: aposta na radicalidade do que é antropofágico, conceitua os estilos de vida a partir de mapas de afetos temporários, onde quem está de fora deixa de assimilar diversos feixes de luz que ressoam no contrabalanço de uma vida contracolonial.

A ritmicidade do *Mandelão*, por exemplo, é atravessada por esses borrões fronteiriços visto que, ao sermos flechados pelas canções de seu estilo, somos impactados por significações e simbologias que descendem desde a militância de *Nelson Mandela* até as novas incorporações e adornos que a nomenclatura "mandela" é abonada nos bailes brasileiros (vide Baile do Mandela). Ao existir, o funk convoca o corpo a ser posto em uma localidade que deixa de ser translúcida e ganha, assim, maneiras de se tecer, criando linguagens próprias e frutíferas, em que o imaginário é redistribuído e apropriado a partir de novas e outras formas de pensar nosso cotidiano. Ferreira Gullar nos presenteia com a ideia que conjuga a vitalidade reverberada pelo funk: "Uma parte de mim é permanente: outra parte se sabe de repente" (Gullar, 1975, p. 50).

É na autenticidade de tecer mapas de mundos ainda não existentes que o funk e a musicalidade negra são bordados – movimentos possibilitados por abrirem caminhos para a constituição e existência de fluxos subjetivos fundamentados a partir de um *além-fronteira*. As negritudes, aqui, contrariam os vértices da brancura e rompem com as máquinas de subjetivação que concebiam as identidades negras em uma constituição-fundante, marcadas por exigências de uma mecânica brutal de subordinação racial (Gilroy, 2012). Nossas identidades são tomadas como terra-comum, partilhas de semeaduras que partem de uma encruza, perspectivadas e embaladas pelos diálogos que partem das Américas Negras, de África, do Caribe e de todo um mundo que fomenta novas formas de inscrever nossa corporeidade. Na radicalidade da conversa transatlântica, vocalizamos uma negritude prenhe de novos núcleos e ciclos, longe dos latifúndios da brancura.

E nessa vocalização-corpórea, a brancura mostra-se incomodada. Na microdestituição de seu poderio, sente-se ameaçada pelos arranjos que fomentam outra forma de pautar e fabricar as relações entre as pessoas e com a terra. É diante desses aspectos que processos reacionários ganham terreno, práticas conservadoras passam a ser alimentadas e redigem uma série de enredos que procuram sufocar as linhas de fuga que estabelecem transversalizações entre os modos de existir pautados pelas encruzas transatlânticas. Nessas movimentações, o pacto narcísico da branquitude (Bento, 2002) é reafirmado em suas mais plurais nuances, reverberando em conjunturas que complexificam as explorações e espoliações de raça, classe e gênero. Assim, medidas como o projeto de lei anti-Oruam (insígnia difundida popularmente) demonstram mais uma das facetas que esse pacto exerce. Seus defensores operam por meio de uma argumentação que vincula, como cerne do projeto, a luta por coibir o financiamento público de eventos, shows ou artistas que fomentam o que, em tese, é lido como apologia ao crime e ao uso de drogas. Contudo, é de amplo registro que essa linha argumentativa se vale de terminologias que funcionam como um termo guarda-chuva e que, na opacidade, nas entrelinhas (e não só nelas) ativam dispositivos interessados em perseguir, marginalizar e criminalizar gêneros musicais e modos de vida cujas nascentes e potencialidades se enraízam nas derivações das marés transatlânticas, leia-se negritudes.

Destarte, esta arguição transcorre no intuito de vislumbrar como as disputas de linguagem e as políticas de narratividades são fundamentais para pôr em prática modos de vida que estejam embebidos a partir da cosmovisão do múltiplo, trazendo para nosso cotidiano uma poética relacional que esteja fundada no exercício de uma vida contracolonial. Esses caminhos são possíveis a partir das diretrizes e pontos fulcrais que encontramos na radicalidade da antropofagia funkeira, na qual os avanços na tessitura das problematizações dos arranjos do nosso cotidiano são possíveis ao redimensionarmos as formas como organizamos nossos modos de viver, concebemos e atuamos nossas corporeidades e articulamos os trânsitos relacionais com nossa terra e nossos territórios.

Conclusão

Da reivindicação por ainda poder falar, opinar, de ter a voz recebida com entusiasmo e unanimidade, a branquitude na psicanálise sofre alguns golpes e elabora, como pode, o luto por não poder mais encerrar a sessão depois de se pronunciar. Ainda mais dramático: a branquitude na psicanálise, no efeito bumerangue, recebe de volta a crítica que costuma dirigir a grupos supostamente imunes a tudo que não sejam eles mesmos; e a psicanálise, tem ela se deixado afetar pelas interações com outros estudos e autorias que não sejam os mesmos de sempre?

Poder, no dia a dia, não se reconhecer a partir de uma identidade racial (logo, também não precisar recorrer ao uso de marcadores para acessar direitos) é, em si, um privilégio branco. É a partir desse lugar que surge a facilidade em rotular como *identitários* e *violentos* os grupos que se organizam para serem reconhecidos, uma tentativa velha e conhecida de silenciamento das vozes que destoam da ordem. Negritude, *identidad marrón*, povos ou nações indígenas e transidentidades tensionam a branquitude, que passa do tácito universal para mais um lugar de diferenças.

Destacamos ainda que, quando o campo psicanalítico se deixa afetar, abrindo alguma fresta nas portas de suas instituições para pensar sobre as relações étnico-raciais brasileiras, essas reflexões quase sempre ocorrem pelo prisma do racismo: "racismo e psicanálise", "o sujeito negro e o racismo", o que poderia ser lido como uma forma de gozo branco. Muito mais do que ouvir sobre o racismo, queremos falar sobre a negritude, as subversões e transgressões realizadas pelo povo negro ao longo da história desse país regido pelo colonialismo: sempre houve rasteiras negras por aqui! Queremos falar da potência da vida negra, (re)inscrevê-la no corpo e sambá-la! É por essa razão a aposta em assinalar, mas não fazer render mais que o necessário, o ressentimento típico de quem perde uma posição facilitada.

Ressaltamos que, mesmo diante da violência colonial incessante contra a população negra, sempre existiram estratégias de resistência e, sobretudo, formas de produção de vida. Tais formas se dão coletivamente por meio das estratégias de negociação, transformação e atualização. Percebemos que o corpo, guardião de epistemes, ocupa um lugar central, e desejamos seguir sambando, dançando funk e driblando os melindres coloniais. De tal maneira, acompanhamos uma direção ética-política antirracista, de viés libertário, que toma como balizador ético o compromisso com uma construção coletiva, tomando a (des)orientação atlântica como lócus central, que opera em nossas práxis com o ensejo de desnortear, para assim possibilitar emergir a formação de arquipélagos. Portanto, como Glissant e Obrist (2023) demarcam, ao pensar pelo arquipélago, estaremos abertos à imprevisibilidade dos encontros de corpos e paisagens. Afirma-se, por meio da relação, o encontro com outro, sem que, com isso, eu perca minha identidade, de maneira a suscitar um povo ausente. Assim, apostamos em nossas identidades enquanto terra-comum e no aquilombamento enquanto direção ético-política antirracista.

Mandando a letra "Sai desse compromisso, não vai no de serviço, se o social tem dono, não vai", Jorge Aragão, sambista brasileiro, faz um chamado à resistência e à afirmação da identidade negra, convidando-nos a romper com o discurso hegemônico. Buscamos explorar a pluralidade pela qual a negritude se manifesta: formas de se existir, ser, sentir, se reinventar e resistir às violências perpetradas pelas mazelas da branquitude. "Por que escrever esta obra? Ninguém me pediu que o fizesse. Muito menos aqueles a quem ela se dirige. E então? Então respondo calmamente que existem imbecis demais neste mundo. E, tendo dito isso, compete a mim demonstrá-lo" (Fanon, 2022, p. 11).

Para tal, buscamos alicerçar nosso trabalho explorando as múltiplas facetas do movimento negro. Apresentamos conceitos como negritude, *amefricanidade*, aquilombamento, corpo-território, numa entrecruza em que samba e funk se encontram e fortalecem nossa dança, ritmada por autoras e autores como Lélia Gonzalez, Beatriz Nascimento, Paul Gilroy, Leda Martins, Nêgo Bispo, entre outros. Desse modo, é nesse contexto que o grupo de pesquisa Egbé se insere, proporcionando um espaço de reflexão, pesquisa e ação que busca articular a psicanálise com as questões raciais, especialmente no que diz respeito ao trauma histórico do racismo, como um movimento político. Somos todos os dias convocados a recordar o trauma racial e repetir as estratégias de resistência. É árduo e cansativo, mas como bem Fanon (2022) nos alerta, compete a nós, enquanto comunidade, não nos calarmos. Sabemos que o inimigo é ardiloso, "mina nosso sono", não quer abrir mão desse lugar e logo distorce a abertura ao diálogo ministrados por nossos intelectuais atentos nessa desconstrução opressora/dominadora, mas estamos "ligados".

E é aqui que o Egbé se faz presente, ao propor uma clínica psicanalítica que não apenas reconheça o trauma do racismo, mas também se implica no reconhecimento das experiências negras, da oralitura e do corpo negro, tornando-se um espaço de memória e resistência dos saberes ancestrais, transmitidos e atualizados, fruto das encruzilhadas transatlânticas, na qual diferentes culturas se encontram e se reinventam. O povo negro, diariamente, transforma dor em arte e a tentativa de opressão em liberdade. Aquilombamos, criamos redes de solidariedade e compartilhamos conhecimento.

O Egbé desafia a branquitude a repensar seus privilégios e sua posição de poder. Como dizem os versos de Jorge Aragão, "somos herança da memória, temos a cor da noite, filhos de todo açoite, fato real de nossa história." Que essa história possa ser contada por quem a vive, celebrada e transformada com quem a respeita, na gira, sempre em resistência.

Referências

Alcoff, L. M. (2016). Uma epistemologia para a próxima revolução. *Revista Sociedade e Estado*, *31*(1), 129-143.

Aragão, J. (1992). Identidade. *Chorando estrelas* [Álbum]. Warner Music.

Bataille, G. (2021). *O erotismo*. Autêntica.

Bento, C. (2022). *O pacto da branquitude*. Companhia das Letras.

Bento, M. A. S. (2002). *Pactos narcísicos no racismo: branquitude e poder nas organizações empresariais e no poder público* (Tese de doutorado). Universidade de São Paulo.

Bispo, A. (2015). *Colonização e quilombos – modo e significados*. Brasília.

Bispo, A. (2023, 28 de março). *Nêgo Bispo – Pensamento e resistência quilombola* [Entrevista conduzida por Marcelo Abud]. YouTube. https://www.youtube.com/watch?v=gCTz-kw1390

Brasil. (1890). *Decreto nº 847, de 11 de outubro de 1890: Promulga o Código Penal. Coleção de Leis do Brasil*, 1890, 2664. https://www2.camara.leg.br/legin/fed/decret/1824-1899/decreto-847-11-outubro-1890-503086-publicacaooriginal-1-pe.html

Brasil. (2012). *Lei nº 12.711, de 29 de agosto de 2012*. Dispõe sobre o ingresso nas universidades federais e nas instituições federais de ensino técnico de nível médio. Diário Oficial da União.

Costa, E. S., & Fernandes, M. I. A. (2021). Estudos psicanalíticos sobre o racismo: branquitude e mestiçagem como ideologias. In *A psicanálise na encruzilhada: desafios e paradoxos perante o racismo no Brasil* (p. 27). Hucitec.

Damico, J., Ohnmacht, T., & de Paula Souza, T. (2021). Antinarciso e o devir revolucionário de Frantz Fanon: diálogos entre psicanálise, política e racismo. In *A psicanálise na encruzilhada: desafios e paradoxos do racismo no Brasil* (p. 159). Hucitec.

David, E. C. (2024). *Saúde mental e relações raciais: desnorteamento, aquilombação e antimanicolonialidade*. Perspectiva.

de Paula, T. (2021). Encruzilhada de mundos: revoluções amefricanas e cosmopolíticas anticoloniais. *Revista da ABPN*, *13*(37), 556–581. https://abpnrevista.org.br/site/article/view/1123/1200

Deleuze, G., & Guattari, F. (2010). *O Anti-Édipo: capitalismo e esquizofrenia* (L. B. L. Orlandi, Trad.). Editora 34. (Obra original publicada em 1972)

Fanon, F. (2022). *Os condenados da terra*. Companhia das Letras.

Freitas, M. G. F., & Dada, F. A. (2025). A morte repentina para o povo Yorùbá, Akudaaya e Egbé Òrun. *Revista ClimaCom*, *12*(28).

Gilroy, P. (2012). *O Atlântico negro: modernidade e dupla consciência* (2a ed.). Editora 34.

Glissant, É., & Obrist, H. U. (2023). *Conversas do arquipélago* (F. Fiszon, Trad.). Cobogó.

Gonzalez, L. (1984). Racismo e sexismo na cultura brasileira. *Revista Ciências Sociais Hoje*, *2*(1), 223–244.

Gonzalez, L. (2020). *Por um feminismo afro-latino-americano* (F. Rios & M. Lima, Orgs.). Zahar.

Gonzalez, L. (2024). *Festas populares no Brasil*. Boitempo.

Gullar, F. (1975). *Traduzir-se*. José Olympio.

Jourdan, C. (2024). Cosmologias do múltiplo e formas de vida anticoloniais. *Revista Tapuia*, *2*(4).

Menezes, C. R. (2022). Crítica – O eu soberano: ensaio sobre as derivas identitárias (Roudinesco, E.). *Criação & Crítica*. https://revistas.usp.br/criacaoecritica/article/download/202847/191666/608584

Martins, L. M. (2021). *Performances do tempo espiralar, poéticas do corpo-tela*. Cobogó.

Melodia, L. & Mello, R. A. M. (1980). Mistério da raça [Canção]. *Nós*. Warner/Chappell Edições Musicais Ltda.

Moura, C. (2001). A quilombagem como expressão de protesto radical. In *Os quilombos na dinâmica social do Brasil* (pp. 103–115). Edufal.

Munanga, K. (2019). *Negritude: usos e sentidos* (nova ed.). Autêntica.

Mussa, A., & Simas, L. A. (2023). *Samba de enredo: história e arte*. Civilização Brasileira.

Nascimento, A. (2020). *O quilombismo*. Perspectiva.

Nascimento, B. (2018). Transcrição do documentário Ôrí. In *Beatriz Nascimento, quilombola e intelectual: possibilidade nos dias da destruição* (pp. 326–340). Filhos da África.

Nascimento, B. (2021). *Uma história feita por mãos negras*. Companhia das Letras.

Ratts, A., & Rios, F. (2010). *Lélia Gonzalez*. Selo Negro.

Reis, R. F. D. (2020). *Beatriz Nascimento vive entre nós: pensamentos, narrativas e a emancipação do ser (anos 70/90)* (Dissertação de mestrado). Universidade do Estado de Santa Catarina.

Ribeiro, K. (2020). Rekhet: um exercício que transcende o ato de filosofar. *Revista Ítaca*, (36), 51–53.

Roudinesco, E. (2022). *O eu soberano: ensaios sobre as derivas identitárias* (E. Aguiar, Trad.). Zahar.

Sodré, M. (2019). *O terreiro e a cidade: a forma social negro-brasileira*. Mauad.

Souza, T. de P., Damico, J. G., & David, E. C. (2020). Paradoxos das políticas identitárias: (des)racialização como estratégia quilombista do comum. *Acta Scientiarum. Human and Social Sciences*, 42(3).

TV Brasil. (2025, 4 de fevereiro). *Psicanalista Maria Rita Kehl é a convidada do Dando a Real com Leandro Demori* [Vídeo]. YouTube. https://youtu.be/W2niu5URRho

Universidade Federal do Rio Grande do Sul. (n.d.). *Grupos de pesquisa. Programa de Pós-graduação em Psicanálise*. Recuperado em 18 de fevereiro de 2025, de https://www.ufrgs.br/ppgpsicanalise/ensino-e-pesquisa/grupos-de-pesquisa/

Veloso, M. D. S. F., & de Andrade, A. O. (2021). Aquilombamento virtual midiático: uma estratégia metodológica para o estudo das mídias negras. *ALCEU*, *21*(44), 172–189.

3. Ecos do infantil: repercussões do racismo estrutural em *O avesso da pele*

Grupo de Estudos Relações Raciais e Psicanálise do Estudos Integrados em Psicanálise (ESIP)

A vida é uma canção infantil
É sério?
Pensa, viu!
Belas e feras, castelos e celas
Princesas, pinóquios, mocinhos e...
É, eu não sei se isso é bom ou mau.
Alguém me explica o que nesse mundo é real?
O tiroteio na escola, a camisa no varal?
O vilão que tá na história ou aquele do jornal?
Diz, por que descobertas são letais?
Os monstros se tornaram literais?
Eu brincava de polícia e ladrão um tempo atrás
Hoje ninguém mais brinca!
Ficou realista demais...
As balas ficaram reais perfurando o Eternit
Brincar nós ainda quer, mas o sangue melou o pique
O final do conto é triste quando o mal não vai embora.
O bicho-papão existe, não ouse brincar lá fora, pois
Cinco meninos foram passear
Sem droga, flagrante, desgraça nenhuma
A polícia engatilhou: pá, pá, pá, pá
Mas, nenhum, nenhum deles voltaram de lá!

Foram mais de cem disparos nesse conto sem moral
Já nem sei se era mito essa história do lobo mau
Diretamente do fundo do caos, procuro
meu cais no mundo de cães
Humanos são maus, no fundo, a maldade
resulta da escolha que temos nas mãos
Uma canção infantil, à vera
Mas, lamento, velho, aqui a Bela não fica com a Fera
Também pudera, é cada um no seu espaço
Sapatos de cristal pisam em pés descalços
A Rapunzel é linda sim, com os dreads no terraço
Mas se a lebre vem de Juliet, até a tartaruga aperta o passo
Por que é, sim, tão difícil de explicar?!
E na ciranda, cirandinha, a sirene vem me enquadrar
Me mandando dar meia volta sem ao menos me explicar
De Costa Barros a Guadalupe, um milhão de enredos
Como explicar para uma criança que a segurança dá medo?
Como explicar que 80 tiros foi engano?!
80 tiros, 80 tiros [...]

Cesar MC, 2019

Racismo estrutural

É impossível falar sobre racismo sem realizar um debate estrutural. É a partir dessa premissa que Djamila Ribeiro (2019) se posiciona em *Pequeno manual antirracista*. A filósofa e feminista negra aborda o racismo estrutural de acordo com a totalidade histórico-social que o produz, demonstrando que a disparidade nas relações raciais nem sempre é explícita. Ao avesso, o racismo apresenta-se predominantemente de maneira invisível, e o seu caráter metamórfico permite que ele se desloque por diversos segmentos da sociedade, impedindo-o de ser detectado.

Na concepção de Silvio Almeida (2019), há de se realizar uma diferenciação rigorosa entre o racismo estrutural e o racismo institucional, usualmente empregados de maneira indistinta na literatura, a fim de preservar a legitimidade científica do conceito. Segundo o pensador, as instituições representam a materialização de uma estrutura social vigente, melhor dizendo, respondem a uma ordem superior que as constitui. Nas palavras do próprio Almeida, "as instituições são racistas porque a sociedade é racista" (Almeida, 2019, p. 31). Nessa perspectiva, o racismo institucional faz parte da sintomatologia do racismo estrutural, e está em relação de espelhamento com as estruturas de poder que condicionam o laço social.

Em paralelo com a psicanálise, da mesma maneira que a formação do sintoma neurótico não está atrelada exclusivamente ao seu fator desencadeante, como a perda do objeto e a consequente dissolução da catexia, mas também – e principalmente – a sua pré-história psicossexual, as instituições não fundam o racismo, apenas o colocam em prática por conta da existência de uma estrutura pregressa. Porém, trata-se aqui de uma estrutura social, e não psíquica, ainda que a primeira faça eco na segunda. Essa estrutura social, construída transgeracionalmente a partir de processos históricos vinculados ao colonialismo, age em nome da universalização de uma ontologia ocidental, em detrimento das cosmovisões extraeuropeias, que acabam asfixiadas.

Em *A terra dá, a terra quer*, Antonio Bispo dos Santos (2023) se debruça sobre essa questão ao abordar a ideia de cosmofobia, termo que ele ironicamente denomina como um "conceito acadêmico". De acordo com Nêgo Bispo, a modernidade ocidental inaugurou uma desestruturação entre os seres humanos e o cosmos, produzindo uma partição que é a base da organização colonial. Esse afastamento da natureza, praticado em massa pelos humanistas, estaria calcado no desprezo por uma perspectiva diversa e integrada do cosmos, instituindo uma série de efeitos colaterais que alicerçam os nossos modos de vida e dão sustentação a diferentes modalidades de racismo: a exploração predatória de recursos naturais, o desprezo pela ancestralidade e os saberes tradicionais, bem como a objetificação da terra e dos seres humanos.

À vista dessas questões, o racismo estrutural é compreendido por Almeida (2019) como a reprodução sistêmica de diferentes meios de violência e opressão racialmente orientadas, incutidas na organização social sob forma de desigualdades políticas, econômicas, familiares e jurídicas. Dentro dessa perspectiva, não há necessidade de que alguém possua uma intenção racista para que o racismo se faça presente, uma vez que essa mesma intenção está atrelada ao funcionamento padrão das sociedades.

A partir da concepção do racismo como sistema e não apenas como prática individual, Ribeiro (2019) enfatiza a necessidade de que o engajamento coletivo e a autocrítica das pessoas brancas no reconhecimento de seus privilégios se traduzam em medidas efetivas, e não apenas em construções teóricas inférteis. Dito de uma outra forma, que o monopólio dos privilégios sociais seja enfrentado por meio de ações afirmativas, instrumento fundamental de correção das injustiças históricas abrigadas pela escravidão e pela empresa colonial.

Racismo estrutural em O avesso da pele

A literatura tem sido uma das principais formas de dar visibilidade aos sujeitos historicamente invisibilizados. *O avesso da pele* é um romance de contornos trágicos, escrito por Jeferson Tenório, vencedor do Prêmio Jabuti na categoria *Romance Literário* em 2021. O autor aborda temas como a falência do sistema educacional, a violência policial e, principalmente, a complexa desarmonia que regula as relações raciais no Brasil. Sua obra nos convida a acompanhar a trajetória de Pedro, narrador e protagonista de uma trama que entrelaça a familiaridade de andar pelas ruas de Porto Alegre, bem como o incômodo de esbarrarmos com a materialização do racismo estrutural em cada esquina.

Pedro é estudante de arquitetura e carrega consigo uma marca que ele nunca escolheu: a de ter a pele negra. Um dos poucos que conseguiram alcançar o Ensino Superior. Com apenas 22 anos, ele se depara com a sinuosa obrigação de elaborar o luto pela morte do pai. Não, essa não é a história de um luto como os demais! Essa não é a história de um luto branco! Pois até o luto branco detém os seus privilégios! Seu pai se chamava Henrique e trabalhava como professor de literatura em escolas públicas da capital. Um dos poucos que, com a precarização do ensino e ausência de amparo estatal, não perdera o brilho nos olhos e ainda acreditava que os livros poderiam fazer algo pelas pessoas. Em razão de uma desastrosa abordagem policial, Henrique teve a sua vida expropriada pelos agentes que deveriam estar promovendo a segurança pública:

> *E você nem percebeu quando os reflexos vermelhos de uma sirene bateram na parede de um prédio próximo a você. Nem percebeu a aproximação de uma viatura da polícia, e também não percebeu quando eles pararam o carro ao seu lado. [...] Era uma abordagem. Sua cabeça ainda estava na sala de aula, ainda estava em Dostoiévski. Ele gritou para você parar. Gritou para você ir para a parede. Mas você não escutou ou não quis escutar [...] você não estava mais se importando com a rotina deles. Ele gritou novamente para você ir para a parede, ele já estava te apontando a arma. Mas para você já não fazia diferença, porque daquela vez eles não iam estragar tudo. "Vocês tinham de estar lá. Vocês tinham que ver a cara deles quando eu comecei a ler, vocês tinham que ver o silêncio deles, vocês tinham que vê-los prestando atenção." [...] Então, você abriu a pasta, ignorando os gritos do policial, os gritos de "larga a pasta, porra." Você ignorou porque agora era a sua vez. Era a sua vez de ditar as regras. E a regra, agora, era seguir seu movimento, colocando a mão dentro da pasta. O primeiro tiro pegou no seu ombro, e foi como se você tivesse levado uma pedrada forte. O segundo foi no peito, dilacerante,*

> *uma dor difícil, não tão forte como as outras dores que tocaram seu corpo, mas ainda uma dor difícil. O terceiro foi dado por ele, pelo policial que vinha tendo pesadelo com homens negros invadindo a sua casa. Um tiro certeiro na tua cabeça. Os outros vieram simultaneamente. E a última imagem que você viu, foi a lua-gema-de-ovo-no-copo-azul-lá-do-céu. (Tenório, 2020, p. 148)*

Jamais testemunharemos isso no Moinhos de Vento ou no Três Figueiras – bairros predominantemente brancos e de classe média alta! Essa abordagem, acima de tudo, foi resultado do racismo estrutural incrustado nas instituições, mas que já começa a construir casa em todos nós antes mesmo que a libido encontre a linguagem e antes mesmo que a linguagem nos domine como sujeitos pulsionais.

Em uma visita ao antigo apartamento do pai, Pedro se depara com um oceano de afetos. A cada objeto visualizado, um estímulo potente. Pedro inventa e reinventa esse pai, integra e desintegra hiatos, constrói e reconstrói memórias, e, assim, à medida em que o compreende, compreende a si mesmo. Trata-se de uma costura entre ficção e uma dose amarga de realidade. Percebe-se a existência de um certo amálgama que perpassa as histórias de Pedro e Henrique, um certo abrandamento em suas fronteiras self-objetais instigadas pela cor de suas peles. Um vínculo ainda mais indestrutível, desenvolvido como aquilombamento diante do potencial tanático da branquitude e organizado como resistência diante de todas as vivências racistas que insistem em avançar mais além do princípio do prazer. Assim, imerso em um pacote de afetos fragmentados, Pedro sussurra para o pai que o invade "por isso sigo recontando a tua vida, que também é um pouco da minha" (Tenório, 2020, p. 184).

Dentro de cada um de nós existe um pedaço de alguém que foi embora. Na psicanálise freudiana, o Eu é constituído mediante identificação com restos e rastros de catexias abandonadas e que o enriquecem. Entretanto, para Pedro, nunca foi sobre elaborar uma simples ausência, mas, sim, sobre coexistir com a presença/ausência de um pai que se recusa a partir, de um pai que não reconhece o seu lugar no passado. Pois, daquele momento em diante, Pedro é obrigado a lidar com uma identificação forçada. Não uma identificação comum, como as descritas pelo próprio Freud, mas uma "introgressão" que coloniza o seu espaço psíquico e submete a sua economia libidinal. É com essa dimensão transicional que faz dialogar fantasias primitivas com uma realidade excessivamente concreta que ele terá de lidar. Antes mesmo da consumação do homicídio, a necropolítica já pautava a vida de Pedro como uma compulsão à repetição, e o corpo de Pedro-Henrique-Genivaldo-George Floyd-Marielle Franco e incontáveis outros jamais deixou de se atualizar em novos corpos negros. Um corpo uniforme e interligado que nunca cessa de morrer.

> *Acho que vocês nunca se preocuparam em organizar uma narrativa para mim. Sei que o tempo foi passando e o que foi dito por vocês, antes de minha memória, foi dito em retalhos. Então precisei juntar os pedaços e inventar uma história. Por isso não estou reconstituindo esta história para você nem para minha mãe, estou reconstituindo esta história para mim. Preciso arrancar a tua ausência do meu corpo e transformá-la em vida. (Tenório, 2020, p. 183)*

Quantos mortos têm a possibilidade de contar a sua história? Quantos CPFs foram cancelados e não receberam o privilégio de vivê-la? A história de Pedro refere-se à restituição de uma subjetividade perdida. De uma existência que foi desmentida por uma cosmofobia ocidental e universalizante, e que divide a realidade social em parâmetros raciais. Se nos constituímos como sujeito a partir do olhar do outro desde a nossa infância mais primitiva, como se constitui o sujeito negro quando esse olhar é reiteradamente massacrante? Como se produz esse espelhamento? Como se formam as suas representações de self quando os objetos culturais são sempre perseguidores? Como se forma a sua identidade quando tentativas de fuzilamento, emocionais e literais, constituem a regra e não a exceção? Quais os ecos do infantil se *atr-avessam* no desenvolvimento psíquico do sujeito negro?

Em *Tornar-se negro ou As vicissitudes da identidade do negro brasileiro em ascensão social*, Neusa Santos Souza (2021) apresenta uma teoria para dar conta de algumas dessas questões. Partindo do referencial freudiano, a psicanalista aponta para a constituição do sujeito a partir da formação do ideal do ego como um modelo que recupere o narcisismo original perdido. Imposição do superego ao ego, a realização do ideal do ego é uma exigência da qual o ego atual busca se aproximar. Nesse sentido, a sensação de triunfo seria decorrente da coincidência do ego com o ideal do ego, enquanto o sentimento de culpa e de inferioridade podem ser compreendidos como uma tensão entre o ego e esse ideal.

Referentemente às relações raciais e ao processo de tornar-se negro, a questão fundamental que Neusa tensiona é: como se constrói o ideal do ego do negro? Dentro da perspectiva que hoje nomeamos como racismo estrutural, a psicanalista demonstra o quanto o ideal do ego do negro é branco, e o quão cedo ele já se atravessa na constituição psíquica. Considerando que o contexto familiar é o primeiro lugar a partir do qual o desenvolvimento do ideal do ego se dá, a pensadora vai acompanhando essa construção, entendendo que o racismo já permeia as relações mais primitivas do sujeito, nas quais os próprios cuidadores – identificados com essa lógica perversa – a transmitem, dado estarem imersos na cultura: cultura esta que tem o branco colonizador como universal. A rua, a escola, o trabalho e os espaços de lazer são os lugares nomeados por Neusa nos quais o ideal do ego branco será reforçado: ou seja, praticamente a totalidade dos sítios de convívio.

Dessa forma, como modelo a ser seguido a partir dos valores da cultura – bem-sucedido, bonito, inteligente, rico, poderoso –, o branco se impõe como ideal. Como o negro nunca será branco, o ideal se torna inalcançável, uma possibilidade impossível que engendra na pessoa negra uma ferida narcísica por não cumprir esse ideal. Segundo as próprias palavras de Souza (2021), "diante da experiência do inverossímel, frente à constatação dramática de realizar o ideal, o negro vislumbra duas alternativas genéricas: sucumbir às punições do superego ou lutar, lutar ainda mais, buscando encontrar novas saídas" (p. 73).

Fakhry Davids (2021), psicanalista inglês, aborda os efeitos subjetivos perpetuados pela experiência do racismo. O autor entende que, em decorrência de o nosso mundo continuar a ser marcado pelas divisões coloniais do passado, inclusive o legado da escravidão, os negros, inevitavelmente, têm que lidar, de modo contínuo e rotineiro, com projeções ligadas a essa herança colonial. Segundo ele, isso pode ser considerado um trauma cumulativo, "pois é a experiência de ser repetidamente invadido por projeções forçadas que perfura a integridade do sujeito e o desequilibra" (p. 29). Davids enfatiza o quanto é enlouquecedor ser tratado "de acordo com uma definição racista e não como realmente é" (p. 29).

Para tanto, a torção do modelo identificatório se faz necessária na re-criação da própria história do sujeito negro. A dispensa do ideal de ego branco e a libertação do colonizador dar-se-iam, para Achille Mbembe (2020), por meio da perlaboração da memória colonial e do desejo de ser o colonizador, para, então, possibilitar o reconhecimento da alteridade e do estabelecimento do desejo decolonializado. A libertação do desejo mumificado e o reconhecimento de si põem em curso a passagem de colonizado a sujeito. A saída possível: um dispendioso trabalho psíquico, diante da experiência massacrante da violência racista.

Conclusão

Nós nos constituímos na interação com o outro. E, de outro em outro, com o mundo. Seja porque expandimos cada vez mais para outros objetos, seja porque os outros se tornam, também, o mundo – e tudo que o constitui historicamente, não esqueçamos! Somos feitos de histórias. Das que inventaram antes mesmo do nosso nascimento. Daquelas que começaram a nos contar quando ainda nem entendíamos as palavras, mas já éramos banhadas delas ou nelas. As histórias dos nossos pais e das que vieram antes deles. As histórias que nos atravessam há muitos anos, aquelas que, ainda que não sejam ditas, estão escritas, inscritas e marcadas no inconsciente, no ato, na ausência, no desamparo. Mas bem sabemos que rechaçar algo não o faz deixar de existir, nem de produzir seus ecos – ou gritos. O não dito faz barulho. E ele também mata.

Pode-se dizer, levianamente, que o mundo não é igual para todos, porque também o percebemos de formas distintas, conforme variam as nossas experiências. Acontece que não é apenas de mundo interno que o mundo é feito. Ele não é e não proporciona a mesma vivência para todos. Ele não é igual para todos. Porque, dentro de "todos", cabe apenas a branquitude. Isso chama-se racismo estrutural.

> *Conforme fui crescendo, suas perguntas foram ficando mais complexas. E confesso que às vezes eu não queria ser profundo. Eu queria apenas brincar e ser como os outros filhos eram com seus pais. No entanto, agora eu sei que você estava me preparando. Você sempre dizia que os negros tinham de lutar, pois o mundo branco havia nos tirado quase tudo e que pensar era o que nos restava. É necessário preservar o avesso, você me disse. Preservar aquilo que ninguém vê. Porque não demora muito e a cor da pele atravessa nosso corpo e determina nosso modo de estar no mundo. E por mais que sua vida seja mediada*

> *pela cor, por mais que suas atitudes e modos de viver estejam sob esse domínio, você, de alguma forma, tem de preservar algo que não se encaixa nisso, entende? Pois entre músculos, órgãos e veias existe um lugar só seu, isolado e único. E é nesse lugar que estão os afetos. E são esses afetos que nos mantêm vivos. (Tenório, 2020, p. 61)*

E como pensar na constituição de quem é apontado, visto, reconhecido pelo mundo branco de forma violenta? Quais os ecos que isso produz? Quais os ecos das incansáveis violências ao corpo negro, desde que nasce? Tenta-se salvar o avesso, mas se faz necessário que não só ele seja preservado – ainda que, talvez, nem sempre só o avesso dê conta, pois há o que se embrulha por dentro. *O avesso da pele* é uma metáfora para a descolonização do nosso pensamento. O avesso colide com aquilo nos *atr-avessa.* Os ecos soam e retumbam. De muitas e muitas histórias. De ontem. Das gerações. De quinhentos anos. Ou mais. De hoje. Aqui e agora.

Referências

Almeida, S. L. (2019). *Racismo estrutural.* Jandaíra.

Cesar MC. (2019). *Canção infantil* [Música]. Pineapple Storm Records.

Davids, F. (2021). Entrevistas. *TRIEB. Racismo. 20*(2), 15-42. https://www.sbprj.org.br/_files/ugd/45e118_c0b10275f96940f482193dfafbbe902b.pdf

Mbembe, A. (2020). *Crítica da razão negra.* n-1 edições.

Ribeiro, D. (2019). *Pequeno manual antirracista.* Companhia das Letras.

Santos, A. B. (2023). *A terra dá, a terra quer.* Ubu.

Souza, N. S. (2021). *Tornar-se negro ou As vicissitudes da identidade do negro brasileiro em ascensão social.* Zahar.

Tenório, J. (2020). *O avesso da pele.* Companhia das Letras.

4. Terreiro como lugar de resistência – psicanálise como lugar de novas existências: um encontro possível?

Grupo de Estudos Relações Raciais e Problemáticas Identificatórias

> *O terreiro é um território ancestral de encruzilhada; o terreiro fertiliza a linha reta, cruzando-a; território ancestral de cura espiritual por meio de tudo o que é plural; o terreiro é som, é voz, é grito; som dos tambores que atravessam a linearidade temporal e os muros que nos dividem.*
>
> Nogueira, 2023

Ao nos propormos trazer para o centro das nossas discussões a problemática dos terreiros, fizemo-lo mobilizados por uma provável curiosidade epistemofílica – com aspirações metapsicológicas – de refletir acerca dos caminhos pelos quais podem se intercruzar o pensar psicanalítico e o pensar que se produz nos terreiros: entre resistências e novas existências. Assinalamos que *terreiro* é uma palavra de origem Yorùbá: "ilé" (casa) "orò" (culto) – "casa do culto".

Os terreiros são espaços forjados pelo povo negro, em diáspora, desde os tempos da escravidão formal e dos sequestros de África, executados pelo branco colonizador. A possibilidade de criação desse espaço vai transcender, e muito, seu vínculo com os rituais religiosos.

A questão religiosa vai ocupar um lugar de meio, pelo qual vai se trabalhar – por um fim maior – a construção de um espaço de pertinência, resistência e resgate de ancestralidade. Lugar esse, em uma terra estrangeira, ocupado não por opção, mas, sim, por imposição. Esses espaços, considerados terra sagrada, vão congregar a função de integrar aspectos sociais, culturais, políticos e religiosos sob o prisma da união do povo afrodescendente, não como linha reta, mas sim como encruzilhada. Um cenário que comporta o encontro com o som de tambores que atravessam a linearidade temporal e os muros que nos dividem. Nessa terra sagrada, entre outros elementos, encontramos uma relação de simetria e, ao mesmo tempo, de reverência às forças da natureza – cruzamentos que permitem uma maior amplitude do ser e do estar no mundo: o pluriversal, o diverso como condição das humanidades.

Assim nos sentimos tentados a conceber os terreiros como matriz primária do que viria a ser o movimento da Negritude no território brasileiro a partir dos anos 1970. Um movimento que busca significar e ressignificar o legado africano, rompendo com as múltiplas faces do extermínio simbólico e material do povo negro, com íntima conexão com a capacidade de compaixão: "a negritude deverá ser o instrumento de combate para garantir a todos o mesmo direito fundamental de desenvolvimento, a dignidade humana e o respeito das culturas do mundo. A negritude fornece em tempo de globalização um dos melhores antídotos contra as duas maneiras de se perder: por segregação cercada pelo particular e por diluição no universal" (Césaire, 1987, citado por Munanga, 2019, p. 20).

Se assim o for, compreendemos que é necessário ponderar sobre qual *Weltanschauung* – visão de mundo – baliza as aspirações dos terreiros. Pensamos em uma *Weltanschauung* científica (Freud, 1933/2006), por mais paradoxal que possa parecer. Uma *Weltanschauung* científica que rompe com os saberes hegemônicos da visão de mundo única – cientificismo que carrega em seu DNA a chaga do pensar religioso – forjada pela branquitude. Um pensar assentado no reconhecimento de que somos um dos seres que compõem a natureza. Nesse caminho de ruptura, resgatam-se os saberes ancestrais, fazendo do animismo a matéria-prima do seu pensar científico: um diálogo investigativo e propositivo que busca fazer a junção da natureza com a organização social.

Dentro de uma perspectiva histórica, Ailton Krenak (2019) ressalta essa visão hegemônica e sua implementação, a qual sempre se calcou na noção de que existe um único jeito de estar na Terra, uma concepção única de verdade – apresentada pela "humanidade esclarecida" à "humanidade obscurecida". Assim, os brancos europeus saíram colonizando o restante do mundo e guiando escolhas que arrancaram pessoas de seus coletivos e de seus lugares de origem.

Temos ainda, em pensadores como Karl Marx (1859/2013), Aimé Césaire (1950/2020), Franz Fanon (1952/2008) e Deivison Faustino e Walter Lippold (2023), uma interpretação pelo viés da economia política, desse mesmo processo, que associa a evolução dos modos de produção na sociedade capitalista aos genocídios, às escravizações e às espoliações coloniais, cometidas em África, Ásia e nas Américas. A noção de "raça" é plasmada pela branquitude europeia com o propósito de racializar-reificar-desumanizar o não branco, justificando socialmente seus impulsos de exclusivismo sobre outras nações periféricas. Essa organização político-ontológica é estruturante das diversas mutações da experiência capitalista, desde os seus meios de acumulação primitiva até os seus meios de acumulação tardios – as democracias liberais-burguesas, como a que vivemos atualmente.

Mas teria sido justamente o argumento da cientificidade que serviu à resistência para o pensar psicanalítico manter tanta distância do pensar que se produz nos terreiros? Embora possa parecer surpreendente, o tema da negritude – representado pelos terreiros e oprimido pelo racismo – ficou à margem da psicanálise desde as suas origens. Pilar fundamental do colonialismo que imperava soberano na Europa freudiana, o racismo estava lá, sempre esteve lá, mas não era apreendido em sua amplitude e contundência. Como aquele material que fica cindido em nosso psiquismo, sabemos e não sabemos e, quando confrontados com ele, desmentimos.

Ainda que de maneira tímida, à medida que algumas fendas foram sendo abertas e a realidade foi adentrando o cenário psicanalítico, fomos percebendo que, apesar de ser uma de suas prerrogativas a busca pelo entendimento daquilo que está além do consciente, essa pretensão de desvelamento e profundidade não contemplou as relações raciais, tampouco a problemática do racismo. Como outros campos do conhecimento, a psicanálise seguiu a cartilha colonialista e eurocêntrica. Sua trajetória foi em linha reta, furtando-se de trabalhar na encruzilhada, fechando os olhos para toda a perversidade presente no genocídio via escravização, o qual segue se perpetuando sob novos modelos. Trata-se de uma herança traumática incrustada em nosso psiquismo, com a qual resistimos em nos defrontar.

O uso de defesas para não entrar em contato com algo tão incômodo varia. Pode manifestar-se pelo retorno do reprimido, que anuncia o conteúdo inconsciente; passa pela alucinação negativa (a não percepção do racismo); ou, ainda, por um intrigante modelo, que tem feito o duplo trabalho psíquico, que permite o saber e o não saber. Esse modelo que possibilita essa dupla face no modo de negar o racismo tem sido o recurso utilizado desde as origens do capitalismo moderno pela branquitude. A branquitude sabe e faz uso do racismo para se manter nesse lugar de poder, detentora dos bens materiais e simbólicos que circulam na sociedade. Ao mesmo tempo, "não sabe": renega ou minimiza a existência do racismo para que, negado ou minimizado, não possa ser transformado.

O paradoxo entre a perpetuação do racismo – e a dificuldade de se haver com ele – promove, como estratégia defensiva, um afastamento psíquico que desfaz os elos entre conhecimento e pensamento. Um modo de se apropriar criticamente da empreitada colonial, reconhecendo as atrocidades históricas às quais o povo negro vem sendo submetido desde a sua escravização, consiste em incluí-la no rol dos campos de concentração coloniais que ganharam a visibilidade e a comoção do mundo com o antissemistismo e o extermínio do povo judeu, via uma planificação da morte em massa executada pelo Terceiro Reich.

Essa é a reflexão que Mbembe (2021) nos apresenta, ao sustentar que os campos de concentração coloniais – embora nem todos fossem campos de morte programada – eram espaços onde reinava o sofrimento e, eventualmente, diversas modalidades de morte: seja ela por exaustão, trabalho, abandono ou indiferença. O autor refere que o mundo dos campos se tornou indissociável de um crime singular: o crime contra a humanidade. Humanidade esta "que era declarada ora inútil, ora prejudicial, ou era percebida como inimiga e, em todos os sentidos, como parasitária e supérflua" (Mbembe, 2021, p. 125).

Pensando nos campos de concentração como constitutivos da ação colonial – refutando o seu suposto ineditismo no nazifascismo alemão, como entoado em uníssono pelo historicismo ocidental –, remetemos a Genivaldo Santos, homem negro com diagnóstico de esquizofrenia, assassinado a céu aberto em uma câmara de gás criada artificialmente no porta-malas de uma viatura da Polícia Rodoviária Federal (PRF), bem como ao genocídio do povo Yanomami, intensificado pela exploração de recursos naturais promovida pelo garimpo ilegal. Constatamos, com base nesses e outros exemplos, que as tecnologias de desumanização de corpos não brancos e a civilização dos modos de matar seguem se atualizando na experiência política contemporânea, sem sofrer qualquer tipo de reparação estrutural por parte das democracias liberais-burguesas.

Esse crime singular, que não obtém o reconhecimento como tal, tem, de acordo com Mbembe (2021), a circunstância colonial como manifestação exemplar. O autor destaca a dificuldade de estar incorporada à memória do mundo a escravidão dos negros e as demais atrocidades coloniais, o que não permitiria a construção de um mundo verdadeiramente comum, uma humanidade verdadeiramente universal, decorrente da apropriação dessa memória não apenas dos povos que foram vítimas desses acontecimentos, mas da humanidade como um todo.

Mas de onde vem a força desse atravessamento que acaba sendo reproduzido pela branquitude? Como esse engendramento atravessou séculos e se mantém em pleno funcionamento, pautando a experiência social e configurando o racismo à brasileira? A psicanálise é insuficiente para dar conta desses questionamentos, sendo necessário recorrer a outras contribuições. Há duas escolas de pensamento que apresentam contribuições fundamentais no intuito de esboçar as especificidades do racismo brasileiro. A noção mais difundida e já assimilada no imaginário social pensa o racismo na perspectiva estrutural (Almeida, 2019). De acordo com o pensador, o racismo estrutural está em relação de espelhamento com as estruturas de poder que condicionam o laço social. Estruturas, essas, incorporadas violentamente na experiência política, remetendo aos destinos do capitalismo moderno.

Dito de outro modo, o "problema da natureza do racismo" é compreendido como decorrência direta da estrutura social, que se ramifica pelos diversos segmentos: político, econômico, institucional, familiar e individual. Ao que interessa à psicanálise do ponto de vista clínico, o racismo se atravessa diretamente no desenvolvimento psicossexual e, consequentemente, na formação do caráter e no padecimento psíquico, estruturando modalidades discursivas sustentadas em uma "humanidade racial": o não branco é expropriado de sua condição de sujeito e relegado brutalmente à posição de objeto. Como o próprio Silvio Almeida define: "mais do que a consciência, o racismo molda o inconsciente" (Almeida, 2019, p. 50).

Na esteira dessas contribuições, Muniz Sodré (2023) desafia a tese de que o racismo seja estrutural. O pensador chama atenção para a necessidade e a urgência de se construir uma radiografia do racismo brasileiro que leve em consideração não uma perspectiva totalizante do racismo, melhor dizendo, não a importação de uma interpretação estrangeira das relações raciais, mas uma leitura que contemple as especificidades que pautam a experiência política nacional.

Com base nesse argumento, Sodré (2023) considera que, para que o racismo seja considerado um fenômeno estrutural, ele deve ser reconhecido publicamente, em vez de camuflado como condição latente na organização política. Em um linguajar psicanalítico, que o racismo não seja encoberto por uma desmentida. Como exemplos de racismo estrutural, Sodré menciona os regimes de Jim Crown nos Estados Unidos e o do *apartheid* na África do Sul, ambos implementados pela branquitude aristocrata de seus países, em que as políticas de segregação racial eram contempladas explicitamente na burocracia do Estado. Nessa mesma linha, ainda que de maneira paradoxal, poderíamos acrescentar tanto o racismo antissemita disseminado pela Alemanha nazista no extermínio da população judia, como o racismo institucional, perpetrado de maneira sistêmica pelo Estado de Israel na aniquilação das subjetividades palestinas.

Em relação ao Brasil, Sodré (2023) declara que o racismo estrutural foi apenas de ordem pré-abolicionista, quando as leis de segregação racial ainda encontravam amparo e legitimidade no aparato judicial do Estado. Nesse sentido, a instauração da República – por pressão do capitalismo industrial e não por consciência racial – haveria dissolvido o seu caráter estrutural do racismo brasileiro, ainda que o racismo tenha persistido, encontrando formas camufladas de expressão. A essa transformação na natureza do racismo – não mais como fenômeno estrutural, mas como condição fantasmática da experiência social brasileira – Sodré nomeou forma social escravista:

> *Enunciamos, então, uma proposição básica: a sociedade escravista foi extinta no Brasil pela Lei Áurea (1888), mas a forma social escravista permanece até os dias de hoje.*

> *Supomos, portanto, (1) uma diferença entre o conceito de sociedade e o de forma social, sustentando que (2) a forma ultrapassa a materialidade da sociedade escravista, ao mesmo tempo em que mantém culturalmente a sua substância hegemônica, que é a colonialidade. (Sodré, 2023, p. 91)*

O panorama que observamos é o racismo fazendo uso de diferentes artifícios e operando por meio de recursos subjetivos de opressão para além do isolamento econômico ou geográfico, haja vista que está profundamente enraizado na estrutura social e pode, inclusive, ser internalizado por pessoas negras, embora beneficie historicamente pessoas brancas. Quando se dá o discernimento de que vivemos numa sociedade alicerçada na forma social escravista, conforme o argumento de Sodré (2023), a partir de um ordenamento racial, evidencia-se o refinamento dos modos de sujeição atualizados, num *continuum* da prática colonial, asseverando um pressuposto de subalternidade do indivíduo negro.

Por meio do exercício de um pensar de subjetivação das ideias de "racismo estrutural" e "forma social escravista", propomos, num livre pensar guiado pelas nossas capacidades especulativas, que o racismo estrutural, numa visão metapsicológica, compõe a estruturação do nosso aparato psíquico, enquanto a forma social escravista é a manifestação, por excelência, desse racismo que molda tanto a nossa psique como a ordem cultural. Tomando esse caminho com sinalizador, pretendemos trabalhar na encruzilhada dos saberes desses pensadores, em articulação com o legado freudiano e abastecidos pelas vibrações produzidas pelas tradições de matriz africana. Recordemos: *terreiro é som, é voz, é grito.*

O projeto da modernidade, calcado no exercício de dominação pela perspectiva da racialidade, obtém êxito, pois adentra nos investimentos da identificação e narcisismo primários. A assimilação e a internalização de características do campo hegemônico pelo sujeito negro – em decorrência de imagos do passado de uma ancestralidade que foi desumanizada – o conduz a invejar e almejar um devir orientado por um ideal identificatório branco.

No processo de subjetivação da população afrodescendente, tendo em vista a afirmação normativa da superioridade do projeto social eurocentrado, ocorre a introjeção de aspectos de inferioridade. Desse modo, tal dinâmica caracteriza um sistema que reimprime um constante desapontamento em relação a seus propósitos e conquistas. Essa, então, é a condição que modifica o Ideal de Eu do negro brasileiro em Ideal de Eu branco. A proporção basal da forma social escravista nacional tem na branquitude – produção sócio-histórica da suposta ascendência branca – o estabelecimento do Ideal de Eu, assim como numa organização psíquica primária, em que a casta se unia em torno de uma ideia ou indivíduo motivados por um investimento libidinal.

No decorrer da literatura freudiana, percebemos a aproximação de duas realidades que, sob o prisma da razão ocidental, representam o avesso uma da outra: o pensar científico e o pensar mítico. Em diversas oportunidades, Freud convoca a mitologia como ferramenta alegórica para compreender de que modo as manifestações do inconsciente intervêm na experiência social. Para os propósitos deste capítulo, destacamos o mito da horda primeva, apresentado nos capítulos finais de *Totem e tabu: contribuição à história do movimento psicanalítico e outros textos* (Freud, 1913/2012), o qual reivindica uma posição central devido à inauguração de uma teoria da organização social que persiste ao longo de todo o seu legado. Ao influenciar-se por distintas correntes de pensamento, desde a doutrina darwinista, até a filosofia contratualista e o *Leviatã* de Hobbes, Freud (1913/2012) supõe que as sociedades são estruturadas a partir de agenciamentos libidinais empreendidos de acordo com a natureza de um pai: real e simbólico.

Enquanto a horda primeva representa um tempo primeiro da organização social, regida exclusivamente pelos intentos narcísicos de um ditador – o pai real (não castrado) – que detém o monopólio dos meios de satisfação pulsional, o totemismo representa um segundo tempo fundado no parricídio e na ação revolucionária dos filhos da horda, que inauguram um pacto social baseado na proibição do incesto e dos privilégios associados ao trono paterno. Essa nova condição social é subsidiada por uma drástica transformação da política sexual que instiga a exogamia e a vida em comunidade, instalando, como retorno do reprimido, um mal-estar paradoxal em decorrência da nostalgia do pai. Em outras palavras, persiste, como disposição fantasmática no inconsciente dos filhos – mediante identificação primária com a autoridade paterna – um desejo de se retratar com o pai real, de devolvê-lo ao seu trono vazio e de restaurar o antigo regime ditatorial da horda primeva.

A partir dessa construção mito-política, Freud (1913/2012; 1921/2006; 1933/2006) supõe que as sociedades são estruturadas a partir de agenciamentos libidinais empreendidos de acordo com a natureza de um pai: real e simbólico. Como estratégia metapsicológica para investigar a psicanálise como lugar de novas existências e os impasses da experiência política, pensamos ser de fundamental importância levar em consideração a força que essas fantasias libidinais desempenham na construção dos vínculos sociais. Nesse sentido, em analogia direta com o mito da horda primeva, propomos que o colonialismo e o racismo estrutural representam uma revivescência fantasística da horda primeva, em razão de suas tecnologias de opressão se expressarem irrestritamente por meio da pura pulsionalidade do pai real. Em contrapartida, as democracias pós-abolicionistas, aferradas à forma social escravista e sem romper, de modo constitutivo, com o aparato colonial, representam uma atualização do pacto totêmico, na medida em que suas tecnologias de opressão triunfam sobre a materialidade e persistem de maneira simbólica no âmago da organização social.

Nesses termos, podemos estabelecer o seguinte paralelo:

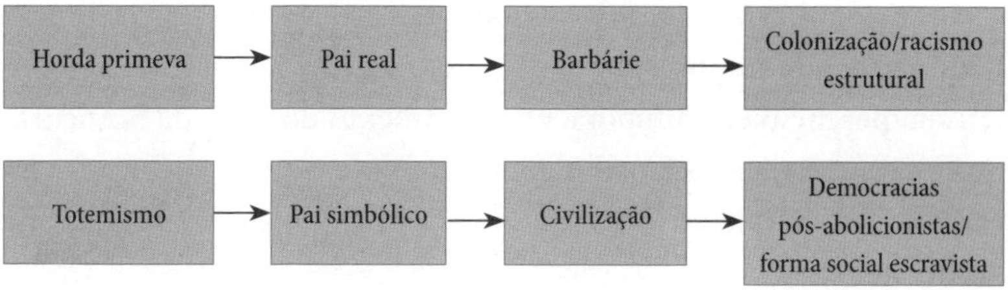

Tomando como ponto de interlocução os princípios que se estabelecem em decorrência da instauração do totemismo, com seus desdobramentos na forma social escravista, deparamo-nos com uma constatação que induz a uma interrogação: quem compõe a horda fraterna que instaura o reinado do pai simbólico? Essa organização, que está na origem do sistema democrático ocidental, tem por ideologia a promoção de uma relação simétrica entre os irmãos. Entretanto, como sabemos, quem compõe esta fratria são os homens, brancos e heterossexuais – tidos como o humano universal. Portanto, temos a estruturação de um *apartheid* fundante da ordem social, política e econômica, com suas implicações na constituição do desejo.

Esse raciocínio é mais bem desenvolvido no período entreguerras, em *Psicologia das massas* e *análise do ego*, quando Freud realiza uma metanálise das teorias de massa que vigoravam no final do século XIX e no início do século XX. No capítulo IV, o pai da psicanálise é taxativo ao afirmar que as massas representam ligações sexuais. Freud declara (1921/2006) que os agrupamentos se amparam em decorrência da identificação com o líder, um maioral narcisista, que não amava ninguém, era temido por todos e, ainda assim, era deificado. Esse fenômeno, numa reedição da horda primitiva e do pai primevo, contribui para explicar os discursos de dominação e as políticas de assujeitamento como efeito dos ideais colonialistas, os quais seguem como escopo do capitalismo e do neoliberalismo vigentes na sociedade brasileira.

O postulado freudiano contribui para elucidar a vivência de castração advinda da discriminação que o sujeito negro experimenta em seu percurso em diáspora, em detrimento do gozo da brancura, que é resultante de sociedades que acumulam riqueza alicerçadas na escravatura, haja vista o projeto pátrio brasileiro, evidenciado por Sodré (2023).

Diante dessa profunda assimetria histórica e simbólica, em que o sujeito negro é privado do gozo e submetido à lógica de castração imposta por uma estrutura branca hegemônica, surge a necessidade de resgatarmos figuras simbólicas que expressem a resistência, a fúria e o impulso de restauração da justiça. Assim, é nesse contexto que evocamos Sekhmet, a poderosa deusa egípcia, "a protetora do equilíbrio e da justiça". Conforme a mitologia egípcia, a deusa – metade corpo de mulher preta, metade cabeça de leoa – era detentora da fúria destruidora e violenta, mas também guerreira, protetora e corajosa. E, em função da força que dela emanava, foi convocada por Rá – o deus-sol, criador de tudo – em um episódio que quase aniquilou a humanidade. Rá, ao perceber o rumo errático que a humanidade estava tomando, confiou a Sekhmet a missão de proteger os homens de si mesmos, pois já haviam ultrapassado todos os limites e necessitavam ser freados. Imbuída do propósito de restabelecer o equilíbrio na humanidade, a deusa guerreira, diante de tamanha desordem, enfurece-se, passando à ação destituída de pensamento, afastando-se de seu intuito protetivo para simplesmente dar um basta ao rumo que as coisas haviam tomado, querendo deter, de modo extremo, o que nem Rá mais conseguia controlar; para tal, gerou grande turbulência e destruição. O equilíbrio começa a se restabelecer quando Rá entende que o que era necessário para garantir a proteção da humanidade já havia sido extirpado por Sekhmet e, então, a estratégia passa a ser reaver o equilíbrio da deusa guerreira. Nesse intuito, um rio é transformado em vinho e, pensando ser sangue, Sekhmet ingere o conteúdo que a faz relaxar, trazendo de volta sua consciência e a conexão com o mundo.

Onde estaria Sekhmet, a fim de chacoalhar a tão arraigada, injusta e destrutiva forma escravista? Chacoalhar esse enraizamento tão radical, de modo que algo que tomou um rumo tão errático pudesse ser retomado? De que forma essa deusa – amálgama da pulsão de vida e da pulsão de morte – poderia, por meio de sua natureza disruptiva, romper com essa herança recebida tanto pela branquitude quanto pela negritude, mas com tão diversas consequências? Seria a violência a condição necessária para um novo devir?

Podemos pensar em um terceiro ato civilizatório, um terceiro tempo da organização social, decorrente do rompimento estrutural com as reminiscências e a política ontológica sustentadas até então. Nessa terceira possibilidade, por meio da força ancestral e disruptiva de Sekhmet, a fratria revolucionária ousaria, coletivamente, assumir o trono – em vez de deixá-lo vazio, o que permitia que ele continuasse sendo comandado pelo pai.

A lógica dos terreiros se coaduna com essa terceira possibilidade, sobretudo em sua dimensão comunal: "Essa é a educação do terreiro, a educação da partilha, a educação do repasse de saberes, a educação da troca de saberes para se fortalecer" (Araújo, 2024, p. 128). Sinha (2024, p. 25) destaca a preocupação com o outro e a relação de igualdade em um terreiro de candomblé, afirmando que "Você pode ser lavadeira, arrumadeira, passadeira, doutora ou antropóloga, você se sentará à mesma mesa, vai comer da mesma comida e ter o mesmo amor". Paralelamente, a autora afirma o terreiro de candomblé como um lugar de resistência e perseverança (Sinha, 2024). Ao seguirmos o adentramento nos terreiros e nos embebendo do seu saber tradicional, a existência de um contraponto ao saber formal – tal como a ação de Sekhmet – nos é apresentada por Macedo, Maia e Santos (2019, p. 14). De acordo com os autores, o saber tradicional dos terreiros seria "fundamentado na experiência, nas relações cotidianas, na experiência adquirida com o tempo, por meio da oralidade e ancestralidade, um conhecimento que é adquirido, mas que não é ensinado." Uma aprendizagem que se dá pelo contato, pela observação, no silêncio e na interação com o outro. Por outro lado, o saber formal seria aquele baseado na escrita, desconectado da vida e da pluralidade de identidades. Tais afirmações fazem brotar uma intrigante indagação: o que isso tem a ver com psicanálise e com os psicanalistas no exercício da sua prática?

Como mais um dos terrenos dominados pela forma social escravista, a psicanálise vem testando sua porosidade perante as possibilidades de enegrecimento – sua permeabilidade à força transformadora de Sekhmet. Renunciar a sua postura autocentrada em prol de uma conexão mais profunda com seu entorno seria possível por meio de uma outra lógica: uma lógica regida por outros paradigmas e que pode buscar inspiração no funcionamento dos terreiros, o qual busca sustentar a luta antirracista em prol da desestruturação da forma social escravista – *abrindo a possibilidade de flertar com o terceiro ato civilizatório.*

Nessas aproximações, o grande desafio da psicanálise é buscar em si a força disruptiva de Sekhmet, desvencilhando-se do seu saber formal e eurocêntrico que reforça a forma social escravista, e se valer da lógica dos terreiros: não só para ser terreno fértil para novas existências, mas para poder seguir existindo. Nas palavras de Adailton (2024): "Vamos fortalecer as narrativas de terreiro, uma pedagogia que se entranhe e circule em nossas veias, trilhando e abrindo novas rotas por mares a serem singrados em busca de novos rumos negros." (p. 15). Tempo de resgatar a oralidade e a ancestralidade, no terreiro psicanalítico, transcendendo os limites restritivos da palavra escrita.

Referências

Adailton, P. (2024). Prefácio. In R. Souza & P. Dário (Orgs.), *Pedagogia do axé: saberes, lutas e resistência dos povos de terreiro* (pp. 11–15). Aruanda.

Almeida, S. L. (2019). *Racismo estrutural.* Jandaíra.

Araújo, W. (2024). Pai Dário entrevista. In R. Souza & P. Dário (Orgs.), *Pedagogia do axé: saberes, lutas e resistência dos povos de terreiro* (pp. 107–134). Aruanda.

Césaire, A. (2020). Discurso sobre o colonialismo (C. Willer, Trad.). Veneta. (Obra original publicada em 1950)

Faustino, D. M., & Lippold, W. (2023). *Colonialismo digital: por uma crítica hacker-fanoniana*. Boitempo.

Fanon, F. (2008). *Pele negra, máscaras brancas*. EDUFBA. (Obra original publicada em 1952)

Freud, S. (2006). Psicologia das massas e análise do ego. In *Edição standard brasileira das obras psicológicas completas de Sigmund Freud* (Vol. 18). Imago. (Obra original publicada em 1921)

Freud, S. (2006). A questão de uma Weltanschauung. In *Edição standard brasileira das obras psicológicas completas de Sigmund Freud* (Vol. 22). Imago. (Obra original publicada em 1933)

Freud, S. (2012). *Totem e tabu: contribuição à história do movimento psicanalítico e outros textos (1912-1914)* (P. C. de Souza, Trad.). Companhia das Letras. (Obra original publicada em 1913)

Krenak, A. (2019). *Ideias para adiar o fim do mundo*. Companhia das Letras.

Macedo, Y., Maia, C., & Santos, M. (2019). Pedagogia de terreiro: pela decolonização dos saberes escolares. *Revista Vivências*, *15*(29), 13–25.

Mbembe, A. (2021). *Políticas da inimizade* (M. B. Meneses, Trad.). n-1 edições.

Marx, K. (2013). *Para a crítica da economia política* (N. Schneider, Trad.) Boitempo.(Obra original publicada em 1859)

Munanga, K. (2019). *Negritude: usos e sentido* (4ª ed.). Autêntica.

Nogueira, S. (2023, 15 de setembro). Você gostaria de conhecer um terreiro? Saiba quais os caminhos. *Diálogos da Fé.* https://www.cartacapital.com.br/blogs/dialogos-da-fe/

Sinha, E. (2024). O terreiro educa. In R. Souza & P. Dário (Orgs.), *Pedagogia do axé: saberes, lutas e resistência dos povos de terreiro* (pp. 21–31). Aruanda.

Sodré, M. (2023). *O fascismo da cor: uma radiografia do racismo nacional.* Vozes.

5. Entre sotaques: o coletivo como potência formativa para mulheres migrantes em territórios hostis

Grupo de Estudos Egbé: Negritude, Clínica e Comum

O Brasil é um país de território extenso, com múltiplas culturas, biomas, contexturas, histórias e intensa desigualdade socioeconômica. Um país que sofreu com a invasão, eufemisticamente chamada de descobrimento, e com a colonização, por nações europeias em busca de expansão de terras e de riquezas, e findou-se explorado e expropriado, dividido geopoliticamente, perpetuando discursividades socioeconômicas e políticas atravessadas pela colonialidade, como expressão contemporânea da colonização.[1]

Colonialidade é expressão que fornece nome e lugar às marcas que carregamos desse tempo que segue se (re)inscrevendo continuamente em um sistema de pensamento-ação, fruto da atualização de

---

1 *A colonização foi um processo multifacetado que envolve diferentes tipos de pessoas europeias, incluindo missionários, comerciantes e funcionários do Estado. Por isso, trato o processo de cristianização como parte integrante do processo colonial. Finalmente, a colonização foi, acima de tudo, a expansão do sistema econômico europeu, na medida em que "sob a superfície da organização política e administrativa colonial estava o processo de desdobramento da penetração do capital". O sistema econômico capitalista moldou as maneiras particulares pelas quais a dominação colonial era efetuada. (Oyěwùmí, 1997/2021, p. 188)*

uma tradição inventada por povos que afirmaram ter descoberto terras já habitadas. Na perspectiva de Mignolo (2003), a colonialidade alude a uma reprodução que transcorre por meio do complexo entrelaçamento de diferentes níveis. Conforme a leitura de Ballestrin (2013), nessa perspectiva, a colonialidade se reproduz a partir de uma tripla dimensão, constituída pelo poder, pelo saber e pelo ser. Assim, essa discursividade foi perpetuada por meio de ferramentas performativas e violentas, promovendo apagamentos e apropriações das existências que ela visa controlar.

Junto à modernidade, a colonialidade compõe o binômio de um sistema de exploração e subjugação, o qual foi constituído a partir de uma perspectiva maniqueísta do mundo, visto como dividido em dois, baseado em criações de categorias hierarquizantes, em que haveria o Um, que é a norma, o padrão; e o Outro do Um, constituído em oposição. Assim, são estabelecidas categoriais sociais, raciais, sexuais e de gênero: rico e pobre, branco e negro, heterossexual e homossexual, cisgênero e transgênero, homem e mulher. Tais categorizações são enunciadas como universais e insistentemente repetidas a fim de estabelecê-las como portadoras de Verdade. Nessa perspectiva, podemos dizer que o sistema moderno/colonial tem como modelo de vida o ser humano homem-cis-hétero-branco-burguês; sendo o imperialismo, o capitalismo, o sexismo e o racismo ferramentas de perpetuação de hierarquizações e explorações de Outro em detrimento de Um.

Oyèrónkẹ́ Oyěwùmí (1997/2021), em *A invenção das mulheres*, constrói seu pensamento também a partir de uma reflexão sobre a "divisão em dois" produzida pela colonialidade para o estabelecimento de relações hierárquicas sociais. Ela cita Fanon e Albert Memmi como "teóricos da colonização", os quais afirmam que "em um mundo maniqueísta, a situação colonial produz dois tipos de pessoas: o colonizador e o colonizado (também conhecidos como o colono e o nativo), e o que os diferencia é não apenas a cor da pele, mas também o estado de espírito" (Fanon, 1963; Memmi, 1965, citados por Oyěwùmí, 1997/2021, p. 185).

A autora segue, em seção intitulada "Colonizando corpos e mentes: gênero e colonialismo", problematizando como o domínio colonial é descrito a partir de uma prerrogativa de machos, tendo o ponto de vista masculino como central nessa narrativa. Ela afirma ainda que

> *o costume e a prática coloniais surgiram de "uma visão de mundo que acredita na superioridade absoluta do humano sobre o não humano e o sub-humano, o masculino sobre o feminino... e o moderno ou avançado sobre o tradicional ou o selvagem". (Oyěwùmí, 1997/2021, pp. 185-186)*

As ferramentas da colonialidade modificam-se conforme o território, o momento histórico e as necessidades e, aqui no Brasil, manifestam-se a partir de estratégias como a miscigenação, os epistemicídios, os genocídios e os encarceramentos em massa, entre outras. O processo de construção da "civilização brasileira" foi brutal, violento e genocida. A modernidade foi construída sobre o suor e o sangue de povos não brancos e sustentada por frágeis mitos coloniais, como o da "democracia racial", que é uma narrativa contada para negar a existência do racismo no Brasil.[2]

O mito da democracia racial, ideia difundida por Gilberto Freyre em *Casa Grande & Senzala* (1933/2019), valoriza a miscigenação e alude, em tom quase poético, a uma suposta homogeneização entre negros, brancos, pardos e indígenas. Com essa estratégia, formou-se o que, nas palavras de Lélia Gonzalez (2018), foi designado como "um dos mitos mais eficazes da dominação ideológica" (p. 313). Os efeitos dessa construção mítica na identidade brasileira, apesar das disparidades entre as diferentes regiões brasileiras, são notáveis no apagamento de identidades negras e indígenas e na perpetuação dos efeitos nocivos do racismo (Câmara, 2017). Somos diversos, porém

---

2 Ver Gonzalez, L. (2020). Democracia racial? Nada disso! In F. Rios & M. Lima (Orgs.), *Por um feminismo afro-latino-americano* (p. 201). Zahar.

tratados na lógica do enaltecimento do Um e da segregação e do apagamento do Outro.

Segundo Jô Gondar (2017), o racismo brasileiro opera na lógica de um desmentido, no sentido ferencziano, isto é, opera por meio da clivagem, convivendo com a segregação presente no espaço público. Essa perspectiva é corroborada por Flávia Câmara (2017), ao apontar os obstáculos que a negação do racismo impõe, o que pode ser percebido na Amazônia brasileira, por exemplo, como uma assunção de outras formas de miscigenação, como a morenidade. "O reconhecimento de que o racismo permeia as relações na sociedade brasileira indica a necessidade de se conhecer a história do nosso país para compreender como as relações estão estruturadas e para ouvir o outro a partir de seu contexto histórico" (Silva, 2017, p. 75).

O Brasil é, então, constituído por um projeto de Estado-nação que Luiz Rufino (2021) descreve como mistificado nos véus da violência racial-colonial, calcado na construção do outro subalternizado, em violência contínua e sistemática. O autor diz ainda que:

> *O Brasil de pouco mais de cinco séculos se edifica naquilo que o poeta Aimé Césaire nomeou como sendo banco de almas. [...] Um mundo erguido e mantido em cima da pilhagem de corpos, de quebra dos ciclos vitais, da destruição das comunidades e da aniquilação do ser, que vai desde sua morte física a um investimento de regulação e dominação das linguagens, subjetividades e que acaba incutindo o desvio existencial. (Rufino, 2021, pp. 30-31)*

Assim, as divisões do país, advindas do processo de colonização e sustentadas pela colonialidade, vêm na esteira da estratégia que objetiva perpetuar uma noção de mundo e de ser humano instituída por seus colonizadores.

Trata-se de uma ideologia que parte da cosmologia de monocultura[3]: por meio do princípio da Universalidade, exalta o Um e cria uma noção de Outridade para estabelecer hierarquias entre seres, saberes, espiritualidades e tudo aquilo que compõe o que é viver no mundo. A psicanalista Grada Kilomba, em *Memórias da plantação* (2019), caracteriza a Outridade "como a personificação dos aspectos reprimidos na sociedade branca" (p. 78). Com isso, podemos pensar a sociedade branca como essa sociedade monorracional, que divide o mundo entre o Um e o Outro, sendo a Outridade referente àquilo que seria instituído como Outro do Um que se pretende universal: negro com Outro do branco (racismo), mulher como Outro do homem (sexismo) etc.

Como efeito dessa bipartição em um mundo dual, está não somente a já citada desigualdade socioeconômica, mas também a constituição de um imaginário racista e sexista que afeta todo o território, embora apresente expressões próprias em cada Estado, operando umas sobre as outras a partir dos movimentos migratórios. Parte dessas expressões estão relacionadas ao mito da democracia racial, sobre o qual o Brasil funda sua identidade. O movimento migratório de nativos de um Estado para o outro, dentro do território brasileiro, escancara a hierarquização da cosmologia eurocentrada e monocultural. Ao mesmo tempo em que hierarquiza, desmente a existência da segregação da diferença regional sob a argumentação do mito de que não existe racismo no Brasil.

Além dos impactos relacionados ao racismo, a distinção resultante de um processo histórico de caracterização de dois mundos, o do colono e do colonizador (Fanon, 2022), observamos que, em regiões predominantemente negras, há bem mais a incidência de violência policial, intolerância religiosa, desinvestimento na educação e na cultura, entre outros fatores. Por outro lado, as regiões predominantemente brancas constituem-se como polos econômicos, industriais, culturais

---

3 Afirmação advinda dos estudos da psicóloga Geni Núñez (2023).

e educacionais do país. Essa distinção opera tanto nas macrorregiões do país quanto nas microrregiões estaduais e municipais. O Brasil acaba funcionando como um grande mapa de diferentes e semelhantes efeitos da colonialidade. Aqui, navegaremos por esse território de forma interseccional, considerando os entrelaçamentos entre raça, gênero, classe socioeconômica e território.

Entendemos gênero e raça como ficções que produzem importantes efeitos nos processos de subjetivação, pois estão inscritas no caldo cultural e social, estando diretamente implicadas nas configurações nodais entre o real, o simbólico e o imaginário. Aqui, consideramos a inter-relação existente entre esses marcadores, que atravessam os sujeitos ao percebê-los pela via das encruzilhadas, *exuisticamente*[4]: constituídos em multiplicidades, em órbitas espiraladas, no ser que é o que já foi e o que virá. Compreendemos os sujeitos de forma indissociada, no que isso informa algo da leitura social desse sujeito no mundo. Com isso, buscamos complexificar a discussão, tomando esses marcadores não como tudo ou como o todo, mas como componentes importantes nos entendimentos e nas constituições das subjetividades.

A migração acontece como parte constitutiva do território. Entre outros fatores, esse movimento surge também como efeito das desigualdades sociais. O trânsito de moradias entre regiões de um mesmo país tende a acontecer em resposta à concentração de poder e de oportunidades nas grandes metrópoles, fruto do desenvolvimento do capitalismo neoliberal e das possibilidades que este oferece em termos de empregabilidade e acesso aos estudos. Corroboram o processo de urbanização e a gentrificação desses grandes centros; o enriquecimento de uns e o empobrecimento de outros; o enrijecimento das fronteiras.

---

4 Exu não é princípio dialético e sim princípio dialógico, ambivalente e polissêmico inacabado do signo; caráter múltiplo, que embaralha.

Nesse sentido, nos importa pensar e analisar, por meio dessa escrita, alguns dos atravessamentos psíquicos produzidos pelas travessias entre terras marcadas pela colonialidade, a partir de nossas vivências. Importa-nos narrar a experiência de travessia que temos realizado. Este escrito nasce do diálogo entre cinco mulheres cisgênero – preta, parda e indígena –, psicólogas retirantes, migrantes interestaduais das regiões Norte, Nordeste e Centro-Oeste, atualmente residentes no Rio Grande do Sul, em busca de formação acadêmica profissional.

O termo "retirante" é explorado na literatura brasileira, como em *Vidas secas*, de Graciliano Ramos, e em *Morte e vida severina*, de João Cabral de Melo Neto, obras que retratam a dura realidade de pessoas, especialmente nordestinas, que migram para outros estados em buscas de melhores condições de vida.

A migração entre regiões, exatamente por tamanha diversidade do território brasileiro, perpassa pela lógica do estranho enquanto retirante. Distintos sotaques, linguagens, culturas, entre outros elementos que acentuam ainda mais a posição do retirante como estrangeiro, lugar que produz subjetividades moldadas por vivências de não pertencimento.

Os estudos de Neusa Santos Souza em *Tornar-se negro* (1983) nos ajudam a entender que a ascensão social pela via do trabalho e do saber não significa, necessariamente, a superação do racismo, pelo contrário, essa ascensão também pode reforçar o sentimento de isolamento e de solidão, de não pertencimento, tanto à comunidade negra e às terras de origem, quanto ao mundo da branquitude, que compõe os espaços saudosistas de formação, seja no meio acadêmico, seja nas escolas de psicanálise.

É nessa estrangeiridade que, sentadas à mesa de um bar qualquer em Porto Alegre, repleto de corpos fenotipicamente distintos dos seus, mulheres migrantes de distintas regiões das terras *brasilis* se encontram e desabafam sobre os desafios cotidianos da estrangeiridade.

Entre sotaques e goles de uma cerveja cujo nome retrata o pacto narcísico da cidade, a Bairrista, essas mulheres encontram, no coletivo, as frestas de resistência e de existência dos territórios que as fazem.

Entre estar aqui e não ser daqui, reverbera a questão: como adentrar a espaços de formação quando a diferença da estrangeiridade cotidiana ergue barreiras subjetivas capazes de produzir o afastamento e o adoecimento no caminho dessa busca? Neste capítulo, situamos o coletivo como espaço potente de fortalecimento das diferenças de territorialidades carregadas no corpo em terras estrangeiras e de produção de uma formação psicanalítica antirracista.

Com a intenção de construir um ensaio a partir da vivência e da energia que nos move na coletividade, apostamos na escrita de narrativas ficcionais que se entrelaçam com nossas próprias experiências e articulam elementos imaginários racistas e sexistas universalizantes sobre mulheres migrantes. Para isso, utilizamos, para nomear as personagens dessas narrativas, os nomes de mulheres negras históricas, a fim de dialogarmos com termos e conceitos, rumo à elaboração de novos imaginários.

Os traços de retirante e as estrangeiridades

Ao entrar em um carro de aplicativo, o "bom dia" parece ser o suficiente para que a pergunta apareça: "Tu não é daqui, né?!" Indagação que, por vezes, vem acompanhada de outra mais tendenciosa: "O que veio fazer aqui?". Esta questão, aparentemente banal, traz entrelinhas que demarcam um dentro e um fora, uma "forasteira de dentro" (Collins, 1990/2019, pp. 460) constituído por atravessamentos raciais, sociais, de gênero e de classe. Por essa lógica colonial de lugares em que a Outridade posiciona pessoas retirantes, a indagação "Tu não é daqui, é de onde?" salienta um lugar de estrangeira e de não pertencimento no espaço que compõe esse "daqui".

É curioso analisar a pergunta "O que veio fazer aqui?", pois ela, ao destilar certa hostilidade, encobre a sentença: "Volta pra tua terra". É também comum que a questão venha seguida de uma contradição, visto que o desejo de residir em terras nordestinas e litorâneas nos é apresentado: "Jamais sairia do Nordeste para viver no Sul". Essa afirmação nos dá notícia da hostilidade produzida aqui, entretanto, o movimento de saída do Sul requer a perda de certo exercício de poder instituído e mantido social e culturalmente. Porém não saem daqui para ir a outros estados, a não ser para exercer certo poder. Com capital para comprar extensas terras no Norte e no Centro-Oeste, desfrutar de seus recursos, exercer atividades da agropecuária, do agronegócio, do garimpo, ou, ainda, para comprar casas ou empreendimentos luxuosos nas praias nordestinas, privilégios não desfrutados pelos nativos dessas regiões.

O questionamento, por vezes, instaura um incômodo constantemente escutado na própria análise. E, partindo da tentativa de responder à pergunta "O que veio fazer aqui?", surge a possibilidade de percorrer, na memória, o trajeto feito até esse lugar, e, com o trajeto, vem a dúvida sobre o que responder, pois ele nos coloca diante de contradições, de conteúdos psíquicos relacionados à nossa própria história, à racialidade (às vezes ainda não escutada) e a discursos produtores de subjetivação. A sensação de estrangeiridade acomete mesmo aquilo que é mais familiar. Neuza Santos Souza (1998), a partir do artigo freudiano de 1919, aborda o conceito de estranho-inquietante--infamiliar a partir do

> *achado semântico [ambivalência familiar/infamiliar, familiar/estranho]; o estranho é aquela categoria do terrorífico que remete ao conhecido e familiar – um familiar e conhecido que se tornou alheio, alijado que fora pelo processo de recalque, um processo que, ao excluir, faz do excluído a região nuclear, centro pulsátil da experiência do sujeito. (Souza, 1998, p. 156)*

Acontecimento que parece desprovido de sentido, sendo difícil encontrar palavras para explicá-lo, embora se tente, com muito afinco, só depois.

É nesse ponto que o questionamento se instala e não se passa por ele ilesa. Adentrar a escuta do que viemos fazer aqui, por vezes, concatena o deslizamento de muitos outros significantes. O que esse interlocutor espera como resposta? Qual resposta damos à família para justificar essa migração? A resposta mais prática, socialmente aceitável, que valida essa decisão? Ou a resposta que emerge na análise e que exige uma travessia para ressignificar?

O fato é que a resposta não vem pronta com a decisão de ser retirante. Leva-se tempo para elaborar essa questão; leva-se tempo para mudar a percepção sobre si, sobre os próprios traços negros do corpo, sobres as histórias familiares de origem, assim como sobre o mundo fora das máscaras brancas (Fanon, 1952/2020). A resposta é uma necessidade de "prestação de contas": para a família que ficou na cidade de origem, para si mesma diante das próprias escolhas e para o interlocutor natural da região para onde se migrou.

Nesse enredo, interlocutores da pergunta "O que veio fazer aqui?", por vezes, respondem com novas indagações de suposição: "Veio pra casar com um gaúcho?". A suposição dirigida às mulheres retirantes em terras hostis, marcadas pelo racismo e sexismo, para além de atrelar o movimento dessas mulheres ao casamento com um homem branco, hétero e cisgênero, incita também a presunção da impossibilidade de outros desejos. Em uma relação de Verdade colonizadora, olhar do universalizado do Um supõe que este outro só pode estar aqui se na posição de fazer aliança com sua própria lógica, ou, ainda, se for para cumprir com os papéis e lugares situados pela colonialidade.

Segue o diálogo no bar. Tereza de Benguela se desculpa pelo atraso com certo nervosismo de quem havia acabado de sofrer um assédio no caminho, a uma quadra do local de parada:

– "Tu não é daqui?"

– "Não, sou do Mato Grosso!"

Convicto de saber de que região é, afirma:

– "Mulheres do norte são lindas! Fotografam bem, posso te fotografar?"

O motorista estende a mão até o joelho de Tereza:

– "Deixa eu olhar pra você melhor?"

A audácia da objetificação e da sexualização do corpo de mulheres migrantes revela o estreitamento do racismo e sexismo em uma cultura patriarcal e colonial. Trata-se de reflexos de uma herança colonial em que o corpo de mulheres negras e indígenas foram palco da violência sexual. Segundo Neuza Santos Souza (1983, p. 70), a identidade de mulher negra é "constituída de mitos e imagos, estrutura-se como sintoma: é um sistema opaco de desconhecimento e reconhecimento, marcado por todas as ambiguidades provenientes de sua origem imaginária".

Nesse liame, a identidade da mulher negra brasileira se constitui por contradições, formadas pelas ideologias dominantes que forjam lugares e papéis atribuídos historicamente ao seu corpo para o servir, tanto na figura da doméstica, como na figura da mulata, objetificado e sexualizado pela cultura (Gonzalez, 1984). A migração de mulheres negras evidencia o entrelace do racismo e do sexismo na sociedade brasileira que, segundo Gonzalez (1984), faz persistir o mito da democracia racial.

Tereza de Benguela é pesquisadora e, à medida que se aproxima de leituras de intelectuais negras que discutem a mulher negra na cultura, também descortina respostas sobre sua história. Uma das principais intelectuais presentes na pesquisa de Teresa é Lélia Gonzalez, cujos textos lhe oferecem caminhos de análise para suas vivências enquanto migrante.

Os estudos de Gonzalez (1984) salientam a posição da mulher negra como o objeto *a* na cultura brasileira; ela ocupa um lugar de duplo e simultâneo, o do desejo e o da exclusão. O racismo e o sexismo firmam um paradoxo na cultura, na qual a mulher negra, enquanto fetiche, está em uma relação ambígua. Ao mesmo tempo que seu corpo é sexualizado, desejado e reconhecido como um elemento fundamental para a formação da identidade nacional, também é desvalorizado e marginalizado, sem a possibilidade de pertencimento.

Os constantes assédios, como relatado por Tereza, evidenciam o quanto a mulher negra migrante, por vezes, é vista como fetiche e o quanto a fantasia de um corpo desejado atravessa as relações afetivas e/ou sexuais em territórios estrangeiros.

> "Quando mudei pra cá tive a vida sexual mais ativa, porém demorei a me dar conta de que eram só homens brancos que não queriam assumir um relacionamento comigo." (Mãe Bonifácia)
>
> "Nos rolês eu encantava porque era a diferente. Na minha cidade, ou nos espaços negros daqui, sou apenas mais uma." (Maria Felipa)
>
> "Dizer que era de outra cidade facilitava o interesse nos flertes. Já me falaram mais de uma vez que acham exótico meus traços e sotaque diferente." (Mãe Bonifácia)

Os traços presentes no corpo e na voz demarcam o estranho. Todavia, esse estranhamento se manifesta em lugar de objetificação e hipersexualização, em que o fetiche do exótico situa um corpo desejado e procurado para satisfação sexual, porém com a exclusão de um reconhecimento enquanto sujeito. No cotidiano, Mãe Bonifácia continuava vivenciando situações em que era seguida no mercado.

Certa vez, Tereza foi convidada para o aniversário de uma colega de trabalho. Um condomínio elegante, com convidados todos brancos e acadêmicos, "essa gente bem instruída, civilizada e que fala bonito, sabe?!". A pergunta "você não é daqui" veio acompanhada do relato: "Conheço Mato Grosso pelas histórias de meu avô. Ele tem terras lá, mas quando chegou era só mato. Ele contava que as índias eram bravas, que fugiam dele, mas ele pegava no laço". Uma cena de estupro e colonização sendo narrada entre risos coletivos e goles de vinho. O que autoriza falas como essa, se não um passado colonial de dominação sobre os corpos de mulheres negras e indígenas?

Para além disso, há uma generalização geopolítica entre diferentes estados. Tereza não é do Norte do Brasil e sim do Centro-Oeste. No entanto, essa generalização, como se todos os demais estados e regiões se resumissem a apenas um grupo, é determinada pelo ponto de vista de quem se percebe no lugar da Verdade, onde o Outro não tem características singulares, é visto apenas como o Outro.

Entre lugares, efeitos da subjetivação em terras hostis

A migração situa quem migra em um entre-lugar, em que o tempo de retirante afasta traços de sua região de origem e aproxima-o da nova cultura e linguagem, no entanto, sem gerar pertencimento. Há um processo de adaptação da língua para se adequar ao novo contexto. Ao mesmo tempo em que o sotaque da língua materna se modifica, soma-se o sotaque local para se integrar, fazer-se entender, porém não se adequa: os resquícios do sotaque denunciam o não pertencimento.

Criação de um sotaque misto. Funda-se um paradoxo entre não ser daqui e não ser mais de lá. Estrangeira de si, já não se reconhece mais de onde vem, nem se integra ao lugar onde está. O entrelugares é percebido quando a família e a comunidade de origem já não nos reconhecem como parte, como retrata o desabafo de Maria Felipa:

> "Fui visitar minha família e também me perguntaram de onde eu era. Perdi a carteirinha de baiana, aqui meu sotaque é carregado, lá eu já não tenho sotaque. E eu sou o que?"

Escutar Tereza e Maria Felipa naquele bar remeteu à Dandara uma coleção de memórias as quais sente marcadas em seu corpo. Desde que chegou à cidade, Dandara vive a experiência de que ser forasteira é ter poucas interações sociais, desde as mais íntimas até aquelas com pessoas prestadoras de serviços, que não questionam de onde ela é ou porque ela escolheu estar aqui, reforçando o não pertencimento a esse lugar. Orgulhosamente e sem pudor, afirmam em voz alta a certeza de que ela vem de algum lugar do Norte, o que significa, nesse vocabulário, qualquer território do Rio de Janeiro para cima.

Falar com as amigas também retirantes sobre essa questão do pertencimento lembra a discussão que a socióloga Patrícia Hill Collins faz, em entrevista concedida à TV Boitempo, sobre "pertencer sem pertencer" (2019). Segundo ela, "é uma noção de ser viajante entre diferentes mundos, em intercâmbio entre mundos, sabendo que você nunca vai plenamente pertencer ao mundo que está": nunca se estará completamente dentro, no entanto, a posição de forasteira/estrangeira pode ser uma fonte de força, ao fornecer visões e elaborações repentinas que emergem nesse trânsito entre lugares, funcionando como fonte de inspiração.

Com isso, a autora estadunidense cunha o termo *outsider within*, que não tem uma única tradução para o português, sendo referido, por exemplo, como "forasteira de dentro" ou "estrangeira de dentro". Essa noção é definida pela socióloga como um lugar social ou espaço de fronteira que marca os limites entre grupos em relações de poder desigual. Uma pessoa torna-se forasteira de dentro a depender da sua inserção nesses lugares sociais, em como habita esses espaços fronteiriços (Collins, 1990/2019, p. 460).

No entanto, Dandara se pergunta: o que seria isso de "fora" que se soma ao "dentro"? Que tipos de ferramentas, de conhecimento, de saber-poder podemos constituir estando nesse lugar que é o fora? É que, ao se mudar para terras tão distantes das águas onde nasceu, esse desejo de querer pertencer a atravessa de forma marcante, talvez porque pertencer envolve algo de ser sujeito que faz parte, remetendo a uma característica ontológica, e não a um estado.

Dandara sente que parece não haver nada que a faça pertencer: não importa a roupa que use, as palavras que diga, o jeito que diga essas palavras... sempre está lá: "tu não é daqui, né?!", "o que tu estás fazendo aqui?", "não entendi o que você falou". E às vezes nem é preciso dizer nada para que sua estrangeiridade seja pontuada, ou depois de breves palavras escutar: "Vi logo que você não é daqui, de onde tu é? Da Bahia? Do Rio de Janeiro?". Por vezes, na tentativa de pertencer, Dandara achava que tinha que se adaptar, que se tratava de trocas inofensivas movidas por uma admiração pelo belo lugar onde nasceu e viveu quase toda a sua vida. Acreditava que não havia problema, que não havia relação com outras coisas, talvez ela só não soubesse mesmo como se vestir, como interagir, como trabalhar; talvez sua fala não fosse tão *clara*. Ao caminhar por essas terras hostis, Dandara se depara com esse "estranhamento idiomático"[5] , que a relega ao lugar de estrangeira.

Dandara lembra das palavras que a psicóloga Geni Daniela Núñez Longhini (2018) escreveu em sua dissertação de mestrado e que reverberam em sua corporeidade, nesse relato que faz sobre a experiência de morar em terras ao sul:

> *Como filha de imigrante paraguaya e não-branca, eu diariamente tenho meu corpo alocado como estrangeiro ou como advindo de regiões como Rio de Janeiro, Minas Gerais ou Bahia, estados onde a presença não-branca é maciça. Eu fui alfabetizada em português, então não consigo conceber como meu suposto sotaque me alocaria*

5 *Não é por acaso que Fanon inicia seu magistral* Pele negra, máscaras brancas *(1952) em franco* estranhamento idiomático, *isto é, pelo problema do sotaque e do dialeto. O "patois", ele nos relata, é índice ambivalente da diferença colonial. (Hoshino, 2021, p. 26, grifo meu)*

> *como uma estrangeira "latina", a não ser por minha pele, meus cabelos e demais traços do meu corpo. (Núñez, 2018, p. 57)*

Com isso, Núñez (2018) se propõe a elaborar sobre a produção do estrangeiro, do outro, para além das perguntas sobre localização geográfica, entendendo que estas incidem no cotidiano das pessoas que habitam esses territórios e expressam constatações que produzem efeitos "que trazem consigo uma prática racista e pouco acolhedora a determinados corpos. Se alguns são demasiadamente bem-vindos e adulados, outros são tidos como invasores, como visitantes indesejáveis, sujos e/ou perigosos" (2018, pp. 57-58).

Levou um certo tempo para que Dandara entendesse isso. Ela se lembra de cenas em sua cidade natal, ao presenciar o encontro dos seus com pessoas brancas do Sul, do tipo de acolhimento e prestatividade que ela própria nunca viveu, pelo menos não sem antes passar pelo interrogatório de imigração e ficar bem claro que ela não pertence àquele território.

Dandara sente a angústia gerada pelo desamparo discursivo, fruto da dificuldade de autorrepresentação e de representação social, uma vez que seus laços sociais vêm sendo estabelecidos não a partir de sua própria subjetividade, "mas a partir de afirmações de 'outras/os' a autorizando a ser sujeitos, de preferência, 'menos negras'. Oscila-se, portanto, da objetificação ao não ser, num movimento de dupla negação do caráter de sujeitos de tais mulheres" (Leal, 2019).

Nesse sentido, Neuza Santos Souza (1998) articula a ideia de *infamiliar* ao feminino, que é concebido como a figura do estranho quando pensado como diferença, como alteridade, na cosmopercepção colonial. Trata-se de uma ideia que pode ser estendida a tudo aquilo que se contrapõe ao que é estabelecido como norma, como ordem dominante, sendo esta representada pelo homem cisgênero, heterossexual, branco, proprietário, adulto, europeu. Nesse sentido, o feminino figura como aquilo que se opõe à totalização: "Nesse campo aberto habita o estrangeiro, o diferente, o que caminha em outra direção. Mora aí nessa região sem fronteiras aquele que convive com outro sentido, com outra significação, e que passeia por outros mundos possíveis" (Souza, 1998, p. 159).

O desejo inquietante e o coletivo como potência formativa

Já no último gole da cerveja, com os olhos marejados da dor desses relatos, porém com um destoante sorriso e risadas nascidas do encontro, no coletivo, de um lugar de acolhimento, Tereza questiona as amigas: "Afinal, o que viemos fazer aqui?"

A "experiência exílica" (Nuselovici, 2013) vivida pelas autoras no território do Rio Grande do Sul carrega características peculiares, inerentes ao processo de atravessamento de fronteiras nacionais com objetivos acadêmicos e profissionais. O Rio Grande do Sul constitui um dos principais polos receptores de migrantes no Brasil desde o século XIX (Sarriera, Pizzinato & Meneses, 2005). Sua importância no acolhimento e recepção de migrantes internacionais é, desse modo, inegável. A escolha do lugar deve-se a inúmeros fatores, entre eles o fato de o estado estar localizado na fronteira com dois países importantes da América Latina: Uruguai e Argentina.

Todavia, muitos sujeitos migrantes chegam ao estado em função das oportunidades de estudo, especialmente por causa da Universidade Federal do Rio Grande do Sul (UFRGS), que é uma das mais importantes universidades brasileiras. As autoras que, como exposto, vêm de outras regiões brasileiras historicamente afetadas por intensas desigualdades sociais, pela precariedade de investimentos em políticas públicas de educação superior e pela escassa disponibilidade de oportunidades, enfrentam, nesse novo estado, uma série de desafios próprios de quem é migrante e estrangeira.

Uma das características essenciais dessa experiência refere-se à relação de pertencimento que se guarda com o lugar de origem e com o de destino. Essa questão tem sido debatida nos estudos sobre migração e exílio por representar um impasse importante para os processos de adaptação e integração (Becker, Borges & Crepaldi, 2017; Eckert-Hoff, 2016; Berry, 2004). Nessa esteira, Nuselovici (2013) destaca que a migração não se resume a uma simples travessia entre territórios, mas implica a invenção de novas territorialidades, que duplicam as espacialidades existentes, criando temporalidades singulares e regimes de historicidades próprios.

Porto Alegre é um território de referência em psicologia e em psicanálise no Brasil; há um vislumbre na migração de pessoas que buscam formação nessas áreas. "Viemos estudar!" Apesar das histórias e caminhos distintos, todas vieram com esse objetivo em comum, porém a inquietação de migrar, como vimos até aqui, deu-se por linhas mais complexas.

Porto Alegre é também polo de diversas escolas de psicanálise que, no último ano, vêm se adaptando sob a pressão e resistência geradas pelos diálogos e discussões em torno das pautas étnico-raciais na psicanálise, impulsionadas por coletivos negros em grandes metrópoles brasileiras. Nos últimos anos, desde por volta de 2022, muitas dessas escolas de psicanálise vêm encontrando nas ações afirmativas um caminho de tentativas para afirmar a não pactuação com a branquitude, ou mesmo uma possível ruptura com ela, tendo em vista que a psicanálise historicamente estabeleceu pactos e alianças com a elite branca, racista, sexista e patriarcal ao se desenvolver no Brasil, especialmente em contextos de ditadura militar (Roudinesco & Danto, 2010; Damico, 2023).

No entanto, é válido refletir em que condições e entre quais limites tais adaptações estão se efetivando.

> Fui em um congresso de psicanálise de uma determinada escola daqui e, quando me direcionei à mesa para fazer o *check-in*, uma psicanalista me abordou com a pergunta: "Você é das vagas gratuitas?". Se dando conta diante da minha expressão ela complementou "não entenda mal, é que temos listas diferentes de nomes para conferir." (Maria Felipa)

Para além da concentração exclusiva de um currículo de estudos dos autores canônicos da psicanálise, sem diálogo com as especificidades do território latino-americano, é preciso provocar um giro na questão que tantas vezes nos é dirigida "Tu não é daqui?", pois se sim, conseguem levar para o divã o lugar que ocupa no pacto da branquitude? Está disposto a se incomodar e a renunciar aos privilégios que possui? A escutar os discursos racistas que circulam em sua clínica?

> Dois dias antes da minha defesa de mestrado me deito no divã. Envolta de sintomas ansiosos, sem dormir há dias, tomada pelo medo advindo do fantasma de uma incapacidade intelectual que me questiona constantemente se minha escrita é acadêmica e se tem teoria o suficiente para ser considerada pesquisa. A analista interroga: "Que interessante, Tereza, esses anos foram tão difíceis pra você e, nesse encerramento, você está com essa nuvem negra que está impedindo de desfrutar desse momento com alegria."

Sim, havia uma nuvem, mas não era negra, e sim branca, pois esse sentimento de incapacidade advém da Verdade instaurada historicamente sobre quais escritas e quais teóricos são validados na produção do saber-fazer na psicanálise. Se a nuvem fosse negra, talvez o desfrute desse momento fosse de festejo, e não de banzo. Foi ao nos enveredarmos por estudos coletivos, por cosmovisões *amefricanas* e ameríndias, que se tornou possível converter o banzo em festejo.

O vislumbre do semblante se escancara ao nos depararmos com a violência subjetiva presente nas universidades – e ainda nas escolas de psicanálise. Essa é a mesma violência que, por vezes, nos fez recuar, afastar-nos do desejo de ingressar em uma formação ou, ainda, ingressar e adoecer ao insistir no desejo, pois as ações afirmativas não asseguram a permanência, e o ingresso nas instituições não oferece recursos teóricos e materiais capazes de garantir condições subjetivas e financeiras para sustentar essa insistência. Os discursos de psicanalistas forjados por perspectivas e lentes coloniais brancas, e gozando de seus privilégios, insistem em atribuir ao desejo, ou à suposta falta dele, a responsabilidade pela incapacidade de bancar o desejo da formação.

O adoecimento produzido pelo Outro se dá pela comparação com modelos branco-centrados de intelectualidade e de produção de saber, que seguem levando mulheres negras à constante medicalização psiquiátrica da angústia. Não é aleatória a produção do sentimento de incapacidade tão expoente na capital do Rio Grande do Sul, pois trata-se de um território predominantemente branco, desenvolvido sob o pacto da branquitude, em que o racismo, a xenofobia e as desigualdades social e racial são profundamente discrepantes.

A figura da doméstica, que compõe o paradoxo do racismo e do sexismo ao posicionar a mulher negra em um lugar duplo e simultâneo, o de desejo e de exclusão, na cultura brasileira, nos ajuda a refletir sobre os subempregos reservados a mulheres migrantes. A elas são destinados trabalhos temporários, como o de garçonete nas cafeterias e bares, ou, quando contratadas formalmente, são inseridas em funções administrativas distantes de suas áreas de formação. A qualificação e a formação acadêmica não são capazes de rasgar o véu do "bairrismo" presente nos processos seletivos para vagas na área de psicologia. Isso, somado ao pertencimento a famílias com poucos recursos financeiros, situa essas mulheres em um lugar constante de insegurança financeira, de moradia e de alimentação. Um fantasma permanente do retorno à escassez da qual, por vezes, conseguimos sair.

Tereza e Dandara lamentam o quanto os diplomas que conquistaram com vidas de retirantes não são suficientes para a saída da grande noite (Mbembe, 2019), para libertarem-se desse fantasma. Dandara rememora a *Carta para as mulheres escritoras do terceiro mundo* (1981/2020) de Gloria Anzaldúa "muitas de nós – mulheres de cor, que dependuramos diplomas, credenciais e livros publicados ao redor dos nossos pescoços, como pérolas às quais nos agarramos desesperadamente" (p. 231). Seguimos pendurando nossos diplomas, celebrando com nossas raízes familiares e com as comunidades de onde viemos. Apesar de a travessia pouco ter a ver com o retorno simbólico advindo pelos diplomas, a ausência de retorno e de reconhecimento financeiro evoca nossos corpos, novamente, no paradoxo do racismo e do sexismo.

Em cenários em que somos levadas a pensar como Outro, a escrita pode ser tomada como uma forma de reconciliar esse Outro dentro de nós. À medida que internalizamos a separação entre o Um e o Outro, "percebemos a estrangeira dentro de nós e, muito frequentemente, como resultado, nos separamos de nós mesmas e entre nós" (Anzaldúa, 1981/2020, p. 232). A escrita, acadêmica ou não, compõe um elemento importante do que viemos fazer aqui. Tal qual Audre Lorde (2019), afirmamos que o silenciamento nunca nos ajudou, por isso, a fala, a escrita nos beneficiam, pois a dor ou se transforma ou acaba.

Os marcadores que nos atravessam – raça, gênero, classe socioeconômica, território – contam sobre o nosso caminhar e sobre as formas como habitamos este mundo e suas relações, incluindo a maneira como as pessoas daqui se situam em relação a nós: "tu não é daqui, né?! Percebi logo!". Viajamos em direção ao outro lado do país, para o sul, por diferentes motivos: para estudar, seguir com a formação em psicologia, por amores, para viver de outro jeito.

Nessa migração, não atravessamos o Atlântico como os povos africanos em diáspora, mas carregamos, no corpo em movimento, algo do que Beatriz Nascimento afirma em *Ôrì* da "transmigração de uma cultura e de uma atitude no mundo" (Gerber, 1989). Algo nessa migração para essas terras que orgulhosamente se dizem colônia e nesses movimentos de retorno que fazemos ao longo dos anos, reposicionando afetos e construindo outros repertórios de identificações e significações.

Em *Pele negra, máscaras brancas*, Frantz Fanon (1952/2020) fala sobre a necessidade de reestruturar o mundo em que vivemos, prescindindo dessa estrutura maniqueísta para construir outras possibilidades de existir aqui. Faz parte da travessia elaborar a necessidade de pertencer ou de se restringir a algum lugar. Assim, as andanças por essas terras estrangeiras nos fizeram encontrar caminhos de cura, de acolhimento e de fortalecimento na ancestralidade, em outras cosmovisões de mundo.

A luta pela libertação subjetiva perpassa pela descentralização do que o mundo branco caracteriza como patologia, tanto em sua forma de análise quanto de tratamento. A práxis revolucionária fanoniana pode ser compreendida como um antídoto, mas a verdadeira libertação exige mais do que a mera destituição do poder colonial. A luta contra o processo de opressão no contexto colonial é uma luta pela libertação subjetiva.

Mariléa Almeida enfatiza os afetos que se dão na coletividade entre mulheres como potência de luta rumo a mudanças tanto na dimensão singular da subjetividade quanto nas relações de cuidado a partir do afeto, "como a ética do cuidado de si, do outro e do espaço onde se vive" (Almeida, 2022, p. 30). Cuidado é uma memória ancestral entre mulheres negras e foi na coletivização que a "nuvem negra" produziu cura.

> Vim aqui pra estudar, mas foi nesse território predominantemente branco que me aproximei de espaços negros, de resistência ao racismo cotidiano que sofria. E mais que isso, foi nesse território hostil que "gritaram-me negra", mas ao contrário de me esconder,

> eu floresci! Sou negra sim! Parei de alisar meu cabelo, fiz a transição capilar, passei a ter orgulho de minhas raízes, o coletivo foi essencial pra isso. (Mãe Bonifácia)

O cabelo, além de ser uma forma de desviar dos padrões hegemônicos, também é uma fonte de afeto. As mulheres experimentaram o cuidado nas mãos de suas irmãs, mães e avós ao trançar os cabelos, prática que carrega uma herança ancestral. Quando uma pessoa negra compreende e encontra maneiras de se libertar da dominação colonial, isso geralmente se manifesta na afirmação positiva da imagem física, frequentemente expressa pela aceitação e transição capilar, seja para *dreadlocks*, cabelos crespos ou cacheados, *black powers* ou tranças, revelando o caráter inegociável de suas identidades (Kilomba, 2019).

Neste capítulo, seguimos nos coletivizando, trançando palavras e escritas como fonte de afeto, herança ancestral, de construção de espaços de formação sensíveis que não cabem em um modelo colonial. Viemos para a formação, porém percebemos que esta nada mais era do que a repetição do pacto da branquitude que nos adoece, por isso, recusamos essa formação e traçamos novos caminhos. A recusa, entretanto, não se dá sem sofrimento.

A angústia sentida de formas diferentes e semelhantes entre as amigas na mesa de bar é o primeiro tempo daquilo que, depois, pode abrir espaço para o tempo de compreender: entender o que se sente no corpo, o nó na garganta, a estranha sensação de que algo ali não está bem e de que é difícil nomear isso, perceber que o corpo fora de lugar tem sido mantido ali. Entender que a coisa se repete. Reconhecer-se naquilo que escreve Beatriz Nascimento (2018), quando diz que "ainda acreditava que um dia não seria mais zombada, que aquele medo ia passar, que os olhares hostis, as piadinhas, as demonstrações de desprezo ou indiferença e descrença, como se eu não existisse ali como as outras pessoas..." (p. 46).

A formação não se deu na descida ao inferno, mas na (res)significação das raízes, na composição de outras histórias sobre nós. Na morte do semblante, a morte da imagem causadora do afastamento e do adoecimento. Na quebra do espelho colonial, em "parar a mão que cria esse vidro com distorções sutis demais a ponto de passarem despercebidas" (Lorde, 2020, p. 33), se não prestarmos atenção, se não reflorestarmos nossos imaginários coletivamente, como nos ensina Geni Núñez, continuaremos reproduzindo imagens adoecedoras, afastadas de nossas histórias e potências.

Para sustentar uma vida, um espaço neste território; para significar esses corpos com signos de valor e potência, foi preciso constituir uma formação que vem se sustentando em coletivo, instituído à margem da pactuação branca, uma vez que a coletividade aparece como construção de um lugar de emancipação. Escrevemos desse lugar, inspiradas por Conceição Evaristo, quando diz que "escrever adquire um sentido de insubordinação" (2007, p. 21), e encontramos ecos em Grada Kilomba e Gloria Anzaldúa, ao tratarem da relação entre escrita e sobrevivência, lembrando que não se deixar tomar pela ideia de dívida, de insuficiência, é negar o imperativo de morte simbólica e material, é tirar vida na morte.

A partir do princípio *ubuntu*, de "eu sou porque nós somos", podemos pensar o *eu* que se constitui no coletivo, em relação com o outro, extrapolando a concepção de alteridade em que *eu* se constitui em relações de diferença ao outro, produzindo singularidades por meio da individualização. A coletividade remete também à noção de ancestralidade, importante experiência associada à negritude e aos povos indígenas, que se ancora em vários pontos de origem, como na constituição de várias Áfricas silenciadas pela violência, por exemplo.

Compreender o mundo a partir dessa perspectiva é entender que as coisas não surgem do nada, que aprendemos com gerações anteriores para impactar a nossa, tanto pela inspiração quanto pela indignação. A possibilidade de querer mudar impede que naturalizemos o que nos adoece: o racismo, a desigualdade, a exclusão das epistemologias negras, indígenas e populares. Desse modo, isso produz a urgência de transformação.

É nesse sentido que situamos, até aqui, ser fundamental racializar os saberes e as práticas, analisando-os a partir do reconhecimento e do respeito à pluralidade cultural existente no território brasileiro; não nos limitando ao referencial teórico ocidental. Trata-se de desnortear a produção de saberes, como destacam David, Vicentin e Schucman (2024).

Foi no caminhar por esse território, insistindo na vida e na nossa formação como psicólogas, que nos encontramos e encontramos com o Grupo de estudos Egbé: Negritude, Clínica e Comum[6] enquanto quilombo, coordenado pelo Prof. Dr. José Geraldo Damico. O grupo tem como proposta efetivar estudos voltados à história cultural brasileira, em sua dimensão colonial e de Estado de Exceção sobre uma parcela da população, a população negra, por meio das articulações com conceitos e termos psicanalíticos, em prol de ampliar a escuta da alteridade em sua radicalidade clínica e política por uma perspectiva de bem comum.

O acesso a leituras de um corpo teórico que faz sentido, assim como as discussões que constroem pertencimento e reconhecimento, foi essencial para lembrar e resgatar. Nesse acolhimento desejoso de território e futuro, tem acontecido a construção de outros projetos, ainda em gestação, como o Espaço Barca Aberta. O aquilombamento tomou corpo e virou casa, como efeito da coletividade na construção de um lugar de emancipação, dirigido por psicólogos negros e psicólogas negras. Trata-se de um espaço de formação, de clínica e de arte e cultura constituído por referenciais teóricos e metodológicos

---

6 A descrição sobre o referido grupo de pesquisa baseia-se nas informações que estão disponíveis em: https://www.ufrgs.br/ppgpsicanalise/ensino-e-pesquisa/grupos-de-pesquisa/

que contemplam nossas existências plurais. Um espaço de escuta e atendimento a pessoas que vivenciam o adoecimento e o afastamento da posição desejante, causados pelo racismo, pelo sexismo e pela desigualdade social.

"O que viemos fazer aqui?" Mãe Bonifácia responde essa questão em metáfora que enlaça a história de sua família à percepção e à relação com sua negritude:

> Viemos resgatar o que nos tomaram. Resgatar a história que a colonialidade apagou da minha família negra, meus avós, que também são filhos do Rio Grande do Sul, mas que foram levados para o Mato Grosso por seus patrões para trabalhar, com suor e sangue, em suas fazendas. Só muito depois de estar aqui me dei conta disso, do quanto o trabalho escravo esteve na minha família até apenas duas gerações antes da minha. Não vim, mas retornei! Hoje, me reconecto com eles e relembro, nos hábitos e tradições gaúchas tão carregados pela cultura negra, saberes que aprendi desde a infância. Aqui, resgatei minha ancestralidade espiritual, cultural e subjetiva como mulher preta, que, por uma necessidade involuntária, fez a transição capilar, retomando o *black* crespo que carrego. Em terras hostis, seguimos resgatando a potencialidade e a força ancestral que nos faz renascer e construir outras histórias, por meus avós, por aqueles que vieram antes, e para as próximas gerações que virão.

E foi entre sotaques que construímos o estreitamento e as aproximações entre mulheres migrantes – vínculos pela identificação enquanto estranhas no território –, que reverberaram no abandono da ilusão de pertencimento a essas terras estrangeiras e de reconhecimento nessa pactuação: não precisar e também não querer pertencer a isso, buscar o que nos serve e dar nosso sotaque, nossas marcas e regionalidades à produção de saber.

Referências

Almeida, M. (2022). *Devir quilomba: antirracismo, afeto e política nas práticas de mulheres quilombolas.* Elefante.

Anzaldúa, G. (2000). Falando em línguas: uma carta para as mulheres escritoras do terceiro mundo. *Estudos Feministas, 8*(1), pp. 229-236. https://doi.org/10.1590/%25x. (Obra original publicada em 1981)

Ballestrin, L. (2013). América latina e o giro decolonial. *Revista Brasileira de Ciência Política, 11*, p. 89-117. https://doi.org/10.1590/S0103-33522013000200004

Becker, A. P. S., Borges, L. M., & Crepaldi, M. A. (2017). Imigração e dinâmica familiar: uma revisão teórica. *Psicologia em Revista, 23*(1), 160-181. https://doi.org/10.5752/P.1678-9563.2017v23n1p160-181

Berry, J. W. (2004). Migração, aculturação e adaptação. In S. D. DeBiaggi & G. J. Paiva (Orgs.), *Psicologia, e/imigração e cultura.* (pp. 29-46). Casa do Psicólogo.

Câmara, F. D. S. (2017). *Mulheres negras amazônidas frente à cidade morena: o lugar da psicologia, os territórios de resistência* [Dissertação de Mestrado, Universidade Federal do Pará].

Collins, P. H. (2019). *Pensamento feminista negro: conhecimento, consciência e a política do empoderamento.* Boitempo. (Obra original publicada em 1990)

Collins, P. H. (2019, 4 de dezembro). *Pertencer sem pertencer* [Vídeo]. TV Boitempo. https://www.youtube.com/watch?v=ZRFZMHLQOGg

Damico, J. (2023, 23 de outubro). *As múltiplas denegações da psicanálise.* Segundo encontro do evento "Experiências psicanalíticas no Sul Global", Laboratório de Estudos em Psicanálise, Literatura e Política (LEPLIP), UFRGS. https://www.youtube.com/watch?v=-q-cDjLoUPuw

David, E. D. C., Vicentin, M. C. G., & Schucman, L. V. (2024). Desnortear, aquilombar e o antimanicolonial: três ideias-força para radicalizar a Reforma Psiquiátrica Brasileira. *Ciência & Saúde Coletiva, 29*(3), e04432023. https://doi.org/10.1590/1413-81232024293.04432023

Eckert-Hoff, B. M. (2016). Sujeitos entre-línguas em contextos de imigração: incidências na subjetividade. *Letras & Letras, 32*(3), pp. 135-147.

Evaristo, C. (2007). Da grafia-desenho de minha mãe, um dos lugares de nascimento de minha escrita. In M. A. Alexandre (Org.), *Representações performáticas brasileiras: teorias, práticas e suas interfaces* (pp. 16-21). Mazza.

Fanon, F. (2020). *Pele negra, máscaras brancas.* Ubu. (Obra original publicada em 1952)

Fanon, F. (2022). *Os condenados da terra* (L. F. Ferreira & R. S. Campos, Trad.; T. Pires, W. F. Nascimento & M. Queiroz, Apres.; J.-P. Sartre, Prefácio). Zahar.

Freyre, G. (2019). *Casa-grande e senzala.* Global. (Obra original publicada em 1933)

Gerber, R. (Diretora). (1989). *Ôrí* [Filme]. Angra Filmes; Fundação do Cinema Brasileiro.

Gondar, J. (2017). *Um racismo desmentido* [apresentado em conferência]. VI Congresso Nacional de Psicanálise, Direito e Literatura.

Gonzalez, L. (1984). Racismo e sexismo na cultura brasileira. *Ciências Sociais Hoje* (pp. 223-244). ANPOCS.

Gonzalez, L. (2018). Por um feminismo afro-latino-americano. In União dos Coletivos Pan Africanistas, *Lélia Gonzalez – Primavera para as rosas negras.* UCPA Editora.

Hoshino, T. A. P. (2021). Fanon: um gesto radical de escuta. *Revista CULT*, (265), 24–27.

Kilomba, G. (2019). *Memórias da plantação: episódios de racismo cotidiano*. Cobogó.

Leal, H. (2019). Da/os outra/os para si, mulheres negras e laços sociais. *Correio APPOA*, 292, 6-8. https://appoa.org.br/correio/edicao/292/daos_outraos_para_si_mulheres_negras_e_lacos_sociais/

Longhini, G. D. N. (2018). *Mãe (nem) sempre sabe: existências e saberes de mulheres lésbicas, bissexuais e transexuais* [Dissertação de Mestrado, Universidade Federal de Santa Catarina].

Lorde, A. (2019). *Irmã Outsider: ensaios e conferências* (S. Borges, Trad.). Autêntica.

Lorde, A. (2020). Espelhos bons não são baratos. In A. Lorde, *Entre nós mesmas: poemas reunidos* (pp. 33-35). Bazar do Tempo.

Mbembe, A. (2019). *Sair da grande noite: ensaio sobre a África descolonizada* (F. Ribeiro, Trad.). Vozes.

Mignolo, W. (2003). *Historias locales/disenos globales: colonialidad, conocimientos subalternos y pensamiento fronterizo*. Akal.

Nascimento, B. (2018). *Beatriz Nascimento: intelectual e quilombola – possibilidade nos dias de destruição*. União dos Coletivos Pan-Africanistas (UCPA).

Núñez, G. (2023). As monoculturas como violação da singularidade. *Jornal de Psicanálise*, *56*(105), 107-120.

Nuselovici, A. (2013). *Étudier l'exil* (FMSH-PP-2013-09). Fondation Maison des Sciences de l'Homme. https://shs.hal.science/halshs-00861243v1

Oyěwùmí, O. (2021). *A invenção das mulheres: construindo um sentido africano para os discursos ocidentais de gênero.* Bazar do Tempo. (Obra original publicada em 1997)

Roudinesco, E., & Danto, D. (2010). *Clínicas públicas de Freud* (V. Ribeiro, Trad.). Zahar.

Rufino, L. (2021). Nas bandas de cá, umbanda. *Cult*, 297.

Sarriera, J. C., Pizzinato, A., & Meneses, M. P. R. (2005). Aspectos psicossociais da imigração familiar na grande Porto Alegre. *Estudos de Psicologia, 10*(1), 5–13. https://doi.org/10.1590/S1413-294X2005000100002

Silva, M. L. (2017). Racismo no Brasil: questões para psicanalistas brasileiros. In N. Kon, C. Abud, & M. L. Silva (Orgs.), *O racismo e o negro no Brasil: questões para a psicanálise* (pp. 71-90). Perspectiva.

Souza, N. S. (1983). *Tornar-se negro: ou as vicissitudes da identidade do negro brasileiro em ascensão social.* Edições Graal.

Souza, N. S. (1998). O estrangeiro: nossa condição. In C. Koltai (Org.), *O estrangeiro* (pp. 155-163). Escuta/FAPESP.

6. Amar a negritude

Grupo de Estudos Relações Raciais e Psicanálise do Estudos Integrados em Psicanálise (ESIP)

> *Eu escrevia peças e apresentava aos diretores de circos. Êles respondia-me:*
> *– É pena você ser preta.*
> *Esquecendo-se êles que eu adoro a minha pele negra, e o meu cabelo rústico. Eu até acho o cabelo de negro mais iducado do que o cabelo de branco. Porque o cabelo de preto onde põe, fica. É obediente. E o cabelo de branco, é só dar um movimento na cabeça êle já sai do lugar. É indisciplinado. Se é que existe reincarnações, eu quero voltar sempre preta.*
>
> Jesus, 2022, pp. 63-64

O bebê humano nasce dependente do outro para que possa dar sequência ao seu desenvolvimento. Essa relação com o outro primordial, com capacidade de nos acolher, registra o amor em nosso psiquismo. Tal amor, que pode ser explicitado por atos de carinho, contato com o corpo, além de todo o depósito de fantasias, desejos e da cultura que essas figuras primordiais transferem, não é útil apenas pelo conforto e pela satisfação dos instintos de autoconservação, mas também será auxílio para construção de um Eu. Ou seja, provoca uma transição da condição de objeto para passarmos a ser sujeitos. Assim, ser amado não é importante apenas para garantir a sequência de um desenvolvimento biológico, mas pelo papel importante na construção de uma identidade.

No entanto, tal investimento libidinal primário difere conforme a racialidade das pessoas na sociedade. As fantasmáticas da história da escravidão, da desumanização e de um ideal de brancura, que ao negro não é possível atingir, produzem um tipo de cuidado que interfere na transferência desse amor, capaz de não ser tão genuíno como o que o branco é capaz de experimentar.

O fetichismo da brancura (Costa, 2021), ofertado como ideal de Eu, causa o aprisionamento do sujeito em crenças de desvalor e inferioridade (Souza, 2021) e contribui para que este permaneça na condição de objeto, servindo à manutenção do poder e dos privilégios que a brancura possui. Para Isildinha Nogueira (2021), o investimento libidinal da mãe preta é atravessado por significantes pejorativos atribuídos ao negro na cultura, de modo que a qualidade do olhar materno instaura, desde muito cedo, uma falha narcísica que evolui à medida que esses significantes não são problematizados. Ou seja, trata-se de uma incapacidade de pessoas negras se reconhecerem pela falta de amor-investimento em sua identidade e, portanto, amar a negritude é uma construção que acontece durante a vida.

A respeito do sujeito negro e de como ele ocupa esse lugar, Isildinha (Nogueira, 2021) não aceita as respostas que circulam no senso comum. Respostas estas que explicam a posição do negro como decorrente de seu lugar de inferioridade econômica e social – confundindo, assim, consequência com causa. A exclusão sistemática do povo negro – que teve início com o tráfico negreiro e a escravização, seguida do engodo da libertação pela Lei Áurea – calcada na desumanização, sequestrou a possibilidade de um processo de constituição psíquica menos tortuoso.

A atribuição de significados ao corpo negro como indesejável e inaceitável contrasta com o corpo branco como parâmetro da autorrepresentação dos indivíduos, inscrevendo os negros em um paradigma de inferioridade em relação aos brancos. Assim, a cultura coloca o indivíduo negro em uma posição de ambivalência: o lugar de identificação social oferecido é o da brancura, ao mesmo tempo que esse lugar está interditado ao negro. As contribuições de Isildinha (Nogueira, 2021) abrem reflexão sobre o processo de constituição do sujeito, cujo inconsciente é marcado também, desde sempre, pela marca sócio-histórico-cultural do racismo: para o negro, uma marca mnêmica de sofrimento; para o branco, uma marca de gozo, oriunda de uma posição de privilégio.

Considerando a lógica da branquitude, o ideal da brancura, Isildinha discute as significações do corpo negro, não sendo este o corpo que vemos no espelho, mas, sim, a imagem que nos é introjetada pela cultura na qual estamos inseridos. No caso do indivíduo negro, essa imagem remonta a um passado de horror que busca recalcar, resultando em uma posição ambivalente de rejeição a si mesmo e a seus iguais, ao mesmo tempo em que reforça uma identificação fantasmática com a brancura.

Sobre isso, bell hooks (2019) acrescenta que o paradigma da branquitude controla as imagens, as representações sobre o ser negro, já que isso é fundamental para a manutenção de sua supremacia. Dessa forma, representação social e dominação se misturam como estratégia político-ideológica: pela via do racismo internalizado, pessoas negras percebem o mundo e a si mesmas pela ótica da branquitude. Propõe, então, amar a negritude como ato de resistência política, como uma alternativa ao adoecimento e, finalmente, como estratégia de sobrevivência da população negra, já que o racismo institucionalizado também resulta na morte de vidas negras, além do projeto primeiro de dominação e submissão.

Algumas estratégias da branquitude analisadas por bell hooks envolvem o apagamento racial, proposto a partir da concepção de que todos são iguais, encobrindo séculos de violência e silenciamento. A autora exemplifica isso por meio da diferença de tratamento que recebem um negro descolonizado, frequentemente lido como perigoso e pouco cordial, e um negro disposto a pactuar com o apagamento racial, que geralmente gozará de recompensas sedutoras em termos de inclusão e posição social. Outra estratégia é a de levar pessoas brancas ao entendimento de que elas também são vítimas do racismo. Embora a autora não invalide essa perspectiva, problematiza a posição vitimista e a ideia de que apenas quando o racismo se torna uma agressão para a pessoa branca é que ela poderá se colocar antirracista, quando o fato de saber que há pessoas vivendo um cenário de dominação e submissão deveria ser suficiente para posicionar-se em contrário.

O racismo, enquanto construção ideológica e conjunto de práticas, passou por um processo de perpetuação à medida que beneficiou e beneficia determinados interesses (Gonzalez, 2020). A divisão racial do trabalho, a sexualização dos corpos das mulheres negras e o não reconhecimento da produção cultural afro-brasileira nas instituições de cultura e na educação são exemplos do que pode passar, e de como se transmite, na cultura do branqueamento. Para Lélia Gonzalez (Gonzalez, 2020), o racismo aparece como a principal sintomática da neurose cultural brasileira, a qual se sustenta no discurso ideológico presente na consciência. Esse discurso representa o desconhecimento e a alienação, contrabalançando-se por meio dos dispositivos de memória. A memória, por outro lado, que é inconsciente e resiste, propõe um espaço de inscrições que restituem uma história que não foi escrita, o lugar da emergência da verdade. É no interjogo do discurso dominante, ou efeitos desse discurso na cultura, e dos vacilos da consciência que a memória sobressai e emerge o que insiste em ser ativamente esquecido. Apesar do movimento de encobrimento de qualquer marca da cultura negra, pode-se perceber na cultura brasileira as marcas da africanidade que também a constituem.

O discurso ideológico se apresenta como lógica da dominação mediante a internalização e a reprodução dos valores brancos ocidentais, e, por isso, a exclusão, a denegação do que é do negro. A estimada "superioridade branca", alerta Lélia (Gonzalez, 2020), é reforçada reiteradamente pelos meios de comunicação de massa, propagando uma visão eurocentrada e racista de práticas religiosas pertencentes a culturas não europeias, chamada pela autora de "terrorismo cultural imperialista".

Os efeitos do colonialismo impactam na capacidade de amar pretos e pretas, sendo que a predominância da estética branca se apresenta em todos os segmentos da sociedade: na mídia, nas empresas, na política e em todas as instâncias de poder, confirmando, assim, o que Cida Bento (Bento, 2022) nomeou como o "pacto narcísico da branquitude", que é a atitude de autopreservação que opera como sustentador das desigualdades e da opressão.

Os corpos negros passaram a ser rejeitados, seus traços considerados feios e sua cor tida como um defeito. A racialização dos corpos é uma construção social, uma narrativa a serviço da manutenção da supremacia branca, que se atualiza na contemporaneidade ao atribuir humanidade e potencial de ser narcisizado a alguns, em virtude da cor da pele.

Achille Mbembe (2020), nessa esteira, ressalta a importância de se libertar do colonizador, o que só seria possível por meio de uma perlaboração da memória da colônia e de uma nova escrita de si. Isso implicaria um dispendioso trabalho psíquico, no qual o colonizado reconheceria que quis ser o colonizador, desejou ser ele, submeteu-se ao desejo do outro. Assim, implicando-se no processo e restabelecendo a alteridade, é possível se desvencilhar da colonização de seu próprio desejo, do submetimento ao colonizador.

Como forma de demarcação da formação cultural brasileira, Lélia apresenta o *Pretuguês*, a marca de africanização do português falado no Brasil, permeado por expressões linguísticas e culturais africanas, herdadas dos negros americanos e africanos, entendidos como "amefricanos", para a autora (Gonzalez, 2020). Conceber Améfrica Ladina é torcer o paradigma do branqueamento, processo denegatório, para pessoas negras nascidas no continente americano. Trata-se do entendimento de si a partir de seus próprios referenciais culturais, o que avança ao amor da própria corporeidade, traços étnicos e características que demarcam o corpo socialmente. Pensar na experiência negra como experiência negra territorializada, ou seja, na presença de práticas religiosas, de agrupamento, de dança, e reorganização da vida por meio dos atravessamentos histórico-estéticos e culturais.

Amar a negritude, nesse sentido, compreende não ser subjugado ao discurso elaborado pelos teóricos brancos, baseado em critérios e epistemologias eurocêntricas. Amar o que vem do negro é reinventar-se perante o epistemicídio, à recusa da subserviência diante das violências constantes, contínuas e cruéis que atingem o povo negro.

Conclusão

A crueldade e a agressividade vividas pela negritude por mais de 380 anos de escravização no Brasil afetaram estruturalmente a percepção de si. Desde a tenra idade, foram direcionados olhares de desprezo e incitação ao ódio, com o propósito de sustentar a branquitude em seu lugar de Narciso, aficionado pela própria aparência (Kilomba, 2019). É Neuza Santos Souza que nos fala acerca do tornar-se negro: "a descoberta de ser negra é mais do que a constatação do óbvio[...] É também, e sobretudo, a experiência de comprometer-se a resgatar sua história e recriar-se em suas potencialidades" (Souza, 2021, p. 46). Dito de outra maneira, tornar-se negro é se reconhecer negro e amar a negritude.

Referências

Bento, C. (2022). *Pacto da branquitude*. Companhia das Letras.

Costa, J. F. (2021). Prefácio à edição original. In N. S. Souza, *Tornar-se negro ou As vicissitudes da identidade do negro brasileiro em ascensão social* (pp. 1-16). Zahar.

Gonzalez, L. (2020). *Por um feminismo afro-latino-americano*. Zahar.

hooks, b. (2019). *Olhares negros: raça e representação*. Elefante.

Jesus, C. M. (2022). *Quarto de despejo*. Ática.

Kilomba, G. (2019). *Desobediências poéticas*. (Curadoria Jochen Volz & Valéria Piccoli). Pinacoteca de São Paulo.

Mbembe, A. (2020). *Crítica da razão negra*. n-1 edições.

Nogueira, I. B. (2021). *A cor do inconsciente: significações do corpo negro*. Perspectiva.

Souza, N. S. (2021). *Tornar-se negro ou As vicissitudes da identidade do negro brasileiro em ascensão social*. Zahar.

7. Complexo do semelhante – dor psíquica: entre o "bem-estar" do povo branco e o "mal-estar" do povo negro

Grupo Sankofa[1]

"Bem-estar" – "mal-estar": um recorte do nosso tempo

> *No dia 25 de março deste ano sofri minha 16ª abordagem policial. Refleti muito se deveria expor mais este caso, pois sempre existe um desgaste emocional e pessoal.*
>
> *A abordagem ocorreu em Porto Alegre, por volta das 17h. Na ocasião, eu estava recebendo um fotógrafo do The New York Times em minha casa para uma sessão de fotos para uma matéria sobre meu livro* O avesso da pele.
>
> *Em dado momento o fotógrafo achou que seria bom fazer umas fotos ao ar livre. Foi quando sugeri o Parque da Redenção.*
>
> *Ao chegarmos, o fotógrafo lembrou que no parque havia uma imagem que lembrava um símbolo nazista, e que no*

1 Grupo de estudo que visa refletir a problemática do racismo e seus desdobramentos na psicanálise e nas instituições formadoras de psicanalistas.

ano passado ele havia feito uma matéria sobre esses símbolos no Brasil. Eu disse que não conhecia essa imagem. Ele perguntou se eu queria ver antes de tirarmos as fotos. Aceitei.

Quando chegamos próximo do símbolo, vi a imagem que de fato lembrava uma suástica. Foi nesse momento que uma viatura da Brigada Militar parou atrás de nós. Os polícias saíram apontando as armas com frases de mão na cabeça.

Sob a mira da arma, fomos revistados. Neste momento comecei a suar frio e fiz um esforço para manter minhas mãos na cabeça, fiquei nervoso pois todas as imagens de violência policial que tanto critico, estava novamente acontecendo comigo.

Mandaram baixar as mãos lentamente, a partir desse momento todas as explicações da abordagem foram dadas para o fotógrafo, que era um homem branco. Fui ignorado como se não merecesse a explicação.

Disseram que fomos abordados porque receberam uma denúncia de que havia um traficante com as nossas características (?) perguntaram apenas para o fotógrafo se ele já tinha sido abordado naquele parque, ele disse que não. Foi quando o policial respondeu que a abordagem servia para proteger o cidadão de bem. E se a gente não devia nada, íamos ser liberados.

Depois entraram no carro e foram embora.

Ficou claro, na avaliação da polícia, que eu seria um traficante e o fotógrafo o usuário.

Toda a abordagem aconteceu na frente do suposto símbolo nazista. Tudo tão inacreditável. Tão triste, eu estava tirando fotos para uma reportagem sobre meu livro que,

entre outras coisas, é sobre a violência policial. E é nesse momento que sou abordado.
(@jeferson.tenorio.9 em 02.07.2024 no instagram)

Problematizando proposições em busca de interlocuções

> *Esta [...] narrativa sobre as origens do "bem-estar e o mal--estar" na cultura e no sujeito tem por objetivo constituir-se num ponto de partida para nos debruçarmos, em especial, sobre o "mal-estar" instaurado pelo simulacro narcísico da branquitude – Eu sou, porque vocês não o são – sobre o povo negro, racializando-o em nome do seu "bem estar". (Paim Filho e Maschke Paim, 2023b, p. 28)*

> *É que afinal todo o sofrimento é apenas sensação, ele só existe enquanto o percebemos, e só o percebemos em consequência de determinados dispositivos do nosso organismo. [...] (Freud, 1930/1996, p. 32)*

Aqui estamos, outra vez, nos debruçando sobre a temática do racismo, sob a perspectiva da psicanálise. Desta vez, escolhemos como objeto de interlocução central, a partir de um vértice exploratório, o conceito esboçado por Freud em 1895 – o "complexo do semelhante" –, em sua interação com a dor psíquica. Tomando esses elementos como guias, pretendemos articular suas consequências na produção do "bem-estar" do povo branco *versus* o "mal-estar" do povo negro. Nesse sentido, seguiremos as pegadas de Paim Filho e Maschke Paim (2023a): "bem-estar" branco (eu sou, porque vocês não o são) em contraponto ao "bem-estar" negro – Eu sou porque nós somos.

O complexo do semelhante pode, e deve, ser considerado a fonte primeira da problemática identificatória no pensamento freudiano. Vamos encontrar essa proposição no ponto [17] do *Projeto para uma psicologia científica*[2], ao referir-se ao processo do pensar e sua gênese decorrente dos encontros e desencontros com o outro:

> *Suponhamos que o objeto que [a] [percepção] forneça seja similar ao sujeito, isto é, seu semelhante. Então o interesse teórico também se explica pelo fato de este objeto constituir-se, ao mesmo tempo, no primeiro objeto de satisfação e, além disso, o primeiro objeto hostil, assim como único poder auxiliar. Por isso, por meio de seu semelhante, o homem aprende a reconhecer. (Freud, 1895/2003, p. 207)*

As implicações do semelhante na arquitetura da psique estão postas. Trata-se daquele que traz consigo a marca de um elemento comum e do elemento que revela a diferença: o outro não é alguém idêntico a mim, mas, sim, alguém semelhante: prenúncio das diferenciações entre as identificações primárias, narcísicas, e as identificações secundárias, edípicas.

Seguindo essa proposição, destacamos que o semelhante alberga em si, para a cria humana, em seu processo de tornar-se humano: ser objeto da satisfação (completude narcísica, remonta às tonalidades do idêntico); ser objeto hostil (incompletude da alteridade) e ser o único poder auxiliar (o desamparo biológico e psíquico anunciado pela efetivação da ação específica).

Ainda sob essa perspectiva, e buscando conferir-lhe sustentabilidade, reportamo-nos, de maneira breve, ao lugar da dor psíquica na constituição do sujeito, do estrutural ao psicopatológico. Freud se ocupará dessa temática desde as origens do seu pensar; não por

2 Assinalamos que será utilizado, no decorrer deste texto, apenas o título *Projeto* para nos referirmos a esse trabalho, que é concebido por nós como o projeto da psicanálise freudiana, em consonância com Paim Filho (2020, comunicação oral). Nele vamos encontrar uma série de conceitos e postulados que serão desenvolvidos por Freud ao longo de toda a sua obra, de 1895 a 1940.

acaso, essa temática também estará presente no *Projeto* (1895/2003), associando-se de forma peculiar ao complexo do semelhante. Antes de nos debruçarmos sobre essa associação, faz-se necessário caracterizar a dor. Esta resultará de duas vertentes, com seus desdobramentos no desenrolar da obra freudiana: a primeira, exposta no ponto [6], *Dor,* e a segunda nos pontos [11], *A Vivência de satisfação,* e [12] *A vivência de dor.*

A primeira remete aos excessos oriundos do mundo externo, que rompem com a tela protetora de "φ"(polo perceptivo das quantidades) em relação a "Ψ" (memória). Esses excessos vão lesar "Ψ", de tal forma que suas barreiras de contato se tornam permeáveis definitivamente: o traumático está instaurado.

Para explicar essa complexidade, Freud vai comparar esse registro à violência de um raio que marca, criando uma trilha permanente e imutável de repetição. Essa repetição somente será retomada em 1920, em *Além do princípio de prazer,* momento em que são reinvestidas as proposições que contemplem, depois de um silêncio de 25 anos, a crença na existência de uma dor originária: possibilidade de considerar e propor que o sujeito também repita o que nunca foi prazeroso em nenhum momento de sua história.

O além do desejo começa a ganhar *status* metapsicológico, o que o impele a refletir sobre a existência de outros territórios psíquicos. Como sabemos, a teoria do trauma sofre um alargamento, agregando, como veremos em seguida, a dor da falta e a dor infligida pela presença intrusiva do outro (Freud, 1930/1996).

Esse cenário é compatível para especularmos sobre as origens e vicissitudes das dores vividas, mas não sentidas, que se revelam na compulsão à repetição desse arcaico, na autodestrutividade e/ou na destrutividade do outro.

Quanto à segunda, a vivência de satisfação *versus* a vivência de dor, em seu conjunto, remetem à problemática decorrente, respectivamente, do encontro e desencontro com o objeto do desejo. Sendo assim, a satisfação é produto do encontro possível, entre o desejado pela realidade psíquica e o que a realidade externa oferece – essa vivência é mediada pela semelhança (busco a + b; encontro a + b'). Portanto, essa vivência, abastecida pela via curta, não produz trabalho psíquico, sua realização circula entre a satisfação alucinatória do desejo e a satisfação efetiva do desejo; enquanto a vivência de dor, fala de um desencontro (busco a + b; encontro a + c). Essa dessemelhança parcial é geradora de trabalho psíquico, ir em busca do "b" a partir da diferença que "c" revela. Temos aqui a busca da realização do desejado – via longa – pelo caminho da identidade de pensamento.

Destacamos que essa dor vivida decorre do não encontro com o objeto do desejo. Nesse sentido, reafirmamos, essa configuração da dor, devido à dissonância entre o desejado e o encontrado, vai acompanhar hegemonicamente o pensamento freudiano até os anos 1920. Tal contexto convoca a pensar nas ideias elaboradas por Freud, em especial, no texto de 1917, *Luto e melancolia*, em que encontramos suas concepções sobre a importância do trabalho de luto: a dor que produz transformações psíquicas – a perda em nome de um devir. Esse processo está operando, na estruturação da psique, de forma emblemática, na travessia do Eu-ideal (idealizações/identificações primárias) para o Ideal de Eu (ideais/identificações secundárias).

Após esses assinalamentos sobre a dor psíquica e o complexo do semelhante, nossos sentidos direcionam-se para a sua inter-relação com suas ressonâncias, na problemática do "bem-estar" *versus* o "mal-estar". Para viabilizar esse diálogo, a fim de ampliar o campo de investigação, vamos agregar às nossas reflexões, centradas no legado freudiano, o pensar de René Kaës. Nessa perspectiva, circunscrevemos suas ideias ao terreno das manifestações grupais – no entrecruzamento entre as identificações singulares e as compartilhadas – com especial acento nas alianças inconscientes e no pacto denegativo.

"Mal-estar"/"Bem-estar" na relação do idêntico versus semelhante

A terra é meu quilombo, meu espaço é meu quilombo.
Onde estou, eu estou! Onde eu estou, eu sou!

Beatriz Nascimento (Filme *Ôrí*, de Raquel Gerber, 1989)

Tomando como ponto de partida o conceito do "complexo do semelhante" (Freud, 1895/2003) em sua interação com a dor psíquica, para evidenciar sua importância na compreensão do racismo como uma experiência emocional de sofrimento, buscamos refletir sobre a relação entre os termos "idêntico" *versus* "semelhante" na condição de ser humano, partindo da filogênese com seus desdobramentos na ontogênese. Diante dessa constatação, compreendemos o ser humano como um indivíduo passível de apresentar um sofrimento vivenciado pelo trauma, produto do primado das intensidades. Essas intensidades podem ser entendidas como uma condição vivida por pessoas negras, em contraste com o bem-estar de pessoas brancas que, por meio de um movimento identitário e defensivo, não assumem a culpa, mas atribuem a outrem a responsabilidade por um possível desprazer – um limite que perturba. Freud (1895/2003) afirma que "Todos os dispositivos de natureza biológica têm seus limites de eficiência, fora dos quais falham" (p. 185).

Assim, o limite do sofrimento psíquico adquire a forma de sentimentos e representações constitutivas desse ser em sofrimento, uma ameaça à sua própria existência, um sentimento de aniquilamento e morte de caráter traumático. O bem-estar da branquitude[3] se cons-

3 *Branquitude* é um conceito que se refere a uma identidade racial privilegiada, construída histórica e diretamente ligada ao racismo. Essa noção é fomentada a partir da ideia de supremacia racial de pessoas identificadas como brancas e sustentada por estratégias econômicas, políticas, culturais, sociais e subjetivas que garantem a manutenção de seus privilégios materiais, simbólicos e afetivos (Bento, 2002; Schwarcz, 2024). Diferente de outras identidades raciais, a branquitude se coloca como um não grupo, ou seja, como universal, evitando ser percebida como uma

titui em um sentimento de prazer por ser o que se é e pelo que já foi outorgado, tornando-a um ser diferente e privilegiado em relação aos povos racializados. Estes que não são reconhecidos como semelhante. Para Freud (1895/2003), "o desamparo inicial do ser humano é a fonte originária de todos os motivos morais" (p. 196).

Como parte das manobras da branquitude, temos a não racialização do grupo branco e a racialização de todas as outras etnias, que cria uma dinâmica que reconhece como semelhantes os seus iguais, evidenciando um problema importante: a necessidade de uma identificação narcísica de grupo, bem como uma *aparente* forma de lidar com a alteridade. Na prática, percebemos um grupo que se reconhece enquanto grupo pensante, que fala e existe e opera entre si, sobre si e para si. Desse modo, para que essa dinâmica se mantenha sob o véu da invisibilidade protetiva, faz-se necessário o envolvimento de todo o grupo em seus aspectos intersubjetivos e inconscientes. É preciso que seus membros estejam fortemente engajados, ainda que não reconheçam tal engajamento, na manutenção de alianças poderosas que visam a reforçar o silenciamento em relação a essa situação, promovendo a manutenção de relações de poder e dominação.

Percebemos que a questão da branquitude é tão enraizada dentro da estrutura social e do desenvolvimento humano que nos leva

---

identidade racial específica. Esse fenômeno a posiciona como uma "presença ausente" (Schwarcz, 2024), que define todas as outras identidades a partir de sua própria referência, sem se reconhecer como racializada. Cabe destacar que o grupo social denominado "negritude" surgiu como resposta à racialização imposta às pessoas negras, denunciando a desigualdade racial e contestando a ideia de que o racismo pode ser combatido sem expor a branquitude como um agente ativo nesse processo (Munanga, 2020). A principal diferença entre branquitude e negritude está no posicionamento social, político e ético: enquanto a branquitude se beneficia da invisibilidade, mantendo-se como padrão normativo, a negritude é uma resposta à opressão racial, promovendo a valorização da identidade negra e a luta contra o racismo. Assim, a crítica à branquitude implica torná-la visível e sujeita ao mesmo escrutínio racial imposto historicamente às pessoas não brancas.

a pensar sobre o problema desse constructo de superioridade racial como uma imposição desse movimento grupal identitário soberano sobre outros grupos étnico-raciais, suas sociedades e culturas. Dessa forma, esse processo não pode ter a sua compreensão reduzida apenas a uma relação entre o preto e o branco, mas sim a algo que remete à experiência emocional que o ser vive diante dessa realidade. E, a partir dessa condição, surgirão as necessidades de indivíduos pertencentes a esses outros grupos étnico-raciais de se aperceberem de sua própria existência como seres humanos, distintos, dos brancos possuidores de desejos em busca do prazer, em consonância com princípios norteados pelo registro da alteridade – imersos em experiências socioculturais, econômicas, políticas, com suas ressonâncias emocionais e fenotípicas distintas.

A dominação europeia tornou a branquitude o protótipo do ser humano ideal. Nesse sentido, essas idealizações fazem parte da constituição mais primitiva do Super-Eu, trazendo consigo, como herança, as exigências narcísicas dos pais inseridas em uma ordem cultural brancocêntrica. Esse legado se constitui em modelos de identificações primárias, em que essas figuras parentais, com suas ideologias, tornam-se modelos orientadores para a manutenção da lógica majestosa do povo branco. E, nesse sentido, quando as identificações do Eu ideal assumem a moldura do branco europeu, temos um conflito que gera um trauma com múltiplas possibilidades de produzir cisão psíquica para aquelas pessoas que pertencem a outros grupos étnico-raciais. Pessoas que, tanto por sua identidade filogenética quanto por sua inserção sociocultural, não podem ascender àquilo que o modelo idealizado brancocêntrico exige. Em decorrência desse cenário, o povo negro fica excluído desse modelo de identificação que se impõe como universal, reproduzindo letalidades sobre aqueles considerados não idênticos: o que corrobora a tese de que as vidas negras não importam.

João Vargas (2020) destaca que o modelo de humanidade posto no mundo moderno não considera as identidades de pessoas negras, bem como se coloca em oposição a elas. Ele argumenta que,

> *o racismo deriva de uma díade que separa o mundo social em dois grupos: pessoas brancas de um lado e pessoas não brancas de outro. Esse esquema sugere que as formas de desigualdade a que pessoas não brancas estão sujeitas são resultado da supremacia branca, a qual valoriza a branquitude ao mesmo tempo em que desvaloriza a não branquitude. (2020, p. 17)*

Compreender os fenômenos que pertencem ao funcionamento mental de um indivíduo em sofrimento psíquico nos leva a reconhecer que as contribuições da teoria freudiana orientam para uma aproximação analítica desse estudo, possibilitando o enfrentamento da realidade e suportando as possíveis frustrações. É sabido que nos referimos ao sofrimento de seres humanos, a dor psíquica causada pelo seu semelhante, justamente na negação dessa mesma semelhança, expressa na lógica do "eu sou diferente de você".

Freud (1930/1996), em *O mal-estar na civilização,* afirma que:

> *O sofrimento nos ameaça a partir de três direções: de nosso próprio corpo, condenado à decadência e à dissolução, e que nem mesmo pode dispensar o sofrimento e a ansiedade como sinais de advertência; do mundo externo, que pode voltar-se contra nós com forças de destruição esmagadoras e impiedosas; e, finalmente, de nossos relacionamentos com os outros homens. (p. 85)*

Portanto, o povo branco, em sua busca insana pelo idêntico, perde-se nas tramas de um pacto racista, que o aprisiona e que paulatinamente vai determinando sua autodestrutividade, bem como a ordem social instaurada e mantida por esse povo. Os princípios que norteiam a ideia do "bem-estar" – narcisismo é meu nome – desse povo determinam, em primeiro lugar, a letalidade de outros povos – o semelhante sacrificado em nome do idêntico – e, em segundo lugar, a sua própria, que fica explicitado por Mbembe no conceito de "*o devir-negro do mundo*" (2018, p. 20, grifos do original).

Isso posto, podemos agora nos debruçar mais detidamente sobre a ideia do bem-estar sob a perspectiva freudiana. Para Freud (1927--1931/1969), o conceito de felicidade está relacionado a obter prazer e evitar o desprazer: "O que decide o propósito da vida é simplesmente o programa do princípio do prazer" (p. 94). Assim, a qualidade de vida é algo valioso para o ser humano e gira em torno do significado de bem-estar.

O bem-estar branco está amparado pela estrutura de dominação inserida na sociedade brasileira como um totem de clã, que perpassa de geração em geração, cultivando o seu *status* de privilégio. "Os membros de um clã são irmãos e irmãs, comprometidos a ajudar-se e proteger-se mutuamente" (Freud, 1912-1914/2012, p. 108). Destacamos que, nesse cenário das origens do indivíduo e da ordem cultural desenhado por Freud, neste trabalho que visa construir uma antropologia psicanalítica, o clã de irmãos é constituído por homens brancos, que passam a se ajudar mutuamente. Assim, surge o mal-estar no sujeito negro – atravessado pela proibição alienante de fazer parte da horda fraterna – exclusão que opera como perda simbólica. O sujeito negro reage como se tivesse perdido "alguma abstração que ocupou o lugar de um ente querido, como país, a liberdade ou o ideal de alguém" (Freud (1917/1969, p. 265). O afeto que corresponde à melancolia é a impossibilidade de realizar o trabalho de luto, que é o desejo de recuperar algo que foi perdido, uma perda pulsional da perda da libido, porém a melancolia perpassa a fonte do estímulo, no entorno e pelo outro, afetando diretamente a autoestima. Ainda segundo o autor, "A perturbação da autoestima está ausente no luto; afora isso, porém as características são as mesmas"

(Freud 1917/1969, p. 276). Nesse sentido, a grande meta do povo branco é instilar a melancolia na fundação do psiquismo do povo negro, determinando, assim, uma fratura em sua autoestima.

Dentro de uma vida atravessada pela segregação racial, a população negra foi constituída em uma geografia naturalizada na subalternidade, desde a diáspora; assim, dentro de um desenvolvimento cultural, voltado para aqueles que tinham o poder, a sociedade se direciona para o hedonismo, Eu ideal, daqueles que são beneficiados pelo sistema, movidos pela idealização: "A doença, a morte, a renúncia ao prazer, restrições à sua vontade própria não a atingirão; as leis da natureza e das sociedades serão ab-rogadas em seu favor" (Freud, 1914-1916/1969, p. 98). Assim o bem-estar branco é embasado no "eu sou porque vocês não são", em contraponto ao bem-estar negro, amparado pela filosofia africana *ubuntu*, "eu sou porque nós somos".

Portanto, diálogos e reflexões emergem e apontam para deslocamentos necessários e ressignificações possíveis de heranças do passado colonial, inscritas na pele e na alma de sujeitos negros que vivenciam violências, exclusões, desigualdades, silenciamentos e traumas os quais, por sua vez, são reencenados para manter intocada a realidade da supremacia branca como nos tempos da escravização.

Devemos acrescentar que, de acordo com Joel Birman (2017, pp. 95-96), é no texto freudiano de 1908 que "as insatisfações eróticas da individualidade" se tornam "formas inéditas de violência e crueldade" que passam a impedir o "reconhecimento da alteridade" dentro do escopo da modernidade. É justamente no bojo do "projeto moderno" ocidental que partem os elementos de silenciamento da alteridade, entre eles, o genocídio e o epistemicídio, com suas formas mais acabadas, por assim dizer. Contra esse traumático "mal-estar", urge pensar e buscar o que desejamos como o "bem-estar" negro.

Para tanto, outro tema sobre o qual o coletivo se debruça e que se constitui como um dos pontos de contato para pensar as mudanças de percepção sobre o paradoxo entre o mal-estar e o bem-estar, no que tange à história desde o Brasil colônia até nossos dias, parte da constatação de Cida Bento em sua pesquisa sobre a branquitude brasileira:

> *Descendentes de escravocratas e descendentes de escravizados lidam com heranças acumuladas em histórias de muita dor e violência, que se refletem na vida concreta e simbólica das gerações contemporâneas. Fala-se muito na herança da escravidão e nos seus impactos negativos para as populações negras, mas quase nunca se fala na herança escravocrata e nos seus impactos positivos para as pessoas brancas. (Bento, 2022, p. 23)*

A constatação da autora expande a consideração atribuída por Freud à importância das determinações sociais na história dos pacientes e na origem de seus sofrimentos psíquicos. De modo convergente, Frantz Fanon (1952/2008) também identificou a coexistência da filogenia, da ontologia e da sociogenia como catalisadores da alienação dos negros.

Nos textos *Sobre o narcisismo: uma introdução* (1914/1969), *Luto e melancolia* (1917/1969) e *Transitoriedade* (1916/2016), Freud destacou suas ideias sobre a importância do objeto na constituição psíquica do sujeito, bem como a relevância do trabalho de luto no processo de amadurecimento emocional. Além disso, ele também abordou a passagem das identificações primárias para as identificações edípicas, que ancoram as condições criativas para o curso do devir ético do sujeito.

As reflexões apresentadas sobre a ideia de bem-estar, a partir desse ponto, conectam-se com as proposições de Paim Filho e Maschke Paim (2023a) acerca do bem-estar branco e de seu simulacro, o mal-estar negro. Como profundo conhecedor da obra freudiana, em seu primeiro livro sobre o tema racial, o autor interpela os psicanalistas com a seguinte proposição:

> *um enfrentamento deve ser feito entre a psicanálise e os psicanalistas, com seu legado racista em prol de uma psicanálise e dos psicanalistas antirracistas que queremos ser. Condição a priori para a efetivação das singularidades do pensamento psicanalítico brasileiro/o decolonizar-se: racismo e colonização são elementos constitutivos da invenção do subalterno, com seu trabalho de servidão involuntária. (Paim Filho, 2021, p. 13)*

Com base nos primeiros estudos da historiadora Beatriz Nascimento, citada por David (2022), sobre os conceitos de quilombo, aquilombamento e do que atualmente é referido como subjetividade quilombola, observa-se que os processos de busca pelo bem-estar psíquico negro passam pelo que Mariléa de Almeida (2022) denominou "devir quilombola". Tanto para Nascimento quanto para Almeida, essa forma de identificação pode se dar a partir desse "espaço seguro" de acolhimento, reconhecimento e autocuidado psíquico. Para Beatriz Nascimento (como citado em David, 2022, p. 92), esses primeiros quilombos contemporâneos seriam os espaços sociais constituídos a partir das comunidades negras: os terreiros das religiões de matriz africana, as escolas de samba, os bailes *blacks* dos anos 1970 e, mais recentemente, os bailes *funks*, o movimento Hip Hop, os espaços de movimentos feministas negros – estes últimos criados como "espaços seguros" para a escuta da subjetividade feminina negra.

O que levaria à criação de espaços diferenciados em relação à clínica tanto para psicanalistas quanto para pacientes negras/negros/negres? A experiência negra tem sido traumática, quase majoritariamente, no que diz respeito ao *setting* psicanalítico eurocentrado e canônico. Isso quando a clínica reconhece minimamente o trauma relacionado à questão racial, pois o cotidiano é repleto de relatos de silenciamento diante do sofrimento racial.

Desse modo, a busca por espaços seguros, na clínica afeita à questão racial, passa obrigatoriamente pela constante pesquisa e discussão teórica, tornando simultâneos os processos de acolhimento, reconhecimento e autorreconhecimento das pessoas envolvidas, sejam aquelas que se deitam no divã, sejam aquelas autorizadas à escuta psicanalítica. Cabe lembrar que os estudos de Beatriz Nascimento partem do campo da História, o que implica a necessidade de buscar tais experiências e conectá-las com a Psicanálise.

De acordo com Paim Filho (2021), estão abertas as possibilidades de reflexão crítica e enfrentamento ao silêncio que se faz presente no campo psicanalítico quando o trauma provocado pelo racismo vem à tona no *setting* psicanalítico ou nos espaços de formação em Psicanálise no país do "Novo Mundo", que abriga a maior população negra fora de África.

Os traumas da subalternidade colonial se encontram infiltrados, seja na teoria psicanalítica, seja nas subjetividades de pacientes e em seus comportamentos cotidianos na sociedade brasileira contemporânea. Assim, estaremos diante de, no mínimo, um duplo desafio à instalação dos *devires* do bem-estar do povo negro em espaços de aquilombamento: descolonizar nossas subjetividades e descolonizar a psicanálise aqui pensada e praticada.

Seguindo esse traçado, aproximamo-nos das concepções de René Kaës, que nos permitem um maior aprofundamento metapsicológico na interação entre o singular e o coletivo. Afinal, somos seres grupais: a terra é nosso quilombo.

Precedência do grupo – alianças inconscientes e o pacto denegativo – um diálogo necessário na seara do racismo

René Kaës, por volta de 1986, apoiado nas ideias freudianas, introduz o conceito de alianças inconscientes, noção fértil para nos ajudar na compreensão da dinâmica implicada na relação entre bem-estar do povo branco e mal-estar do povo negro, sob a perspectiva dos fenômenos grupais inconscientes. Trata-se de grupalidades nas quais uma se reafirma a partir da destituição da outra, o que torna fundamental examinar processos psíquicos como alianças e pactos que fundam, alicerçam e promovem a manutenção dessas relações para ambos os grupos.

Um primeiro aspecto a ser considerado é a interseção entre a psique singular e a grupalidade, ou seja, entre os aspectos singulares e aqueles comuns e partilhados (Kaës, 1997; 2011). Apesar de se tratar de realidades não redutíveis uma à outra, essas são relações profundamente imbricadas, que produzem ressonâncias significativas tanto na constituição subjetiva quanto na produção de vínculos de pertencimento e lealdade aos grupos. A condição de imaturidade e absoluta dependência da cria humana a coloca em uma condição idiossincrática, uma vez que, desde os primórdios da vida, estamos submetidos a um emaranhado de desejos, pensamentos, afetos e ideais veiculados a partir do grupo-família, grupo primário por excelência, ao qual estamos em maior ou menor grau referidos.

Ao considerarmos o processo de subjetivação, incluímos uma espécie de compromisso, de contratualidade, imposto a todos, com o grupo originário, que precisará ser elaborado ao longo da vida: para ser investido pelos cuidadores primários e por todos os grupos aos quais os pais estão referidos e com os quais estão identificados, o *infans* – aquele que não pode falar por si – deve sujeitar-se aos ordenamentos de seu grupo nos mais diversos aspectos.

O grupo investirá em um novo membro, que passará a ser reconhecido como semelhante, desde que este, agora herdeiro e signatário, corresponda a partir de lugares complementares estabelecidos pelo grupo. Essa relação, marcada pela paradoxalidade, garante a entrada no grupo familiar enquanto membro, mas também requer, como contrapartida, a manutenção de vínculos de lealdade e continuidade. Essa concepção está no cerne do conceito de contrato narcísico, como formulado por Piera Aulagnier (1979). Essa realidade, que se constitui como fundamento da vida psíquica desde os primórdios, evidencia a precedência do grupo ao sujeito e nos permite investigar a trama de contratos, alianças e pactos que organizam as relações intersubjetivas e grupais.

Ao privilegiarmos a perspectiva dos vínculos, também podemos tornar evidentes as relações de identidade e lealdades aos grupos que nos compõem e aos quais nos ligamos desde as origens: o que permite sermos reconhecidos como semelhantes e nos investem enquanto tal, mas também as concessões impostas – o que precisa ser negado, silenciado e, por vezes, mortificado – para que algum investimento seja possível. Essa situação é exemplificada por Aulagnier (1979), ao abordar situações em que a mãe não consegue suportar os lampejos de diferenciação e autonomia de seu bebê. Nessas condições, o *infans* só pode ser reconhecido enquanto idêntico, como perfeita coincidência narcísica, o que, paradoxalmente, significa não poder ter uma existência própria. A grupalidade, portanto, além de constitucional, é nossa delícia, mas também nossa dor. Se, por um lado, somos fruto dos investimentos narcísicos de outros e muitos outros, das vozes e desejos de muitas gerações, tornando-nos indelevelmente sujeito e grupo, singular e plural, por outro, tal condição exige de nós investimentos – que são, portanto, igualmente narcísicos – recíprocos no grupo, sem o qual o Eu torna-se fragilizado.

Nesse sentido, ao ser tomado como semelhante e parte do corpo grupal, o sujeito se torna membro, mas também, nessa mesma condição, assume, ainda que de forma inconsciente, o grupo enquanto legado próprio, empregando energia psíquica em sua manutenção e perpetuação. Essa é, fundamentalmente, a função do contrato narcísico originário, que se baseia no investimento de autoconservação e define o contrato de filiação geracional, cuja função está a serviço do grupo e do sujeito do grupo. Essa contratualidade garante aos novos membros a inserção em um grupo de pertença, ao qual se veem vinculados a partir de mitos, dentre os quais o mito fundador, de fantasias e defesas compartilhadas.

Para Kaës (1997), o contrato narcísico tem como missão assegurar a continuidade do conjunto ao qual pertence e, em troca, transmite a cultura e "palavras de certeza" do conjunto social (p. 203). Segundo o autor, cada sujeito, de certa forma, deve retomar esse discurso por conta própria, sendo por meio dele que se liga ao ancestral fundador. Trazendo as contribuições de Aulagnier e Kaës para o que estamos discutindo acerca do bem-estar do povo branco e do mal-estar do povo negro, algumas questões podem ser enunciadas. Em um cenário de vínculos marcados pelo ideal brancocêntrico, a constituição psíquica de pessoas brancas e negras é profundamente marcada por esse ideário, produzindo efeitos nos dois grupos, ainda que de formas significativamente diferentes. Quais lugares são designados em um mundo cujo ideal é brancocêntrico (grande grupo) para sujeitos negros? A partir de uma lógica brancocêntrica, a quais condições na contratualidade sujeitos negros devem se submeter a fim de serem investidos como parte do corpo grupal?

Nesse cenário, é a manutenção da branquitude nos grupos que deve ser perpetuada a fim de que a consistência narcísica do grupo e dos sujeitos do grupo se mantenha e a fim de barrar os temores de dissolução dos vínculos entre seus membros e, logo, do próprio grupo. Tal dinâmica coloca como condição *sine qua non* que a racialização do branco permaneça invisibilizada, bem como fiquem silenciadas as violências praticadas.

Para o grupo de pessoas brancas, as relações com a branquitude produzem bem-estar, pois os aspectos narcísicos do grupo e dos sujeitos do grupo são investidos e reforçados, entretanto, para o grupo composto por sujeitos não brancos, a lealdade à branquitude se coloca como motriz de mal-estar e aniquilação. Isso se dá, no contexto que estamos discutindo, pela problemática identificatória imposta ao povo negro diante de um cenário de apagamento de sua história, da exclusão do acesso aos mitos de seus ancestrais e pela impossibilidade de ser reconhecido como sujeito singular – é sempre referido ao grupo, "negro", nunca sujeito, como semelhante e como parte de uma grupalidade que possa se constituir a partir da diferença. Nessas condições, aos sujeitos não brancos é ofertado o lugar – em troca de algum investimento – de *infans*, ou seja, daquele que não pode e não deve falar por si, ou seja, de um não lugar.

Seguindo essas proposições, apreende-se que a dimensão central do contrato narcísico está no fato de que, tanto no espaço intrapsíquico quanto no espaço de vínculo, o equilíbrio econômico entre o narcisismo e a tendência original se desprende de sua própria substância e cede parte de sua libido em prol do que está fora: só é possível o reconhecimento do outro a partir de sua integração ao grupo, a partir de sua integração à matéria comum, tornando-o extensão do narcisismo do grupo.

Isso nos remete ao que Freud já assinalava, em 1914, ao abordar os investimentos narcísicos dos pais em um filho. Se o grupo for saudável, o confronto com a alteridade do novo integrante e a "oxigenação" das representações veiculadas por esse novo membro e pelo próprio grupo nesse movimento expansivo trazem à tona o que Aulagnier (1979) nomeia como contrato secundário: o protótipo das identificações secundárias edípicas é um contrato de afiliação que redistribui os investimentos do contrato originário e que entra em conflito com ele, em especial quando o sujeito estabelece vínculos extrafamiliares. Para a mesma autora, essas duas espécies de contrato estão a serviço da vida e quando bem temperadas permitem ao grupo ir acomodando o novo, tornando o alteritário parte do grupo. Nessas condições, há possibilidade de reconhecimento do outro como semelhante.

Entretanto, há também situações em que o grupo não pode lidar com a diferença que o novo membro representa, impossibilitando o reconhecimento do outro como semelhante. Ao não ser reconhecido como igual, estrita coincidência narcísica, o outro somente pode ser reconhecido como diferença radical que não é tolerada e é atacada a partir de diversas formações defensivas. A esse sujeito não grupo, resta se adaptar, aceitando um pacto que permanece inconsciente, mesmo que isso implique grande sofrimento e até mesmo a morte física e psíquica. Nessa experiência, não estamos mais no campo da contratualidade, marcada pela lei e pelo reconhecimento da alteridade, mas na dimensão da pactualidade, marca de uma relação diádica. Aulagnier define o pacto narcísico como o resultado de uma atribuição imutável de um local de perfeita coincidência narcísica. Esse pacto é patogênico e mortífero e pertence à categoria das alianças alienantes (Kaës, 1997; 2011). Esse caso evoca a discussão que provocamos ao colocar a forma de agrupamento próprio do que denominamos como branquitude. Dessa perspectiva, tudo o que não é estritamente idêntico, ou seja, tudo o que é percebido como não branco, torna-se objeto a ser excluído do grupo.

A estratégia utilizada é a subtração da própria condição de humanidade do outro não idêntico. Aqui a lógica do semelhante evoca a diferença e convoca ao trabalho psíquico tornado insuportável. Como forma de se defender da perda e da dor (narcísica) evocadas pelas diferenças, recorre-se a pactos e alianças no seio do grupo que mantém o horror à diferença no terreno do silêncio e do irrepresentável. Estabelecem-se, assim, alianças alienantes entre os membros do grupo que denominamos branquitude que sustentam e reforçam mutuamente o silêncio em torno de seus próprios aspectos mortíferos e, ao mesmo tempo, fomentam a estrutura do grupo.

Kaës (1997) se debruçou de forma profunda sobre o funcionamento dos grupos e contribuiu de forma significativa para a compreensão da psique grupal e das alianças estabelecidas entre seus membros, que podem ser estruturantes ou alienantes nas relações intragrupo e com a realidade externa. Essas alianças são definidas como:

> *Uma formação psíquica intersubjetiva construída pelos sujeitos de um vínculo para reforçar em cada um deles e*

> *estabelecer, na base de seus vínculos, os investimentos narcísicos e objetais de que eles têm necessidade, os processos, as funções e as estruturas psíquicas que lhes são necessários e que resultem no recalque, na denegação, na rejeição ou na desautorização.* (Kaës, 1997, p. 199)

Ou seja, concerne a alianças presentes em todos os grupos, que utilizam diversos mecanismos defensivos a fim de promover a manutenção do grupo e de uma realidade psíquica própria. Os grupos podem defender-se daquilo que ameaça sua organização a partir de mecanismos mais permeáveis à representação como o recalcamento, mas também utilizar-se de mecanismos primitivos e, portanto, menos permeáveis à elaboração, como a forclusão e a denegação.

No contexto do que denominamos branquitude e negritude, tais mecanismos visam a expulsar da consciência grupal aspectos considerados diferentes. No primeiro caso, o que é retirado da consciência é o profundo horror às diferenças que o outro, semelhante, rejeitado por não ser idêntico, evoca, bem como a própria letalidade. No segundo, o que fica de fora é a própria condição de sofrimento, de exclusão e de dor, ao ser relegado ao lugar de não pertencimento, de não humanidade.

Não são incomuns as reações disruptivas, de caráter expulsivo, marcadas pelo predomínio de identificações projetivas maciças, que outorgam matizes deliroides e paranoides (psicóticos), as quais emergem no grupo da branquitude quando o seu racismo é apontado. Também não são incomuns os quadros melancólicos na população negra, que nos dão notícias das dores vividas, mas não sentidas, como o "banzo", que Paim Filho (2021; 2023b) evoca tão bem.

As alianças inconscientes, em sua dimensão estruturante, são complementares, solidárias e sinérgicas em relação ao grupo, podendo apenas ser mantidas a partir de um contrato de renúncia. Nesse sentido, elas são mantidas na medida em que o contrato narcísico assume suas funções principais e é reciprocamente alimentado pelos membros do grupo (Kaës, 1997). Nessa perspectiva, Kaës retoma as ideias apresentadas por Freud em *Totem e Tabu* (1912-1914/2012), para indicar a presença de dois tipos de alianças: o pacto que liga os irmãos no assassinato repetitivo do pai da horda primeva e o contrato totêmico que os associa ao Pai simbolizado e, a partir daí, entre si mesmos.

Para Kaës (1997), o pacto dos irmãos entre si refere-se a uma aliança ofensiva que tinha por objetivo suprimir o Pai todo-poderoso. Para viverem juntos e escaparem da repetição, os irmãos tiveram que inventar a passagem de uma relação de poder para uma relação de autoridade, o que se efetivou a partir de três interditos organizadores: a proibição do incesto, a instituição do tabu e a proibição do fratricídio.

De início ofensiva e destruidora, a aliança entre os irmãos torna-se estruturante. Se, da perspectiva de uma comunidade de humanos, reconhecemos a dimensão fundamental e estruturante dos contratos e da lei que funda a civilização – opondo-se ao horror, à tirania e à lei do mais forte, de uma perspectiva racializada, essa discussão complexifica-se: e quando outro ser não é considerado parte do grupo de irmãos, como semelhante? E quando é considerado inferior, sub-humanizado como no caso de sujeitos negros? Pode um sujeito não reconhecido como semelhante compartilhar do mesmo pacto? Estaria o grupo da negritude protegido pelo mesmo pacto que protege os irmãos brancos?

Na lógica da branquitude que estamos discutindo, as interdições e tabus se inscrevem, para este coletivo, apenas em suas relações com o idêntico, com aqueles que são reconhecidos como corpo grupal. Entretanto, nas relações com o povo negro ou com tudo o que é não branco, não chega a ser estabelecido um verdadeiro trabalho de sublimação, alicerçado em uma relação ética com o semelhante, uma vez que não envolve reflexões, reconhecimento e responsabilização em relação ao que é produzido pelo grupo em relação aos dessemelhantes.

Outra contratualidade estruturante assinalada por Kaës (1997) diz respeito ao contrato de renúncia à realização direta dos fins pulsionais destrutivos que tem por objetivo assegurar a transmissibilidade dos interditos e dos ideais comuns. A partir das considerações contidas no *Mal-estar na civilização* (Freud, 1930/1996), Kaës relembra que o direito que funda a comunidade exige que, para nos beneficiarmos da proteção da comunidade, devemos, em troca, renunciar a certas satisfações.

Nesse acordo, ninguém mais tem o direito de submeter o outro ao arbítrio próprio. No entanto, ao longo da história da humanidade, percebemos que esse pacto nem sequer é considerado nas relações que ocorrem fora do limiar da branquitude e constatamos que essa aliança não inclui e, muito menos protege, sujeitos colocados na posição de "mais além" da civilização e, por isso também, frequentemente associados à barbárie e à violência.

Assim, no que diz respeito às relações da branquitude com tudo o que não é idêntico, que não é reconhecido como grupo, essas relações se dão à margem do pacto civilizatório e remetem ao poder do pai tirânico, avesso às interdições e às renúncias.

Além das alianças estruturantes, Kaës (1997) também assinala a existência de outras alianças nos grupos, como as ofensivas, as defensivas e as alienantes. Tais alianças têm caráter desestruturante e/ou perverso. As alianças ofensivas são definidas pelo autor como aquelas em que um grupo estabelece uma coalizão organizada que tem por intuito um ataque contra um outro ou mais que um outro, a fim de exercer influência sobre ele, dominá-lo ou destruí-lo. Referem-se a uma modalidade do agir violento, com intenção destrutiva em relação ao outro.

As alianças defensivas, por sua vez, protegem o grupo do contato com tudo o que é "não grupo" e que possa ser experimentado como ameaçador e potencialmente perigoso para a coesão e a manutenção dos vínculos grupais e para a economia psíquica de cada sujeito implicado na grupalidade. É diferente das alianças ofensivas, na qual aspectos identificados como "não grupo" são atacados ofensivamente, haja vista serem experimentados como um mal a ser eliminado, pois, nesse tipo de aliança, o grupo busca se proteger, se blindar e mesmo passar imune no contato com o "não grupo", sentido e vivido de forma igualmente ameaçadora para a integridade grupal.

Esse tipo de aliança passa a ser utilizado para fins de proteção, seja ao contato com o "estranho"/"estrangeiro", seja pela impossibilidade de reagir ofensivamente. Ela permite que a branquitude, enquanto aspecto central da identidade grupal, mantenha-se invisível no seio dos grupos, aliás, esse aspecto é parte de sua definição; e, nos grupos negros, favorece o fenômeno descrito por Kaës, a partir das contribuições de S. Amati Sas (2005) como *adaptação a qualquer coisa*. Essa adaptação forçada é observada em grupos submetidos a violências catastróficas coletivas, insustentáveis para a realidade psíquica.

A fim de manter a coesão grupal e psíquica, recorre-se ao uso de defesas poderosas, de modo que tais experiências possam ser suportadas e vividas como banais ou aceitáveis. Kaës, ao abordar esse fenômeno, remete, no plano grupal, ao que Ferenczi (1933/2011), em uma leitura mais individualizada, aborda a respeito da identificação com o agressor e da passividade decorrentes do trauma. Um exemplo que nos ajuda a pensar na manifestação dessa adaptação forçada diz respeito às situações enfrentadas pela população negra brasileira em relação à violência de Estado e à consequente banalização de eventos terríveis, que permanecem sem os devidos espaços de reconhecimento e de enfrentamento, produzindo efeitos deletérios não apenas para as vítimas diretas, mas para todo o corpo grupal.

Ainda no campo das alianças, Kaës (1997; 2011) propõe o reconhecimento de um tipo de aliança defensiva, bastante radical, que denominou de pacto denegativo. Esse pacto é definido como um acordo inconsciente sobre o inconsciente, que é imposto ou concluído mutuamente para que o vínculo se organize e se mantenha na complementaridade dos interesses de cada sujeito e de seu vínculo.

O preço do vínculo é precisamente *que algo seja inconcebível*, mantido na economia do grupo como impensável e impronunciável. Trata-se de um tipo de pactuação que visa a manter à distância do grupo e do psiquismo de cada membro a emergência de angústias catastróficas, que ameaçam a capacidade de contenção e elaboração do grupo e, consequentemente, a manutenção dos vínculos. Esse pacto poderoso deixa de fora do vínculo aspectos terroríficos, inclusive a própria violência e destrutividade grupal, impedindo, por conseguinte, a emergência do sentimento de culpa reparatória, da responsabilização e da reparação.

Além disso, no grupo da branquitude, também se mantém apartado o reconhecimento de que seu bem-estar é mantido à custa do mal-estar de tudo o que não é idêntico a si mesmo. Para o grupo da negritude, isso implica o não reconhecimento das opressões, das violências, do horror e do apagamento: não incomuns são as falas de pessoas negras a respeito da inexistência do racismo ou mesmo sobre nunca terem sofrido racismo.

O pacto denegativo é uma metadefesa, baseada em diversas operações defensivas de ataque e denegação, mas também de negação e desautorização, de rejeição, enquistamento e forclusão (Kaës, 1997, p. 204). Ao mesmo tempo que compõe o vínculo, cria, neste, o não significável, o não transformável, zonas de silêncio, bolsas de intoxicação que mantêm os sujeitos de um vínculo alheios à sua própria história e à história dos outros. O pacto denegativo mobiliza vários mecanismos de defesa no grupo da branquitude: o recalque conjunto da própria condição de grupalidade, a denegação em comum da escravização, a recusa à renúncia à realização direta dos fins pulsionais destrutivos diante da satisfação em desumanizar o semelhante e espoliá-lo, um lugar insustentável de representação.

Kaës (1997) também aborda o retorno dos conteúdos tornados inconscientes no vínculo. Esses conteúdos podem retornar a partir de sonhos, transferências e sintomas compartilhados, caso se trate de conteúdos simbolizáveis. Quando se trata de conteúdos inconscientes arcaicos, não recalcados, denegados ou forcluídos, seu retorno ocorre por meio de *actings*, clivagens, delírios coletivos, objetos brutos, bizarros ou significantes enigmáticos.

Entendemos que a grande questão na problemática racial, e o nosso desafio enquanto analistas, não está no que é recalcado, pois esse material tem maior potencialidade de ser trabalhado, mas naquilo que pertence à ordem da denegação e da forclusão. Esse campo psíquico ligado a aspectos da ordem do irrepresentável e do denegado é muito mais dramático, porque a possibilidade para a branquitude se conectar com isso é muito mais trabalhosa.

O que é da ordem do recalque possui um espaço psíquico mais factível de aproximação, o que nos dá maior campo de intervenção, especialmente a partir do letramento racial. Entretanto, para acessar mecanismos primitivos que estruturam o aparato psíquico, que se situam no mais além do princípio do prazer, o letramento é uma intervenção insuficiente, restando, nesse caso, o trabalho terapêutico, que envolve a transferência, a contratransferência e os recursos singulares para o trabalho psíquico de elaboração.

A partir de uma leitura racializada, podemos pensar que, no grupo denominado branquitude, é proposto um acordo tácito para não entrar em contato com aquilo que seus ancestrais colonizadores perpetuaram no continente africano e na diáspora negra latino-americana, considerando suas especificidades. Ao não enfrentar a angústia sentida perante a história que o constitui, esse grupo perde sua capacidade analítica e reparadora. Refugia-se em uma realidade psíquica específica do próprio grupo, e o que foi sentido como angústia não pode ser simbolizado coletivamente. A atitude de recusa e rejeição em admitir o processo histórico escravocrata favorece *actings* que impossibilitam uma possível emancipação desse lugar de rigidez defensiva e o enfrentamento do racismo.

O bem-estar e o mal-estar na vida de um povo: a eterna repetição do mesmo

No dia 25 de março deste ano sofri minha 16ª abordagem policial. (Jeferson Tenório)

Retomaremos o epílogo para exemplificar a permanência do racismo na vida cotidiana do povo negro. Com o cuidado de não invadir a privacidade dos personagens, trabalharemos o relato de Tenório como mais uma narrativa do comum de nossas vidas: a violência sobre os corpos negros. Tendo essa perspectiva como norteadora, desenvolveremos a análise a partir da força de um real traumático que se impõe, acionando o desejo de estabelecer um diálogo hipotético com nossas concepções teóricas sobre a problemática do "bem-estar" do branco *versus* o "mal-estar" do negro. Destacamos que nos ocuparemos de um exercício de teorização comprometido com a construção de um autêntico "bem-estar" para a coletividade negra.

Tomando o roteiro vivido e escrito pelo autor de *O avesso da pele* (2020) como interlocutor, fomos impactados – "Tudo tão inacreditável. Tudo tão triste" – em um primeiro momento, pelo sabido por todos nós, mesmo assim, muitas vezes renegado, que o racismo nos atinge, a todo momento, independentemente da nossa ascensão social: ser um autor consagrado não o protege – a raça vem antes da classe – "minha 16ª abordagem policial". Nesse contexto, uma pergunta grita: quantas vezes você, leitor, homem branco, foi abordado pela polícia?

Prosseguindo, grafamos mais uma das passagens descritas pelo premiado autor, ganhador do prêmio Jabuti 2021: "Na ocasião, eu estava recebendo um fotógrafo do *The New York Times* em minha casa para uma sessão de fotos para uma matéria sobre meu livro *O avesso da pele*." Atreveríamo-nos a pensar que esse momento seria emblemático para caracterizar um cenário de pleno "bem-estar": mais um reconhecimento de sua trajetória exitosa, rompendo com as fronteiras restritivas do racismo e das lógicas coloniais.

Entretanto, como dizem os poetas Veloso e Gil (1969) "é preciso estar atento e forte", pois rapidamente temos uma mudança de cenário, surgem os representantes dos princípios norteadores da branquitude – os policiais: "Foi nesse momento que uma viatura da Brigada Militar parou atrás de nós. Os polícias saíram apontando as armas com frases de mão na cabeça.".

Compreendemos que, nesse momento, começam a ser redesenhados os mecanismos psíquicos, proposto por Kaës, com seus desdobramentos na ordem social: as alianças inconscientes, regidas, em especial, pelo pacto denegativo, determinam alianças defensivas entre Estado e Polícia: "*Sob a mira da arma, fomos revistados.* Neste momento comecei a suar frio e fiz um esforço para manter minhas mãos na cabeça, fiquei nervoso pois todas as imagens de violência policial que tanto critico, estava novamente acontecendo comigo.": a eterna repetição do mesmo – a violência, a brutalidade, a desumanidade e a crueldade, agentes do "mal-estar", agindo ininterruptamente sobre nós.

A história, ainda não contada, não problematizada, não elaborada, segue abastecendo o motor da compulsão à repetição: a mirada lançada sobre negros e negras é aquela que carrega a certeza de que somos seres destituídos de razão, governados por força exclusiva da pulsão de destruição. No entanto, o tempo todo, é a destrutividade do povo branco que exerce seu protagonismo na cultura colonial...

Decortinando-nos das próximas cenas, repetições da força da pulsão de destruição do povo não negro, deparamo-nos com a ideologia do *apartheid*: "Mandaram baixar as mãos lentamente, a partir desse momento todas as explicações da abordagem foram dadas para o fotógrafo, que era um homem branco. Fui ignorado como se não merecesse a explicação". Escutemos a afirmação – "fui ignorado". Eis aqui a presença de uma alucinação negativa: um corpo negro/um homem/um sujeito é desconsiderado de sua existência/humanidade. Quem merece explicações? Os chamados "cidadãos de bem", entenda-se, neste caso, o homem branco. Recordemos que essa alucinação negativa desdobra em uma positiva, que rematerializa uma única visibilidade possível, no universo brancocêntrico: o povo negro representando o que tem de abjeto no mundo – homem branco: um usuário (vítima); homem negro um traficante (algoz).

Toda essa narrativa revela, de forma contundente, como o racismo estrutural se ramifica em todos os segmentos da ordem social, porém sua ação mortífera se faz mais ferrenha quando executada por um braço do estado – a Brigada Militar. Braço este que, como uma extensão dos capitães do mato, segue caçando, encarcerando e matando o povo negro, ratificando que suas vidas não importam. Nesse contexto, questionamos: como o policial se identifica étnico-racialmente? Seria um homem negro, tal qual o escritor abordado na condição de suposto traficante? Não tivemos acesso a informações sobre a cor da pele do policial que fez a abordagem, mas esse questionamento permite refletir sobre o racismo estrutural brasileiro e os efeitos de alianças alienantes, a partir da constatação de que grande parte do contingente de agentes da Polícia Militar – praças – é composta por homens negros. São esses mesmos agentes que atuam historicamente como força do Estado na repressão de pessoas negras.

Nascimento (2015), em pesquisa sobre a escolha de homens negros pela carreira na Polícia Militar, apontou como elemento prioritário a presença de pessoas da família na profissão, seguida pela expectativa de reconhecimento e pertencimento. A pesquisa também abordou a presença da tese, sustentada por esses agentes, de que, ao usar a farda, não seriam mais considerados perigosos, pois estariam a serviço da nação, ou seja, a expectativa de que a farda, tal qual simulacro identitário, permitisse o encobrimento da negritude. Observamos, na vida social, os efeitos alienantes de alianças perversas que atuam na transmissão e perpetuação de uma herança maldita, compondo o que Munanga (2020) denomina o "crime perfeito".

Entretanto, seguimos existindo, resistindo e lutando pelo nosso "bem-estar". Acreditamos, entre as inúmeras formas de luta, na vitalidade que transforma nossa força ancestral oral, na força da transmissão escrita: "Refleti muito se deveria publicar mais este caso". Ter autores negros como modelo identificatório, que ressignificam o complexo do semelhante, que não silenciam, apesar do desgaste emocional e pessoal, faz a diferença: suas palavras são armas potentes, por exemplo, para a ruptura do pacto denegativo e do poder de hierarquizar povos por parte da branquitude.

Seguindo essa trajetória, sentimos ressoar em nós as palavras anticoloniais de Fanon (1961/2022, p. 207): "Cada geração, numa relativa opacidade, deve descobrir sua missão, cumpri-la ou traí-la". Nesse ressoar, emerge um interrogante: qual a nossa *missão*? Pensamos, balizados por uma relativa opacidade, que, como sujeitos racializados e psicanalistas inseridos numa coletividade, devemos seguir tensionando, desacomodando, denunciando, inquirindo os preceitos brancocêntricos, que regem o saber instituído na psicanálise e em suas instituições. Contudo, a fim de viabilizar nossa missão, faz-se necessário, também, instrumentalizar uma escuta clínica e política que possa contribuir para um efetivo reposicionamento do pensamento psicanalítico: condição que aspiramos alcançar para *cumprir e não trair nossa missão*.

Referências

Almeida, M. (2022). *Devir quilomba: antirracismo, afeto e política nas práticas de mulheres quilombolas*. Elefante.

Amati Sas, S. (2005). L'interprétation dans le trans subjectif: réflexions sur l'ambiguïté et les espaces psychiques. *Revue de Psychothérapies.*

Aulagnier, P. (1979). *A violência da interpretação: do pictograma ao enunciado* (M. C. Pellegrino, Trad.). Imago.

Bento, C. (2022). *O pacto da branquitude.* Companhia das Letras.

Birman, J. (2017). *Arquivos do mal-estar e da resistência* (2a ed.). Civilização Brasileira.

David, E. C. (2022). *Saúde mental e racismo: saberes e saber-fazer desnorteado na/para a Reforma Psiquiátrica brasileira antimanicolonial* [Tese de doutorado, Pontifícia Universidade Católica de São Paulo].

Fanon, F. (2008). *Pele negra, máscaras brancas* (R. da Silveira, Trad.). EDUFRA. (Obra original publicada em 1952)

Fanon, F. (2022). *Condenados da terra* (L. R. F. Ferreira e R. S. Campos, Trads.). Zahar. (Obra original publicada em 1961).

Ferenczi, S. (2011). Confusão de línguas entre adultos e crianças. In *Psicanálise III.* Martins Fontes. (Obra original publicada em 1933)

Freud, S. (1969). A história do movimento psicanalítico, artigos sobre a metapsicologia e outros trabalhos. In *Obras completas de Sigmund Freud* (Vol. 11). Imago. (Obra original publicada em 1914–1916)

Freud, S. (1969). Luto e melancolia. In *Edição standard brasileira das obras psicológicas completas de Sigmund Freud* (Vol. 15). Imago. (Obra original publicada em 1917)

Freud, S. (1969). O futuro de uma ilusão, O mal-estar na civilização e outros trabalhos. In *Obras completas de Sigmund Freud* (Vol. 21). Imago. (Obra original publicada em 1927-1931)

Freud, S. (1969). Sobre o narcisismo: uma introdução. In *Edição standard brasileira das obras psicológicas completas de Sigmund Freud* (Vol. 14, p. 98). Imago. (Obra original publicada em 1914)

Freud, S. (1996). O mal-estar na civilização. In *Edição standard brasileira das obras psicológicas completas de Sigmund Freud* (Vol. 21). Imago. (Obra original publicada em 1930)

Freud, S. (2003). *Notas a Projeto para uma psicologia: as origens utilitárias da psicanálise* (O. F. Gaby, Org.). Imago. (Obra original publicada em 1895)

Freud, S. (2012). Totem e tabu. In *Obras completas de Sigmund Freud* (Vol. 11). Companhia das Letras. (Obra original publicada em 1912-1914)

Freud, S. (2016). Transitoriedade. In *Arte, literatura e os artistas.* (E. Chaves, Trad.). Autêntica. (Obra original publicada em 1916)

Gerber, R. (Diretor). (1989). *Ôrí* [Filme]. Brasil.

Kaës, R. (1997). *O grupo e o sujeito do grupo: elementos para uma teoria psicanalítica.* Casa do Psicólogo.

Kaës, R. (2011). *Um singular plural: a psicanálise à prova do grupo.* Edições Loyola.

Mbembe, A. (2018). *Crítica da razão negra.* n-1 edições.

Munanga, K. (2020). *Negritude: usos e sentidos.* Autêntica.

Nascimento, A. M. (2015, julho). Tem que ter raça: Polícia militar como possibilidade de ascensão social negra. In *V Reunião Equatorial de Antropologia e XIV Reunião de Antropólogos do Norte e do Nordeste.* Maceió, AL.

Paim Filho, I. A. (2021). *Racismo: por uma psicanálise implicada.* Artes & Ecos.

Paim Filho, I. A., & Maschke Paim, A. (2023a, agosto). O simulacro narcísico da branquitude e a ausência da barreira da compaixão. *Revista Cult*, 26(296).

Paim Filho, I. A., & Maschke Paim, A. (2023b). *Racismo e psicanálise: a saída da grande noite.* Artes & Ecos.

Schwarcz, L. M. (2024). *Imagens da branquitude: a presença da ausência*. Companhia das Letras.

Tenório, J. (2020). *O avesso da pele*. Companhia das Letras.

Vargas, J. H. C. (2020). Racismo não dá conta: antinegritude, a dinâmica ontológica e social definidora da modernidade. *Revista Em Pauta*, 18(45), 16–26. https://doi.org/10.12957/rep.2020.47201

Veloso, C., & Gil, G. (1969). *Divino, Maravilhoso* [Canção]. Gal Costa. Philips.

PARTE 2

Os caminhos possíveis: ações afirmativas nas instituições psicanalíticas – *derretendo o asfalto*

8. Que cor tem o IEPP?

Comissão de Ações Afirmativas

Introdução

Durante os últimos cinco anos, temos visto um movimento de abertura nas instituições de formação psicanalítica referente às temáticas raciais, às ações afirmativas e ao papel da psicanálise diante das vivências contemporâneas.

Desde 2020, a discussão sobre a implementação de ações afirmativas, racismo estrutural, branquitude e psicanálise implicada tem sido recorrente em nossa instituição. Apesar do histórico do Instituto de Ensino e Pesquisa em Psicoterapia (IEPP) de trabalhar com grupos em situação de vulnerabilidade, como crianças e instituições de proteção especial, esses temas não haviam sido foco central nos eventos científicos e de ensino.

Mais que isso, percebemos que nossa instituição carecia da presença não só das temáticas raciais, mas também da presença de pessoas e pensadores negros compondo o corpo de sócios da instituição, e não somente de pacientes que chegavam à nossa clínica institucional. Aqui se inicia uma série de questionamentos referentes a uma posição institucional histórica excludente e racista. Estaria nossa instituição indiferente ao diferente, para além de seu grupo branco? O que estava passando "em branco"?

Deparar-se com a constatação de que nossa instituição psicanalítica não estava livre de reproduzir o racismo estrutural foi – e é – um processo longo e que exigiu mudanças estruturais e coletivas na forma de escutar, estudar e na nossa formação.

No IEPP, durante a gestão de 2021-2023, definiu-se como prioridade a abordagem da Psicanálise Implicada. Foram organizados eventos sobre racismo estrutural, marginalização e democracia. A XXVII Jornada do IEPP – "Falas que calam silêncios que falam" – marcou a primeira oferta de vagas de ações afirmativas para pessoas negras e indígenas, bem como para beneficiários dos programas de educação do governo. Entretanto, não houve inscrições nessa modalidade, o que levantou questionamentos sobre a dificuldade da instituição em chegar e se comunicar com o público negro. Foi nesse momento que se começou a traçar o título de nosso artigo: "Que cor tem o IEPP? Por que negras e negros não chegam ao IEPP? Qual a nossa responsabilidade enquanto instituição diante disso?"

No ano de 2021, a gestão Escuta e Ação assume a coordenação executiva do IEPP com o objetivo de efetivar o programa de cotas raciais. No início de 2022, um grupo de sócios participou de encontros promovidos pelo Conselho Regional de Psicologia para fomentar a criação de vagas raciais em instituições de formação. Em março de 2022, a proposta foi discutida entre todos os sócios e aprovada. Assim, foi criado o Grupo de Trabalho de Ações Afirmativas.

Desde 17 de março de 2022, o Grupo de Trabalho (GT) estabeleceu reuniões semanais para aprofundar a discussão sobre cotas raciais e estruturar um projeto piloto, abrindo uma vaga para candidatos negros. Paralelamente, cada departamento do IEPP foi incentivado a refletir, junto ao GT, sobre formas de participação no projeto. Também foram realizadas consultas com outras instituições psicanalíticas, como a Sociedade Brasileira de Psicanálise do Rio de Janeiro e o Grupo de Estudos Relações Raciais e Psicanálise do Estudos Integrados em Psicanálise (ESIP), o que resultou em trocas significativas.

A participação de todos os departamentos que constituem o IEPP foi fundamental para a consolidação das ações afirmativas na nossa instituição. O IEPP é dividido em sete departamentos coordenados pelos sócios: Ensino, Clínica, Científico, Comunicação, Administrativo, Financeiro e Psicanálise Implicada. Esses departamentos são compostos por comissões que articulam ações, eventos, projetos e cursos. Nosso grupo de trabalho – atualmente já estabelecido como uma comissão – faz parte do Departamento de Psicanálise Implicada. Ao longo da construção de nosso projeto e da organização de nossa comissão, vimos o quanto é necessário que o debate faça parte de todos os departamentos e comissões, para que seja construído como uma posição institucional integrada.

Isso refletiu na forma como decidimos realizar essa escrita. Pensamos que seria mais coerente com o jeito da nossa instituição, e com a maneira como trabalhamos na comissão, fazer um relato de experiência de como foi, e segue sendo, viver as mudanças a partir da implementação das ações afirmativas, com as reviravoltas, incômodos e desafios que se apresentam. Para isso, convidamos colegas de diferentes categorias de sócios, participantes da comissão e pessoas que ingressaram por meio das ações afirmativas, a fim de que escrevessem o que os marcou nesse período em que estão inseridos no trabalho da comissão e no IEPP. Além disso, trouxemos também dois fragmentos de eventos que realizamos para o público externo que foram experiências interessantes para a discussão.

Para situar nossa posição atual, ao fim de 2023, o projeto foi formalizado e encaminhado à Direção do IEPP para avaliação e aprovação, representando um passo fundamental na construção de um modelo institucional mais inclusivo e equitativo. Após esse processo, o grupo se tornou uma comissão permanente na instituição, visando dar seguimento ao trabalho, não só de acompanhamento dos sócios que ingressaram por essa política, mas também de consolidação de uma posição institucional que precisa ser continuamente fortalecida.

Vivências que não passaram em branco

As vivências que tivemos nos eventos preparatórios para a XXVIII Jornada do IEPP – "Racismo à brasileira: a branquitude nos habita" – exemplificam as ramificações do debate sobre o racismo e a transmissão da psicanálise em nossa instituição. Elas indicam como temos dificuldade em desamarrar nossa escuta, já que é desafiador refletir sobre nossas estruturas de poder, que são permissivas ao ignorar o que foge do padrão imposto por elas (Foucault, 1977/2020). A própria existência da nossa jornada levanta indagações: por que precisamos ter um momento específico para falar disso? Será que esses temas já não deveriam estar presentes em nossa formação? Eles também não são constituidores do psiquismo? Esses pensamentos apontam para nossa dificuldade de escutar o diferente, o "resto" (Gondar, 2018).

No "Leituras Compartilhadas", primeiro evento preparatório da jornada do qual participamos, tivemos uma importante experiência. A dinâmica desse evento é convidar colegas que estudam determinado tema para sugerir uma leitura que será realizada em conjunto durante a apresentação e com a presença de público externo. Escolhemos para essa leitura o capítulo "A Máscara" da Grada Kilomba. Ao começar, ficamos preocupadas com a ausência inicial de câmeras ligadas, porém, notamos que a maioria dos participantes era formada por não sócios do IEPP. Em meio à leitura do texto, uma manifestação no chat da plataforma nos chamou a atenção: a mensagem escrita por uma participante do evento dizia que estava muito difícil estar ali conosco, o que tornava insuportável seguir na discussão com o grupo.

Escolhemos parar a leitura do texto e discutir o que poderia ter acontecido. O grupo reunido sugeriu que o debate sobre esse texto, conduzido por pessoas brancas, poderia ter gerado algum desconforto. É importante destacar que, nesse momento, as câmeras foram se abrindo e pudemos ver que a maioria dos participantes era composta por pessoas negras. Não consigo lembrar de nenhum evento proporcionado pelo IEPP em que o público fosse majoritariamente negro, e acredito que não estávamos preparados para que essa discussão surgisse naquele momento. Usamos a palavra "discussão", porém naquele momento, escutamos mais do que falamos, para ser coerente com o projeto que nossa instituição estava começando a construir.

Os participantes ressaltaram a importância desses momentos de discussão dentro das instituições majoritariamente brancas, contudo, é preciso reconhecer que essas marcas estão inscritas em todos nós. A resistência ao pensamento autoritário também implica reconhecer nossa atuação na sua perpetuação. O desconforto manifestado pelos participantes pode ser entendido como uma faceta desse embate, no qual a discussão, mesmo com desejo de construir um espaço seguro de debate, mobilizou dinâmicas de poder subjacentes (Foucault, 1977/2020).

Não sabemos o que motivou a maioria dos participantes a manter as câmeras fechadas, mas, entre várias hipóteses, é possível que tenha sido uma estratégia de proteção ao entrar em uma instituição branca, em um ambiente lido como excludente. A manifestação de extremo desconforto da colega possibilitou que o debate fosse aberto à nossa implicação na manutenção desse padrão de pensamento totalitário. Ao sair do roteiro do evento e abrir espaço para a fala dos participantes possibilitou um momento de desconstrução da transmissão do conhecimento, subvertendo a hierarquia esperada.

Nossa segunda experiência foi em um evento preparatório da jornada, intitulado *Psicanálise em movimento: por ações afirmativas* (evento híbrido realizado em agosto de 2023), com participação da psicanalista Wânia Cidade, voltado à discussão sobre ações afirmativas nas instituições. Na preparação para esse evento, o grupo escolheu uma imagem de divulgação que gerou discordâncias por destacar, em sua maioria, mãos brancas em um debate sobre ações afirmativas. Em um primeiro momento, ficamos muito resistentes em trocar a imagem, já que a temática e a convidada também são formas de comunicação. Manifestações do inconsciente como essa estão presentes em nossa rotina; outra questão observada nesse mesmo evento com a psicanalista negra foi a forma como ele foi divulgado: todos os eventos anteriores traziam no *card* a imagem do convidado, majoritariamente branco, enquanto o de Wania, psicanalista negra, que falaria sobre questões raciais e a angústia da branquitude, nenhuma imagem da intelectual foi preparada para tal.

Acreditamos que a resistência veio do choque ao perceber que também estávamos perpetuando um mecanismo excludente, mesmo tentando promover espaços críticos e políticas mais inclusivas em nossa instituição (Foucault, 1977/2020). A insistência em manter a imagem branca foi uma tentativa, mesmo que inconsciente, de neutralizar quem não é escutado, ou seja, as pessoas que apontavam a incoerência simbólica do debate proposto com a imagem de divulgação.

A psicanálise se posiciona como um movimento disposto a lidar com o que não é escutado, com quem fica às margens. Contudo, as instituições não estão imunes à lógica de homogeneização e exclusão presentes no mundo. No entanto, o medo de lidar com o singular pode levar à repetição das teorias, sem questionamento crítico, afastando-nos da disruptividade do movimento psicanalítico (Ferenczi, 1932/1990).

Esses eventos que estamos relatando fizeram parte de uma iniciativa da instituição para repensar as epistemologias. Além desses momentos externos, também realizamos algumas iniciativas somente com os sócios do IEPP. Nesses espaços, foi possível escutar a opinião dos colegas, as dúvidas e sugestões sobre esses primeiros passos em direção a uma posição política de mais equidade. É importante ressaltar que, até aquela jornada, a pauta racial não ocupava essa forma no IEPP, mesmo com grande parte dos pacientes atendidos na clínica pelos estagiários sendo negros.

Os eventos que usamos para ilustrar o relato fazem parte da manutenção e do fortalecimento do projeto de ações afirmativas em nossa instituição, com o objetivo não apenas de promover a entrada de sócios, mas também a promoção de estudo de autores negros que não estavam incluídos em nosso currículo. Contudo, ao observarmos a baixa adesão de pessoas negras, tanto estudantes quanto profissionais, nesses momentos, percebemos a necessidade de aprofundar esse debate: o que segue passando em branco?

Até a criação do Grupo de Trabalho de Ações Afirmativas, a pauta racial não era um tema que aparecia em nossos seminários de formação ou durante o estágio. Mesmo com pacientes negros em nossa clínica, os temas relacionados ao racismo, à branquitude e à negritude não habitavam nossos seminários. Será que esse silenciamento não faz parte da formação? Que inscrição isso tem em nossa construção como psicoterapeutas de orientação analítica? Ao não incluir as vozes negras em nossa instituição, contribuímos para a perpetuação de um espaço que valoriza uma visão de mundo hegemônica, criando obstáculos para o acesso da população negra à psicanálise e diminuindo nossa capacidade de escuta e aprendizado.

Ao refletirmos sobre a baixa adesão de pessoas negras aos nossos eventos, precisamos nos questionar: estamos criando um ambiente de inclusão ou mantendo um modelo de exclusão sutil, baseado na manutenção das normas da branquitude? Para seguir pensando essas questões e questionando as inscrições que essa maneira de transmitir a psicanálise provoca nos terapeutas, apresentamos a seguir um relato da experiência da Laura Inda. À época da escrita deste relato, ela era estagiária e, hoje, é sócia aspirante do IEPP:

> Minha jornada no Instituto de Ensino e Pesquisa em Psicoterapia (IEPP) começou através do estágio clínico, ainda como estudante de Psicologia. A dinâmica do estágio possui uma estrutura que se assemelha à formação em orientação psicanalítica, tínhamos supervisões individuais, seminários clínicos e seminários teóricos semanalmente, porém tudo se desdobrava em dois semestres, totalizando um ano.

No primeiro semestre, fomos conduzidos por textos densos sobre a técnica psicanalítica, o *setting*, os contratos terapêuticos e alguns textos fundamentais de Freud, que embasaram nossas primeiras incursões teóricas. O que me inquietou foi a constatação de que, apesar da predominância de pacientes pretos e pardos buscando psicoterapia, o primeiro contato direto com a temática do racismo e psicanálise só se deu seis meses após o início do estágio. E, ao final de um ano de intensas discussões, apenas dois textos foram dedicados a essa reflexão, sendo que um deles foi escrito por uma psicanalista branca.

Naquele momento, éramos um grupo de cinco estagiárias – mulheres cis brancas e graduandas de universidades privadas. Esse ponto de partida, por si só, abre grande margem para reflexões sobre os próprios pressupostos de classe, raça e gênero que estavam presentes no processo formativo. Como as diferentes formas de privilégio e opressão se entrelaçam nas práticas e nos saberes da psicologia e da psicanálise?

Em um cenário brasileiro em que a população negra é maioria (IBGE, 2024), não faz sentido postergar uma abordagem sobre esse tema tão crucial. Esse descompasso me levou a refletir sobre a urgência de se discutir o racismo no contexto da formação de futuros psicanalistas. Será que, no momento em que nos deparamos com uma realidade social tão carregada de desigualdades estruturais, ainda podemos permitir que a psicanálise siga sua trilha sem questionar suas próprias bases eurocêntricas? Como essas bases se encaixam em um contexto latino-americano, cujas questões de raça, identidade e pertencimento se fazem presentes de maneira tão visceral? Como a psicanálise, como técnica e teoria, pode se abrir aos desafios que o Brasil e seus sujeitos enfrentam em suas vidas cotidianas?

Já existem inúmeras referências valiosas de estudiosos negros, cujos trabalhos têm enriquecido profundamente o campo da psicologia e da psicanálise. Esse território, longe de ser inexplorado, tem sido e continua a ser abordado por teóricos que trazem contribuições essenciais sobre raça e psicanálise, tensionando sua base eurocêntrica, ampliando suas perspectivas e aprofundando suas discussões. Por que esperar seis meses para adentrar na obra de Isildinha Nogueira, psicanalista e doutora em Psicologia pela Universidade de São Paulo (USP), que nos presenteou com o livro *A cor do inconsciente: significações do corpo negro (2021)*? Ou a obra *Tornar-se negro*, escrita por Neusa Santos Souza (2021), psiquiatra e psicanalista, que também nos oferece reflexões essenciais sobre a psicanálise e a questão racial?

Encontrei na instituição um espaço curioso e, à sua maneira, receptivo para essas reflexões. Fui introduzida à Comissão de Ações Afirmativas, um movimento institucional que se dedicava a debater e promover mudanças em relação às questões raciais. Foi dentro desse grupo que fui apresentada a uma rede de profissionais que estavam igualmente inquietos com a falta de discussão sobre o racismo e ações reparatórias na formação psicanalítica, e que se propunham a explorar alternativas que respeitassem e integrassem as especificidades de nossa realidade latino-americana.

Esse movimento foi fundamental para o desenvolvimento da minha prática, pois, mais do que uma crítica, o momento demandava ação. A psicanálise, assim como qualquer outro campo do saber e da saúde, deve se atualizar, se deslocar e repensar suas certezas. A integração de questões raciais não pode ser uma "aproximação" tardia, mas uma reflexão constante e urgente, presente desde os primeiros passos na formação de qualquer psicoterapeuta.

Quando a população negra só pode ocupar o lugar de paciente em situação de vulnerabilidade nas nossas discussões, surge outro questionamento: é coerente que essas mesmas pessoas procurem o IEPP para estudar psicanálise, se não debatemos como as questões de racismo implicam na estruturação do psiquismo? E, ainda, quando não se questiona como a branquitude é formadora de subjetividade? Por que um é problematizado e o outro não? Por que não questionamos o nosso papel na perpetuação dessas violências?

A ausência de autores negros transmite uma mensagem sobre como esperamos que essa população acesse o IEPP: como pacientes, mas não como alunos. A invisibilização dessas vozes nos espaços de saber reflete uma exclusão simbólica e material que vai além da ausência no nosso currículo; trata-se de um ponto de poder, ligado a quem ocupa esses espaços na dinâmica de formação. Ao levarmos esses questionamentos para os nossos colegas, notamos que, embora não existisse nenhuma restrição explícita quanto à inscrição de ninguém, um padrão foi naturalizado.

Esse padrão é um reflexo da realidade em que a presença de pessoas negras na psicanálise, tanto como estudantes quanto como professores, ainda é periférica. A mensagem que isso transmite pode ser sutil, mas passa uma inscrição poderosa. Sabemos que, na psicanálise, o silêncio é uma forma importante de comunicação, que imprime ditos e não ditos. Nesse contexto, talvez ele fale muito do distanciamento que a psicanálise construiu e conceitualiza para justificar sua pretensa isenção diante dessas questões.

Pensando nesse processo de invisibilização, podemos nos apoiar na música e nos relatos que os nossos colegas dividiram conosco para mapear o que esses silêncios registram em nós. Na música *Os alquimistas estão chegando*, de Jorge Ben Jor (1974), o artista descreve um universo de indivíduos que operam em silêncio, distante dos olhos dos outros.

Eles são discretos e silenciosos
Moram bem longe dos homens.
Escolhem com carinho a hora e o tempo

Do seu precioso trabalho
São pacientes, assíduos e perseverantes
Executam segundo as regras herméticas
Desde a trituração, a fixação
A destilação e a coagulação
Trazem consigo cadinhos
Vasos de vidro, potes de louça
Todos bem e iluminados
Evitam qualquer relação com pessoas de temperamento sórdido.

Tomamos liberdade, aqui, de imaginar que esses trechos falam do que estamos vivendo em nossas instituições. Escolhemos esse trecho por acreditarmos que ele pode ser entendido de duas formas: a primeira, "os alquimistas que moram longe dos homens" pode ser uma metáfora para a maneira como pessoas negras têm sido afastadas dos campos de conhecimento. Essa distância explicita a maneira como o racismo e a branquitude estruturam as barreiras de acesso nesses espaços, mesmo quando esses temas são fundamentais para entender a nossa história.

A segunda leitura traz mais questionamentos: por que os alquimistas, que moram tão longe dos homens, participam tanto dos seus cuidados? Eles criam as próprias regras? Será que também definem quem teria "temperamento sórdido"? Poderia ser isso uma maneira de excluir quem não se parece com eles? Essa outra interpretação nos remete às nossas formações, nas quais estudamos autores similares a nós e, além disso, ocupamos lugar de poder para decidir o que vai ser estudado, o que vai ser formador de patologia e subjetivação.

O silêncio pode operar de muitas maneiras no campo institucional, e é muito tentador racionalizar nossas teorias para não repensar o nosso papel nesse contexto, criando, assim, mais barreiras. No decorrer da nossa construção como grupo, fomos percebendo que a política de ações afirmativas não se efetiva somente com a entrada de colegas na formação. Durante nossa trajetória, como grupo de trabalho e depois comissão, percebemos que o envolvimento de todo o IEPP seria vital para manter o projeto de ações afirmativas.

Ficamos com mais questionamentos: será que os departamentos discutem de que forma seus segmentos podem atuar nas ações afirmativas? Como projetar uma caminhada para que esse posicionamento político se torne orgânico na nossa instituição, e não um compromisso de poucos? Com a intenção de que essas pautas fossem discutidas por todos na instituição, pensamos em começar a fomentar discussões com os diferentes departamentos, para que todos pensassem como as suas demandas institucionais poderiam contribuir com as ações afirmativas.

Esse passo foi fundamental para a continuidade do projeto no IEPP. Implicar todos os departamentos em um compromisso institucional fortalece essa política e faz com que as ações afirmativas circulem de forma mais ampla em nossa instituição. Muito mais do que a quantidade de inscritos nos eventos, o que é importante, vimos que a prioridade deveria ser romper com a naturalização do silêncio em torno dessas pautas. Discutir demandas dessa natureza em um ambiente institucional é difícil, burocrático e, muitas vezes, repetitivo. Um dos relatos que vamos dividir com vocês, escrito pela Natália Lengler, coordenadora da comissão sociocultural, trata justamente do funcionamento da nossa comissão.

> Na estruturação da Comissão de Ações Afirmativas, foi estabelecida a participação de representantes de diferentes departamentos da instituição, incluindo Comunicação, Financeiro, Clínica e Sociocultural. A obrigatoriedade de participação nas reuniões semanais sinalizou o compromisso da instituição com essa nova iniciativa, abrindo espaço para um processo desconhecido, mas essencial.
>
> Cada representante foi convidado a refletir, junto aos seus colegas, sobre como se implicar na questão. Apesar de diversas tentativas anteriores, a resistência institucional ainda era perceptível.

Em alguns momentos, senti que as reuniões eram repetitivas, girando em torno das mesmas questões, e que havia barreiras além do nosso alcance para a efetivação de mudanças concretas. No entanto, a troca com os colegas evidenciou a complexidade do trabalho: estávamos diante de um pacto narcísico enraizado na instituição, um pacto que, ao longo do tempo, sustentou uma estrutura de silenciamento.

A necessidade dessa repetição se revelou essencial. Reiterar os mesmos questionamentos, insistir nas mesmas pautas e trazer à tona as mesmas problemáticas não era um mero exercício de frustração, mas um meio necessário para romper a inércia institucional. O que parecia um ciclo sem fim, na verdade, era a única forma de evitar que essas discussões voltassem a ser silenciadas. Era preciso insistir para que a mudança não se tornasse apenas uma promessa vazia.

Convocar os diferentes departamentos para essa discussão significava questionar suas práticas:

- Como o setor de Comunicação estava implicado? As informações sobre as vagas de ações afirmativas estavam chegando aos interessados?
- Como essas questões eram abordadas dentro da clínica?
- O setor Sociocultural estava atento às datas comemorativas e à representatividade nas atividades promovidas?
- Quem eram as pessoas responsáveis pela produção de textos e pelo direcionamento das discussões?

Esses questionamentos demonstram que a inclusão de ações afirmativas vai além da implementação de medidas pontuais: exige um comprometimento institucional contínuo, que desafie as estruturas existentes e promova mudanças efetivas. O caminho ainda é longo, mas a abertura para essas discussões já representa um passo significativo.

As instituições são formadas por pessoas, cada uma com seu inconsciente e as suas inscrições. A neurose e a perversão nos ajudam a entender esses movimentos e entraves institucionais que estamos vivendo: a neurose atua pela fantasia de eliminar o diferente; já na perversão existe uma tentativa concreta de eliminar qualquer um que atrapalha a ilusão de completude (Freud, 1905/1977). Essa distinção ilustra as vivências institucionais de exclusão e homogeneização como uma maneira de evitar o desconforto gerado pela diferença, mesmo quando há o desejo de criar espaços igualitários e críticos às estruturas de poder.

A implementação das ações afirmativas no IEPP foi um momento institucional significativo. A própria dinâmica inicial do grupo de trabalho foi marcada por dúvidas quanto a que caminho seguir, como funcionamos e qual seria a expectativa para a construção dessa nova posição do IEPP. Tratava-se de uma proposta de pensar um projeto em grupo, composto por pessoas interessadas em refletir sobre o tema. Na época, ainda não sabíamos como se daria a execução do trabalho.

Muitas dúvidas foram surgindo: será um grupo de estudos? Vamos chamar convidados externos para conversar com a gente? Como vão ser os nossos encontros? Quem coordena o grupo? Essa busca por direção é uma ocorrência esperada quando trabalhamos em grupo; a suposição básica da dependência se manifesta como a expectativa por uma coordenação que defina rapidamente o funcionamento, os objetivos do grupo e saiba responder às dúvidas que surgem durante esse processo (Bion, 1961/1991).

Mesmo que a tarefa do grupo estivesse clara – a construção de um projeto de ações afirmativas –, os nossos primórdios foram marcados por dificuldades de achar o ritmo da trajetória que se iniciava. Esses desajustes eram manifestados nas faltas frequentes dos membros às reuniões, na indecisão quanto à periodicidade dos encontros e, naquele momento, vimos que seria primordial consolidar um compromisso semanal com as nossas reuniões. Além das inquietações sobre o funcionamento do grupo, outras dúvidas foram crescendo entre os participantes sobre como seria o nosso projeto: quem deveria ser contemplado por ele? O critério de seleção deveria ser socioeconômico? O que implica uma política de ação afirmativa com recorte racial?

Todos esses debates convergiam para um trabalho de elaboração institucional, no qual fantasias, resistências e concepções sobre pertencimento deveriam ser enfrentadas (Kaës, 2005). Após novas discussões no grupo, compreendemos que nossa instituição enxergava as cotas como um projeto político de reparação histórica, sem vinculação alguma com critérios socioeconômicos. Essa decisão se fundamenta no entendimento de que a ascensão social, por si só, não anula os efeitos do racismo estrutural e da exclusão dos espaços de poder (Fanon, 1952/2020).

Com esse entendimento, foi iniciado um movimento de diálogo com os departamentos do IEPP, ampliando a discussão sobre como essa política poderia ser executada no nosso contexto institucional. Contudo, a entrada da primeira sócia vinculada ao programa de ações afirmativas nos mostrou pontos importantes no funcionamento do nosso grupo. Ao contrário da nossa expectativa com a presença dela, o grupo começou a esvaziar. Simultaneamente, a demanda pelo grupo nos demais departamentos aumentou de maneira considerável.

A psicanálise dos grupos oferece conceitos que ajudam a ilustrar esse momento, destacando as ansiedades mobilizadas pelo encontro com o outro, antes representado apenas de forma simbólica (Kaës, 2005). Parece que o ingresso da sócia acionou defesas institucionais, sinalizando um deslocamento da problemática inicial: teria o grupo cumprido a sua função? Existem angústias diante das mudanças reais que essa inclusão implicava? A análise desse movimento nos levou a reconhecer que o nosso trabalho ainda era necessário, e que a manutenção da política de ação afirmativa seria um trabalho contínuo.

Um novo questionamento surgiu: se o IEPP se propôs a criar uma política reparatória, como garantir que esses novos sócios fossem, de fato, acolhidos? Essa dúvida foi o ponto de partida que evidenciou a necessidade de repensar nossa estrutura institucional, incluindo a reformulação dos nossos seminários teóricos. Como sustentar um projeto de ações afirmativas sem revisar os autores que estudamos? Faz sentido pensar essa abertura sem promover leituras que dialoguem com outras formas de constituição do psiquismo?

A partir dessa formulação, iniciou-se um movimento de interlocução com os diversos departamentos do IEPP, ampliando o debate sobre como essa política poderia se efetivar no cotidiano institucional. Identificamos a necessidade de criar uma comissão com atuação permanente, composta por representantes de todos os departamentos do IEPP e por outros sócios interessados nesse percurso de responsabilização institucional.

Considerações finais – o primeiro dia

Iniciamos o final do capítulo com o relato da sócia Jaqueline Batista.

Marcando a diferença: reflexões sobre o primeiro dia como aluna negra, corpo único, ingressa por meio de políticas de ação afirmativas

Aqui estou, mais um dia
Sob o olhar sanguinário do vigia
Você não sabe como é caminhar com a cabeça na mira de uma HK
Metralhadora alemã ou de Israel, estraçalha ladrão que nem papel
Racionais MC's, 1997

Enquanto caminhava em direção ao meu primeiro seminário, a canção do Racionais ecoava em minha mente, "estou sendo vigiada"! Corpo único, carregado por uma memória que se faz presente, quem sou chega primeiro, e não sou eu quem diz, sou dita e traduzida.

"Aqui estou mais um dia, sob o olhar sanguinário do vigia", sensação que se sente e não se explica. Mas trago comigo Fanon para pensar aqui:

> *Uma criança negra normal, tendo crescido em uma família normal, passará a ser anormal ao menor contato com o mundo branco . . . Essa proposição não será facilmente compreendida . . . No caso do negro, o que vemos? A menos que se utilize esse dado vertiginoso – tão desestabilizados ele nos deixa – do inconsciente coletivo de Jung, não se compreende absolutamente nada. Todos os dias, o drama se repete nos países colonizados. Como explicar, por exemplo, que um calouro negro, chegando à Sorbonne para ali obter o diploma em filosofia, antes que quaisquer elementos conflituais se organizem à sua volta, já assuma de antemão uma postura defensiva? (Fanon, 1952/2020, p. 95)*

René Ménil relatou essa reação em termos hegelianos. Ele a via como a consequência da instauração na consciência do escravo, em lugar do espírito "africano" reprimido, de uma instância representativa do senhor, instância instituída no âmago da coletividade e que a deve vigiar como uma guarnição na cidade conquistada. (Ménil, citado em Fanon, 1952/2020, p. 95)

A branquitude, vigilante... transito pelos corredores da instituição; de negro, somente o porteiro na recepção. Mesmo sozinha, neste primeiro momento, trago comigo para este espaço a história da minha vida, minha ancestralidade ecoa a cada passo. No entanto, esse não é apenas mais um dia de aula: é o primeiro dia presencial, no qual meu corpo está "pra jogo", por completo, não há tela de computador que nos separe. Carrego comigo todos os estereótipos que a colonialidade e o racismo estrutural me impuseram desde o nascimento e também toda a minha força. Nesse cenário, minhas dores como mulher e mulher preta me acompanham, atravessando as fronteiras do conhecimento e tornando-se parte integrante dessa jornada na formação, queiram ou não.

A melodia dessas palavras ressoava em mim, como um lembrete constante da realidade que enfrentamos, na qual o preconceito é capaz de destruir sonhos e oportunidades tão rapidamente quanto um projétil perfura um papel. No entanto, aqui estou, uma voz que tenta todos os dias ser forte em meio a um sistema ideológico que busca nos silenciar (nós, porque não ando só). Marcando a diferença, presente!

No primeiro seminário, deparei-me com uma surpresa revolucionária: a inclusão de duas autoras negras. Patricia Hill Collins (1990/2019), com o conceito de "interseccionalidade" para pensar as mazelas da patologização, e Grada Kilomba, com sua obra *Memórias da plantação* (2019), combinadas entre si para refletir sobre a despatologização da saúde mental. A interseccionalidade, conforme propõe a escritora, professora e pesquisadora negra, é um conceito que reconhece e analisa as interconexões entre raça, gênero, classe social e sexualidade, que muitas vezes são performadas para propagar a opressão, destacando a importância de se considerar as múltiplas identidades e experiências vivenciadas pelos indivíduos, compreendendo que essas diferentes dimensões se entrelaçam e influenciam a forma como as pessoas são afetadas pela opressão estrutural.

Por sua vez, o livro *Memórias da plantação*, de Grada Kilomba, escritora, psicóloga, ensaísta e psicanalista negra, aborda questões de raça, memória e colonialismo. A psicanalista explora como as memórias coletivas do colonialismo e da escravidão continuam a influenciar e afetar a vida das pessoas negras nos dias atuais.

Ela busca desmantelar as narrativas dominantes e trazer à tona as vozes e histórias silenciadas dessas pessoas negras.

Embora a história dessas mulheres negras não tenha sido abordada, quem são e qual a sua importância para pensar a saúde mental, a utilização dos dois textos para refletirmos com a proposta do seminário abraçou e acalentou minha manhã diante dessa agradável presença "um sorriso negro, um abraço negro, traz felicidade!", como bem dizia Dona Ivone Lara.

O livro *Memórias da plantação* nos alerta para o legado do colonialismo e da escravidão, sobre as marcas visíveis e invisíveis deixadas ao longo de toda uma história, questões profundas inscritas nas subjetividades das pessoas negras e brancas, (des)cobertas na relação. Isso implica não pensar a saúde mental das pessoas negras de forma isolada, mas sim em relação às experiências históricas de violência, discriminação e negação de direitos.

Pensar um projeto de ações afirmativas, sem que este contemple intelectuais negros que pensam e dialogam com a psicanálise, não abarca as necessidades atuais de sociedades psicanalíticas adoecidas pela questão identitária branca.

Ao ter essas duas autoras referenciadas, a representatividade se fez presente de alguma forma; estaria o ambiente sendo transformado pelas ações afirmativas? Veremos. Mas, naquele dia, a inclusão de duas intelectuais pretas enriqueceu a discussão. A partir desse momento, compreendi que minha presença não é apenas uma cota preenchida, mas sim uma contribuição valiosa e necessária para a diversidade e pluralidade do conhecimento dentro da instituição.

No primeiro seminário de constituição psíquica, duas mulheres negras, rompendo com os padrões hegemônicos dos currículos de formação em psicanálise, abriram portas para um novo

> horizonte de possibilidades na formação, no qual minha história e minha vivência são valorizadas e reconhecidas.
>
>> *É necessário sempre acreditar que o sonho é possível, que o céu é o limite e você, truta, é imbatível, que o tempo ruim vai passar, é só uma fase, que o sofrimento alimenta mais a sua coragem. (Racionais MC's, 2002)*
>
> Assim, nesse ritmo, cada vez que levanto para falar, cada vez que compartilho minha perspectiva, estou não apenas marcando minha presença, mas também honrando todas as vozes que vieram antes de mim e lutaram incansavelmente para que hoje eu possa ocupar esse espaço e desafiar as estruturas que tentam limitar a minha existência. Eu me levanto!

Ao longo desta escrita, examinamos o questionamento do nosso título: que cor tem o IEPP? À medida que fomos escrevendo e recordando esse processo árduo de implementar a política de ações afirmativas na nossa instituição, seja pela entrada de sócios ou por uma maior abertura a intelectuais negros, percebemos que essa é uma pergunta sem resposta imediata. Nossa instituição, assim como uma parcela grande de outros lugares de transmissão de psicanálise, carrega uma história de hegemonização, porém, temos presenciado um desejo de repensar os caminhos que queremos traçar.

A criação da nossa comissão – Comissão de Ações Afirmativas – inserida no Departamento de Psicanálise Implicada representa um avanço material, mas ainda temos muito caminho pela frente. A resistência à discussão do racismo estrutural e dos privilégios da branquitude, por vezes manifestada de maneira sutil e inconsciente, denuncia que a luta pela criação e manutenção de espaços equitativos deve ser constante.

A psicanálise, enquanto campo que se ocupa da escuta do silenciado, não pode se isentar dessa discussão. A reprodução da branquitude como norma é uma problemática estrutural que deve ser combatida não apenas por medidas isoladas, mas por um compromisso institucional de longo prazo.

Temos consciência do trabalho que ainda há pela frente. Contudo, a escrita nos proporcionou registrar uma caminhada de alguns anos e inédita para a nossa instituição. Voltando à pergunta "que cor tem o IEPP?", pensamos que a resposta vai depender, justamente, da nossa capacidade de seguir arcando com a nossa responsabilidade diante dessas mudanças e de promover espaços contínuos de discussão. Encerramos o capítulo com muitos questionamentos, mas acreditando que eles são essenciais para continuar nesse caminho. O primeiro dia é o nosso começo.

Referências

Ben, J. (1974). Os alquimistas estão chegando [Canção]. In *A tábua de esmeralda* [Álbum]. Philips.

Bion, W. R. (1991). *Experiências em grupos* (D. Finkenthal, Trad.). Imago. (Obra original publicada em 1961)

Collins, P. H. (2019). *Pensamento feminista negro: conhecimento, consciência e a política do empoderamento* (A. C. S. Tavares, Trad.). Boitempo. (Obra original publicada em 1990)

Comissão de Ações Afirmativas do IEPP. (2023, agosto). *Psicanálise em movimento: por ações afirmativas* [Evento híbrido]. Instituto de Ensino e Pesquisa em Psicanálise (IEPP), Porto Alegre, RS.

Fanon, F. (2020). *Pele negra, máscaras brancas* (S. Nascimento, Trad.). Ubu. (Obra original publicada em 1952)

Ferenczi, S. (1990). *Diário clínico* (E. F. Capovilla, Trad.). Escuta. (Obra original publicada em 1932)

Foucault, M. (2020). Uma introdução à vida não fascista. In G. Deleuze & F. Guattari, *O anti-Édipo: capitalismo e esquizofrenia* (pp. 7-13). Editora 34. (Obra original publicada em 1977)

Freud, S. (1977). *Três ensaios sobre a teoria da sexualidade*. Imago. (Obra original publicada em 1905)

Gondar, J. (2018). A fita branca: psicanálise e fascismo. *Tempo Psicanalítico*, *50*(2), 115-133. https://pepsic.bvsalud.org/scielo.php?script=sci_arttext&pid=S0101-48382018000200011

Instituto Brasileiro de Geografia e Estatística. (2024). *Dados do segundo trimestre de 2024 da Pesquisa Nacional por Amostra de Domicílios Contínua (PNAD Contínua)*. https://www.ibge.gov.br

Kaës, R. (2005). *O grupo e o sujeito do grupo: elementos para uma teoria psicanalítica do grupo*. Casa do Psicólogo.

Kilomba, G. (2019). *Memórias da plantação: episódios de racismo cotidiano*. Cobogó.

Nogueira, I. B. (2021). *A cor do inconsciente: significações do corpo negro*. Perspectiva.

Racionais MC's. (1997). Diário de um detento [Canção]. In *Sobrevivendo no inferno* [Álbum]. Cosa Nostra.

Racionais MC's. (2002). A vida é desafio [Canção]. In *Nada como um dia após o outro dia* [Álbum]. Cosa Nostra.

Souza, N. S. (2021). *Tornar-se negro: ou as vicissitudes da identidade do negro brasileiro em ascensão social*. Zahar.

9. Ações afirmativas no ESIP:[1] um projeto em constante construção

Grupo de Estudos de Relações Raciais e Psicanálise do ESIP

Ações afirmativas no ESIP: um projeto em constante construção

No ano de 2020 experimentamos o que Mbembe (2018a) nomeou como "o devir-negro do mundo". A pandemia de Covid-19 nos lançou a um estado de desamparo e ficamos à mercê de governos negacionistas e negligentes. Experimentamos a angústia da vulnerabilidade. Talvez essa vivência tenha nos sensibilizado a ponto de despertar nossa indignação diante de uma cena quase corriqueira de racismo: investidos de autoridade, policiais brancos sufocam e matam um homem negro nos Estados Unidos. O assassinato de George Floyd, em 25 de maio de 2020, provocou protestos que culminaram com o movimento internacional "Vidas negras importam".

A inquietação invadiu a psicanálise, mas a deflagração, dessa vez, não veio do exterior, mas da capital do Rio Grande do Sul, quando o psicanalista negro Ignácio Alves Paim Filho – até então reconhecido por seus estudos da obra freudiana – denunciou o racismo das nossas

1 Estudos Integrados em Psicanálise.

instituições, expresso, entre outras formas, pela ausência de psicanalistas negros nos espaços de formação.

O ESIP também foi afetado. Tínhamos a sensação de que nossos olhos se abriram de repente: enxergávamos muito do que, até então, não fora possível enxergar, e um grande incômodo nos invadia. Incômodo que, mais tarde Eliane Brum (2021) nos ajudaria a nomear como a sensação de "existir violentamente". Vasculhamos nossas memórias e havia um único registro sobre o tema do racismo: um trabalho sob o título "De quantas máscaras se faz uma pele?" apresentado pelas então estagiárias Victória Peixoto e Gabriela Dotto, no Encontro Científico de Estudantes do ano de 2019 – evento restrito a estudantes da universidade, não a membros do ESIP.

A apresentação e a potente discussão gerada causaram grande impacto, individualmente, em Larissa Ullrich, convidada para comentar o trabalho, e também em cada um dos que estiveram presentes na ocasião. Um movimento de inconformismo iniciava-se ali, despertado pelo intercâmbio com a academia e as novas gerações.

Mas esse efeito não atingiu a instituição como um todo, e sim uma pequena parcela de membros, que se inquietava muito, mas não sabia por onde começar. Ao menos, um post foi publicado nas redes sociais no Dia da Consciência Negra. Foi feito com ar de cautela, pois esse não era um tema que circulasse sem resistência. Mas à postagem tivemos que acrescentar um adendo, pois a morte de João Alberto Silveira Freitas, no Carrefour, nos estarreceu: a versão porto-alegrense da violência que vitimou George Floyd.

O direcionamento que precisávamos veio de um comentário na rede social: nossa única colega que reconhecíamos como negra na instituição naquele momento – Mara Floriano – curtiu e comentou nossa postagem. Entendemos, então, qual era o caminho. Não faria sentido promover um movimento antirracista sem que Mara estivesse junto – e sem que ela estivesse conosco, assumindo o protagonismo que legitimaria o movimento. Esse foi o principal passo para toda a história que se desenvolveu a partir daí.

Passamos a fazer articulações com outros colegas da Instituição, identificados com a branquitude antirracista e sensíveis à temática, entendíamos que o momento era de posicionamento diante do apagamento histórico da Psicanálise e aos ataques à subjetivação da negritude na colonialidade. Nossa aposta foi em um grupo de estudos aberto a profissionais e estudantes das áreas da Psicologia e da Medicina – membros do ESIP –, mas também agregando colegas das universidades e de outras instituições.

Assim, em 16 de março de 2021, tivemos o primeiro encontro do grupo de Relações Raciais e Psicanálise, com a coordenação das esipianas Mara Floriano e Larissa Ullrich: momento de apresentação dos participantes, propostas e combinações. Os encontros passaram a ser quinzenais, no formato virtual, pois ainda vivíamos um momento de restrições nos contatos presenciais devido à pandemia. No primeiro semestre não tivemos um programa pré-estabelecido: o grupo foi escolhendo temas e textos ao longo do período, contando especialmente com sugestões da coordenação e da monitoria do grupo. Os autores trabalhados foram: Djamila Ribeiro, Cida Bento, Lélia Gonzalez, Neusa Santos Souza, Abdias Nascimento e Isildinha Nogueira. Um dos encontros foi dedicado a reflexões clínicas, à luz dos debates realizados, tema que passou a inquietar cada vez mais os membros do grupo, que passavam a "enxergar" fenômenos – antes vistos apenas como inerentes à prática psicanalítica – também atravessados pela racialidade.

A cada novo encontro, a sensação compartilhada pelos integrantes era um constante "como não estudamos isso antes?", e nos deparamos com o apagamento dos autores negros dentro e fora da psicanálise. Para além da teoria, um apagamento da nossa própria história enquanto país, recontada, em muitos momentos, nas leituras e nos depoimentos dos colegas negros.

Já no primeiro semestre houve um encontro com um convidado especial. Tivemos a presença virtual de Ignácio Paim para dialogar e compartilhar suas reflexões. Esse momento foi muito importante: enquanto o convidado nos apresentava o encontro com sua própria negritude, muitos dos presentes passaram a se encontrar com sua branquitude, o que, inclusive, permitiu-lhes pensar em formas de se implicar, não apenas na instituição, mas também em um existir antirracista.

Após um período de férias, em 10 de agosto de 2021 retomamos as atividades. Naquela oportunidade o programa do semestre já estava definido. Acrescentamos às leituras, à presença de um convidado especial e às reflexões clínicas a proposição de um momento cultural. Os autores estudados, com seus respectivos textos, foram: Maria Lúcia da Silva ("Racismo no Brasil: questões para psicanalistas brasileiros"; Kon, Silva & Abud, 2019), Achille Mbembe (*Necropolítica*, 2018b), Grada Kilomba (*Memórias da plantação*, 2008), Sílvio Almeida (*Racismo estrutural*, 2020) e Frantz Fanon (*Pele negra, máscaras brancas*, 2008). Nossa convidada especial desse semestre foi a psicanalista Wania Cidade. A pensadora participou do evento "Roda de Conversa", promovido pelo grupo de Relações Raciais e Psicanálise, espaço aberto a todos os membros do ESIP, abordando um tema extremamente necessário e muitas vezes invisível dentro dos nossos consultórios: a escuta das relações raciais e do racismo dentro do *setting* psicanalítico.

No ano de 2022, retomamos as atividades no dia 15 de março. A organização das atividades foi semelhante ao semestre anterior, com leituras que incluíram Lia Schucman, Deivison Faustino, Aimé Cesaire, David Fakhry, Sueli Carneiro e Carolina Oliveira. Em abril, o grupo organizou uma atividade "extra", com algumas participantes assistindo juntas ao filme *Medida provisória* (2022), de Lázaro Ramos. O convidado desse semestre foi o professor José Damico, que trouxe importantes provocações para nossos debates.

A leitura de um texto de ficção, *O avesso da pele*, de Jeferson Tenório (2020), foi outra novidade e abriu o segundo semestre de 2022. O livro e as discussões realizadas a partir da leitura levaram o grupo à escrita de um artigo que foi apresentado na XXIV Jornada do ESIP: "Os ecos do infantil: da criança que nasce à que permanece no adulto". Trabalhamos como a racialidade se faz presente a todo momento na constituição psíquica e nas relações estabelecidas. A apresentação do trabalho foi também um momento de apresentação do grupo ao restante da instituição: momento de grandes trocas e também de emoção.

Ter um espaço importante em uma jornada da instituição foi um marco, ampliando o alcance das discussões, que até então só ocorriam nos encontros quinzenais, em um pequeno grupo. Com essa apresentação, o grupo recebeu o primeiro lugar na categoria "Temas Livres", na Jornada do ESIP daquele ano.

No segundo semestre de 2022, também nos foi possibilitado o encontro com a psicanalista Taiasmin Ohnmacht, discussões clínicas e o estudo do livro *Psicanálise na encruzilhada: desafios e paradoxos perante o racismo no Brasil*, de Emiliano de Camargo David e Gisele Assuar (2021), além de textos de Rita Segato e Neusa Santos Souza.

No primeiro semestre de 2023 realizamos, como atividade externa, a caminhada "Porto Alegre Negra", com o grupo Viva Mais POA, na qual passamos por locais históricos de resistência e protagonismo negro da cidade. Nessa aula sobre a história silenciada da cidade e seus territórios negros, estiveram também familiares e amigos de membros do grupo – um verdadeiro aquilombamento. Ocupando território dentro da instituição, por ação do grupo, uma das salas de atendimento – que têm nomes de psicanalistas importantes da história – foi rebatizada de "Virginia Bicudo". Como não homenagear e resgatar a trajetória dessa mulher negra que foi uma das pioneiras da psicanálise no Brasil?

O grupo de Relações Raciais e Psicanálise passou a ser fomentador de ações que romperam suas fronteiras. Os estudos e o aprofundamento a respeito da condição do sujeito negro "pós-abolição" nos fizeram perceber que, em mais de 300 anos de escravização, muito ainda restava fazer para reparar os danos psicossociais. Com o avanço dos estudos em racialidade, associado ao aporte psicanalítico e à decorrente apropriação da importância da representatividade, percebemos que seria preciso avançar na ocupação de espaços de poder na instituição. Assim estaríamos sendo coerentes com a luta decolonial nos espaços de predomínio da branquitude, especialmente nas entidades de Psicanálise.

Nesse contexto, somente o letramento não se apresentava suficiente ou coerente com o que vínhamos nos apropriando psiquicamente. Foi então que entendemos que as instituições de Psicanálise também precisariam se implicar, ou seja, a branquitude teria que se haver com a sua estrutura de privilégios. Foi assim, no intuito de promover equidade e justiça, que o Conselho Administrativo do ESIP, do qual Larissa Ullrich é integrante, atendeu à reivindicação do grupo de estudos e passou a oferecer uma bolsa integral para a formação em psicanálise, por semestre, a profissionais negros e/ou indígenas a partir do primeiro semestre de 2023. Desde então, também são oferecidas vagas gratuitas em todas as atividades científicas que são ministradas na instituição, contemplando as colegas negras e/ou indígenas do ESIP e também colegas do público externo. Esse foi o verdadeiro marco desse ano, nosso divisor de águas em termos institucionais. Paralelamente, passamos de grupo de estudos a um lugar ocupado dentro da estrutura do ESIP, por meio da implementação da Coordenação de Ações Afirmativas, coordenada pela colega Mara Floriano.

No segundo semestre de 2023, o grupo já estava com uma trajetória ampliada, ultrapassando não só os muros do ESIP, mas também do próprio Estado do Rio Grande do Sul, contando com integrantes de Santa Catarina, São Paulo e Pernambuco, alcançando distâncias e causando impactos. E, para marcar esse momento especial, escolhemos ler *A cor do inconsciente: significações do corpo negro*, de Isildinha Baptista Nogueira (2021). Ter essa obra em nosso grupo ampliou reflexões ainda vistas como grandes interrogações: "O inconsciente tem cor? E se tem, ela pode ser negada em nome da neutralidade que os psicanalistas tanto definem como importante?".

Foram diálogos ricos dos quais ninguém saiu indene às falas e reflexões apontadas pela autora, gerando debates acalorados, repletos de descobertas, mas também de impactos sobre o ser negro e o ser branco na sociedade, dando destaque ao recorte psicanalítico. Ter Isildinha Nogueira como convidada especial em nosso espaço de reflexão do grupo fez com que fechássemos o semestre com chave de ouro. A autora explorou sua trajetória deixando todos ao seu redor vidrados em cada palavra que saía de sua boca. A atividade grupal naquele dia foi um verdadeiro espetáculo: uma mulher negra que enfrentou discriminação no meio acadêmico, mas que resistiu com sua escrita poderosa e honesta. Destacou-se por sua capacidade de expressar suas experiências e emoções de forma crua e autêntica, tornando-se uma voz importante – voz que o ESIP elegeu para escutar em sua Jornada Científica de 2025, da qual Isildinha Nogueira foi a convidada especial.

Nesse trajeto, percebendo que muito pouco conhecimento circulava sobre o ativismo de psicanalistas negros, optamos por apresentar as trajetórias de alguns expoentes da psicanálise para a comunidade esipiana e também àqueles que acompanham o trabalho da instituição pelas redes sociais. Com tal finalidade, também no ano de 2023, muitas mãos se puseram a escrever as biografias de Virgínia Bicudo, Neusa Santos Souza, Lélia González e Isildinha Nogueira, como uma forma de reparo e homenagem aos aportes científicos delineadores do devir-negro.

Os estudos seguiram sendo feitos no Grupo de Relações Raciais e Psicanálise, mantendo o mesmo formato dos encontros. Além de textos clássicos escritos por autores negros e questões clínicas, estudamos os livros *O pacto da branquitude* de Cida Bento (2022) e *Tornar-se negro* de Neusa Santos Souza (2021). Outros convidados vieram compor a galeria de ilustres protagonizando nossas Rodas de Conversa, entre eles as psicanalistas Míriam Cristine Alves e Josiane Barbosa, além do historiador Walter Lippold. Uma atividade externa que igualmente marcou presença foi a Oficina de Bonecas Negras, ministrada por Liliane Moraes. Ademais, tivemos a oportunidade de nos aquilombarmos em um piquenique, no Parque da Redenção.

Além dos encontros quinzenais, o grupo possui uma intensa interação por meio do WhatsApp, pelo qual circulam temas da atualidade, sugestões de leituras, dicas culturais, vídeos, cursos e filmes que, sem dúvida, contribuem para enriquecer os debates e fortalecer os vínculos, tornando esse espaço ainda mais potente.

Até o primeiro semestre de 2025, cinco colegas negras ingressaram no ESIP via ações afirmativas – Tamires Rios, Monique Machado, Aline Pinheiro, Júlia França e Janari Zanirati – além de duas colegas negras – Mara Floriano e Jéssica Antunes – e uma colega indígena – Daisy Niemaia da Silva – que já integravam a instituição antes dessa implementação. Ou seja: oito colegas negras e/ou indígenas em uma instituição de quase cento e cinquenta integrantes, o que nos indica que ainda há muito a fazer.

A construção de um projeto de ações afirmativas dentro de uma instituição é uma história que merece registro, considerando a facilidade com que os apagamentos são impostos pela branquitude. Com esse intuito, o Grupo de Relações Raciais e Psicanálise do ESIP reconstruiu, neste capítulo, o passo a passo de sua história coletiva de implementação de ações afirmativas, apresentando as conquistas e as resistências de uma caminhada na qual se sabe "que o jogo nunca está ganho".

Referências

Almeida, S. L. (2020). *Racismo estrutural.* Jandaíra.

Bento, C. (2022). *O pacto da branquitude.* Companhia das Letras.

Brum, E. (2021). *Banzeiro òkòtó: uma viagem à Amazônia centro do mundo.* Companhia das Letras.

David, E. C., & Assuar, G. (Orgs.). (2021). *A psicanálise na encruzilhada: desafios e paradoxos perante o racismo no Brasil.* Hucitec.

Fanon, F. (2008). *Pele negra, máscaras brancas.* Edufba.

Kilomba, G. (2008). *Memórias da plantação: episódios de racismo cotidiano.* Cobogó.

Kon, N. M., Silva, M. L., & Abud, C. C. (Orgs.). (2019). *O racismo e o negro no Brasil.* Perspectiva.

Mbembe, A. (2018a). *Crítica da razão negra* (S. Nascimento, Trad.). n-1 edições.

Mbembe, A. (2018b). *Necropolítica* (R. Santini, Trad.). n-1 edições.

Nogueira, I. B. (2021). *A cor do inconsciente: significações do corpo negro.* Perspectiva.

Ramos, L. (Diretor). (2022). *Medida provisória* (filme). Lereby Productions e Lata Filmes.

Souza, N. S. (2021). *Tornar-se negro.* Zahar.

Tenório, J. (2020) *O avesso da pele.* Companhia das Letras.

10. Por que cotas raciais?

Grupo de Trabalho ANANSE – CEPdePA/Serra

"Afinal, por que cotas raciais e não sociais?" Esta é uma pergunta frequente, que retorna às discussões sobre propostas de ações afirmativas em diversos espaços, inclusive em instituições psicanalíticas. A necessidade reiterada de responder a essa questão leva-nos a refletir sobre suas origens, sobre quais forças regem sua insistência, sobre as possibilidades (ou não) de inscrição e reconhecimento de suas respostas.

As cotas raciais e as cotas sociais são políticas afirmativas criadas para promover a igualdade de oportunidades no acesso a direitos, como educação e emprego, mas diferem em seus critérios e objetivos principais. Por isso, julgamos importante iniciar diferenciando os dois tipos.

As cotas raciais são voltadas a indivíduos que pertencem a grupos raciais historicamente discriminados e marginalizados, como pretos, indígenas e pardos no Brasil. Essa política reconhece que, além da pobreza, esses grupos enfrentam barreiras estruturais e preconceitos específicos, como o racismo. O objetivo é corrigir as desigualdades geradas por séculos de exclusão e oferecer reparação histórica, ampliando a representatividade desses grupos em espaços como universidades e empregos públicos. Seu foco primordial, portanto, é o combate às desigualdades raciais e ao racismo estrutural.

As cotas sociais, por sua vez, baseiam-se na condição socioeconômica do indivíduo ou da família. Elas visam atender pessoas em situação de vulnerabilidade social, independentemente de sua raça, buscando reduzir desigualdades de classe e promover a inclusão de grupos economicamente desfavorecidos. Exemplos incluem estudantes de baixa renda, aqueles oriundos de escolas públicas e pessoas em situação de extrema pobreza. Nesse caso, o foco é a redução das desigualdades econômicas e sociais.

No Brasil, o sistema de cotas pode combinar critérios raciais e sociais, como ocorre na Lei de Cotas (Lei nº 12.711/2012), que reserva vagas em universidades públicas para estudantes de escolas públicas, mas também estabelece percentuais específicos para negros, pardos e indígenas dentro dessas vagas. Isso reconhece que a desigualdade racial e a social muitas vezes se sobrepõem, mas que cada uma tem raízes e consequências próprias que precisam ser enfrentadas de forma articulada. Essas políticas são complementares e visam promover uma sociedade mais justa e equitativa.

Contudo, no Brasil, aproximadamente 56,7% da população é constituída por pessoas não brancas. Dessa parcela, 55,5% são pretas e/ou pardas, de acordo com o IBGE (2022a). Entretanto, apesar dessa maioria, 69% dos cargos gerenciais das empresas brasileiras são ocupados por pessoas brancas (IBGE, 2022b), o que corrobora a hegemonia de brancos ocupando lugares de destaque e de poder em detrimento de negros e/ou indígenas, os quais, por óbvio, acabam por ocupar a maioria dos lugares de subordinação.

Essa é apenas uma das inúmeras radiografias que expressam o desequilíbrio socioeconômico-político-cultural em nossa sociedade: apesar de sua evolução em diversos aspectos, ela ainda mantém as marcas do sistema escravocrata enquanto organizadoras das relações sociais, o que podemos compreender como racismo estrutural. Essa explicação, entretanto, ainda não parece ser suficiente para sustentar a importância das ações afirmativas raciais como potenciais agentes de combate às desigualdades estruturantes presentes em nossa sociedade.

Partimos do pressuposto, como psicanalistas e cidadãos, de que a escravidão – e, por consequência, o racismo – é a grande ferida, o trauma em torno do qual estruturou-se nossa sociedade. E é a partir dessa perspectiva que compreendemos os efeitos nefastos dessa tessitura social. Se a história de um sujeito nos ajuda a compreender as estruturas em que ele se organiza, também a cultura, as leis e as instituições apresentam o Ideal de Eu, que oferece subsídios em torno dos quais os cidadãos irão se forjar. Entendemos que as configurações culturais, econômicas, institucionais e jurídicas em que os sujeitos estão imersos são fundamentais para dar-lhes subsídios para reconhecerem-se em uma história individual, relacional e cultural. E, como afirmou Neusa Santos Souza (2021), no Brasil, o Ideal de Eu é branco e racista.

As leis contam a história

Compreendemos ser impossível separar os caminhos ideais e jurídicos da tessitura social. Voltemos, então, a alguns pontos importantes da história brasileira que julgamos válido mencionar. Desejamos compreender como se desenhou a falta de acesso às populações negras e indígenas a direitos básicos, como educação, não só por omissão ou negligência, mas também por uma legislação restritiva e segregacionista.

O Brasil foi palco da escravização em larga escala nos tempos do Império. Câmara, I., Lôbo, D., & Holder, C. (2023) nos auxiliam com o contexto histórico legislativo do Brasil. A Lei Áurea, de 1888, que aboliu oficialmente a escravidão, foi precedida de outras leis que influenciaram a questão. Em 1850, a Lei Eusébio de Queirós passou a proibir a entrada de pessoas escravi-zadas africanas no Brasil. Logo após, em 1871, a Lei do Ventre Livre libertou as crianças nascidas de mães escravizadas. Em 1885, a Lei dos Sexagenários passou a libertar os escravos com mais de 60 anos. Cumpre destacar que a Lei Áurea não foi uma solução definitiva, considerando que a maioria dos ex-escravizados não pôde estudar, sofreu preconceitos da sociedade e não houve a criação de políticas de integração, nem de acesso à terra e a trabalhos dignos.

No que tange ao ponto específico da educação, área em que se situam uma das problemáticas das cotas e o debate aqui proposto, temos alguns marcos importantes a serem destacados. Em 1824, uma lei complementar à Constituição do Império (2º Ato Oficial) impedia que pessoas negras frequentassem instituições de ensino. Temos aí um primeiro impeditivo explícito de acesso à educação, que marca a trajetória do povo negro. Além disso, o artigo 6º, item 1, da Constituição de 1824, não reconhecia os negros escravizados, em sua maioria africanos natos, como cidadãos brasileiros, o que os excluía do acesso à educação formal, legalmente reservada aos brasileiros. Leis estaduais também reafirmaram essa proibição ao acesso à educação.

Temos, ainda, a reforma educacional de Couto Ferraz (Decreto nº 1.331, de 17 de fevereiro de 1854), que estabeleceu a obrigatoriedade da escolarização para crianças com mais de sete anos, bem como a gratuidade das escolas primárias e secundárias na capital. No entanto, essa reforma proibiu a matrícula de "crianças com doenças contagiosas e de escravizados". Além disso, não havia nenhuma previsão para a educação de adultos, especialmente daqueles que não tiveram acesso à escolarização na infância ou que foram retirados de seu contexto social, como as pessoas negras escravizadas. As restrições não se limitaram ao campo educacional.

Ainda, a Lei de Terras (3º Ato Oficial/nº 601, de 1850) visava organizar a propriedade privada e assegurar que grandes fazendeiros controlassem a maior parte das terras no Brasil, uma vez que muitos quilombos ocupavam regiões litorâneas. Essa legislação regulamentou a compra e venda de propriedades, tornando ilegal a concessão por usucapião e permitindo que as terras fossem adquiridas apenas por meio de compra ou doação do Estado. Consequentemente, o Exército brasileiro recebeu a missão de desmantelar os quilombos, destruir plantações e reintegrar as pessoas negras às fazendas, onde passaram a atuar como trabalhadores assalariados, muitas vezes para antigos proprietários. Essa lei, no entanto, favoreceu principalmente os imigrantes europeus, a quem foi garantido acesso à terra, diferentemente das pessoas negras libertas.

Adicionalmente, destaca-se o Decreto nº 528, aprovado em 1890, que tratava das imigrações europeias. O partido Republicano, então no poder, priorizava a industrialização do Brasil, que necessitava tanto de matérias-primas quanto de mão de obra. Embora o Brasil fosse rico em recursos, havia uma preocupação com a mão de obra negra, que poderia ser treinada para atender às demandas da indústria. Surgiu, então, o receio de que, caso as pessoas negras ocupassem posições nas indústrias, uma classe média negra forte poderia ameaçar o projeto político de embranquecimento do país. Assim, em 28 de junho de 1890, foi anunciado que o país reabriria suas portas para imigrantes europeus, e estabelecendo que pessoas negras e asiáticas somente poderiam ingressar no Brasil mediante autorização do Congresso.

Durante essa mesma época, começou a ser esboçada a "Lei da Vadiagem", já presente no Código Penal de 1890 e revogada somente em 2021, quando foi retirada da Lei das Contravenções Penais. Ela definia como crime entregar-se à ociosidade sem ter renda suficiente para sobreviver. A norma foi posteriormente incluída na Lei das Contravenções Penais de 1941 (Lei n. 3.688). Considerada uma mão de obra desqualificada para o trabalho urbano, levas de homens e mulheres, agora já não mais em regime oficial de escravidão, migraram para os grandes centros urbanos em busca de sobrevivência.

A Lei da Vadiagem instaurou-se como um efetivo dispositivo jurídico de controle das vidas e dos corpos. Aqueles que, até então, haviam sido explorados e expropriados do direito sobre si, continuaram com acesso escasso a uma vida digna e aos recursos necessários para alcançá-la. Essa lei, como efeito moral, constrói e reitera posições dicotômicas, como trabalhadores/malandros, esforçados/preguiçosos, cidadãos de bem/bandidos, atrelando tais adjetivos à cor da pele.

Engana-se quem pensa que as cotas são políticas afirmativas referentes somente às questões atuais atinentes à reparação das desigualdades e à inclusão da diversidade nos diversos espaços da sociedade. Em julho de 1968, com a promulgação da chamada Lei do Boi (Lei nº 5.465), instituíram-se cotas para filhos de fazendeiros acessarem os cursos de Agricultura e Veterinária mantidos pela União, assim formuladas: "Os estabelecimentos de ensino médio agrícola e as escolas superiores de Agricultura e Veterinária, mantidos pela União, reservarão, anualmente, de preferência, de 50% de suas vagas a candidatos agricultores ou filhos destes, proprietários ou não de terras, que residam com suas famílias na zona rural e 30% a agricultores ou filhos destes, proprietários ou não de terras, que residam em cidades ou vilas que não possuam estabelecimentos de ensino médio."

Acompanhando esse breve histórico, é possível reconhecer que, diante da presença maciça de pessoas escravizadas e de seus descendentes na estruturação do nosso país, e da longa ausência de reconhecimento dos efeitos nefastos desse regime, muito pouco foi feito em termos de reparação dessa história traumática. A hierarquia social estruturada, também juridicamente, em torno da cor da pele segue vigente e forte, transversalizando as esferas sociais e perpetuando-se ao longo dos anos. Cumpre ressaltar que as leis são criadas a partir dos costumes de uma sociedade, sendo os sistemas jurídico e legislativo oriundos daqueles que se dizem representantes das vontades dos povos. As consequências da negativa estatal à possibilidade de acesso à educação para a população negra, parda e indígena criaram uma lacuna impossível de mensurar.

Os privilégios das pessoas brancas não se restringem apenas às desigualdades econômicas ou jurídicas, como bem demonstrou Schucman (2020) em seu livro *Entre o encardido, o branco e o branquíssimo: branquitude, hierarquia e poder na Cidade de São Paulo*. Há também um abismo relacionado a atributos subjetivos dos quais a população branca se beneficia em comparação à população negra:

desde uma estética europeia valorizada até a atribuição de uma suposta inteligência e superioridade intelectual; como se a brancura alçasse o cidadão a um lugar superior. Essas influências subjetivas estão incrustadas em nosso inconsciente coletivo e são determinantes, por exemplo, em processos seletivos para empregos. É importante salientar como tal hierarquização social se produziu e se sustentou também por meio do aparato político, financeiro, cultural e jurídico brasileiro e reconhecer as forças que a estruturam, bem como seus efeitos nas diferentes esferas institucionais e nos espaços de produção e transmissão do saber.

A força motriz da estrutura

O panorama anteriormente apresentado revela um desenho jurídico de nossa estrutura baseada na desigualdade racial. Se as leis não trabalham em prol de todos os sujeitos de modo equânime, ou se elas não servem para reparar e equiparar desigualdades, seguem atendendo à barbárie. O direito, como uma das ferramentas repressivas do Estado, pode perpetuar a segregação e a impossibilidade de acesso aos seus recursos.

Para desmantelar essa engrenagem, entretanto, torna-se fundamental ir em busca de suas causas. Não são raras as ocasiões em que a estrutura racista brasileira é examinada apenas a partir de seus efeitos: o racismo. Entretanto, se a psicanálise nos leva à investigação para além dos sintomas, é preciso compreender o que sustenta a estrutura, a quem favorece esse aparato jurídico. Poderíamos brincar: enquanto psicanalistas, temos que encontrar qual é a formação de compromisso que resulta nesses sintomas. E nossa resposta está no narcisismo chamado "branquitude", como nomeia Cida Bento (2022).

A branquitude é, segundo Cida Bento (2022), a aliança mais ou menos silenciosa firmada para sustentar uma estrutura de privilégios nas diversas instâncias da vida das pessoas brancas no Brasil. Há, como ela chama, um pacto narcísico, constituído por diferentes esferas, em que é feita a manutenção e a perpetuação de posições hierarquicamente superiores em termos de lugares e acessos. Ela ainda alerta "que se fala muito da herança da escravidão com seus impactos negativos para as populações negras, contudo pouco se fala sobre a herança escravocrata, e sobre os impactos positivos para as pessoas brancas" (p. 23). Ainda, a autora aborda que os descendentes de escravizados e descendentes de escravocratas lidam com heranças acumuladas, histórias de dor e violência, cada uma a seu modo, o que se reflete na vida concreta e simbólica das gerações contemporâneas.

Faustino, Cardoso e Brito (2023) partem do pensamento de Frantz Fanon para abordar a temática da branquitude. Em suas análises, destacam a ideia do autor afro-caribenho de que o branco "cria o negro", ou seja, forja um indivíduo destituído de reconhecimento pela estrutura hegemônica em suas diferentes esferas. Assim, o faz como um filho bastardo das próprias relações sociais modernas, do próprio ideal de sujeito que emerge da modernidade. "Se o negro é filho bastardo, a branquitude é a filha le-gítima, porque há uma dimensão relacional neste processo de estra-nhamento e de reificação." (Faustino, Cardoso & Brito, 2023, p. 73). Ou seja, mais do que criar o negro (e o racismo consequente dessa estrutura), o sujeito branco cria a branquitude e seus privilégios.

As instituições psicanalíticas: as perdas (narcísicas) e os ganhos (diversos)...

Quando o ordenamento jurídico, após muita luta e reivindicação dos movimentos negros e indígenas, esboça movimentos em direção à reparação dessas violências, privilégios passam a ser perdidos. O psicanalista Kwame Yonatan Poli dos Santos, ao falar para a nossa instituição sobre ações afirmativas e letramento racial, diz que esse não é um processo de somente ler alguns livros, mas que, cada vez mais, exige um deslocamento que envolve perdas (Santos, 2023). "Que ranhuras, que descontinuidade na monotonia branca as instituições psicanalíticas vão se permitir?", interroga-nos a psicanalista Taiasmin Ohnmacht (2024, s.p.). A autora afirma que as ações afirmativas são reparatórias e pedagógicas, pois propiciam a subversão do encontro com a diversidade de raças, origens, culturas e gêneros, algo tão evitado historicamente.

Portanto, retomando nossa questão inicial (por que cotas raciais?), faz-se necessário um novo giro em nossa indagação: por que cotas raciais nas instituições de psicanálise? A psicanálise, saber fundado por um homem europeu, possui uma herança que, até pouco tempo, não se ateve às questões de raça. Diferentemente das questões de gênero, que invariavelmente aparecem nos estudos psicanalíticos (tendo como foco principal – e questionável – o feminino), e diferentemente das questões de classe (vide as clínicas públicas de Viena), as questões de raça pouco apareceram nos textos freudianos e de seus contemporâneos. Quando dizemos "pouco", é importante salientar que, em alguma medida, isso era abordado: para seu contexto, Freud não era considerado um homem branco, e, sim, judeu (Nuñéz, 2023), como podemos observar ao nos deparamos com isso em diversas obras freudianas e na própria história da psicanálise.

E, a partir do lugar de psicanalistas, tomar consciência dos privilégios que estão ligados à cor, independentemente da classe, traz à tona questões, desconfortos e confrontos. Não estamos imunes a tais questões, seja no nosso cotidiano ou na clínica. Nessa esteira, Apolonio e Verztman (2022) defendem que "precisamos voltar de outro modo ao divã, para rever nossas histórias e experiências pessoais" (p. 46), percebendo como nossas vidas sempre foram atravessadas pela branquitude. Os autores enfatizam o quanto "é urgente que os analistas possam haver-se com seu processo de racialização. (Re)conhecendo-se como brancos e analisando as implicações psíquicas que o silenciamento propriamente dito da branquitude causou nos seus processos de formação subjetiva" (pp. 49-50) . E é nesse caminho que apostamos em ações afirmativas para as populações negras e indígenas nas instituições de psicanálise.

Dito isso, é necessário nos havermos com essa desmentida que a psicanálise fez e faz sobre as questões de raça – principalmente no Brasil. Entendemos que, além de uma desmentida teórica, há uma desmentida estrutural, que se materializa nas instituições de psicanálise. Assim, podemos entender que o número pequeno de psicanalistas negros está intrinsecamente ligado a questões de poder e de privilégios. Ofertar vagas para cotas raciais é, portanto, pretender-se a um furo exatamente nessas estruturas de privilégios:

> *Penso que agora é o momento de refinarmos todos os nos sos sentidos e nos voltarmos às nossas instituições. Nesse conectar, surgem indagações, que são direcionadas pela inquietante proposição de rever a continuidade e a urgente descontinuidade de nossas ideias e de nossa prática psicanalítica: por que a psicanálise sempre silenciou – continuidade – ou no máximo, murmurou sobre esse problema que toca a todos nós? Temos como formar analistas comprometidos com o fazer ético, sem, no entanto, trabalhar as implicações da branquitude nas origens e no destino do racismo em nossos institutos? Por fim, nós, analistas, estamos dispostos a assumir a responsabilidade pela ruptura – descontinuidade – do* pacto narcísico *(Bento, 2022) que a psicanálise efetuou com a branquitude? (Paim & Paim, 2023, p. 38) [grifos do autor]*

Nossas instituições psicanalíticas não são apenas um efeito do laço social, mas uma força ativa na constituição, perpetuação ou transformação do próprio laço. Não nos encontramos fora do mundo, nem como meros observadores desafetados e desimplicados com o que acontece e com o que tece nossas estruturas. Se reconhecemos a psicanálise, seu fazer e suas instituições como parte relevante da sociedade e que podemos a ela oferecer algo, então somos intimamente responsáveis por participar do desmantelamento das estruturas de privilégio que segregam o acesso aos espaços e a recursos. Se nós, como instituições eminentemente brancas, não nos dispusermos a não apenas nos letrar racialmente, mas também a reconhecer e assumir nossa branquitude, e a abdicar dos lugares de privilégio herdados pela cor da nossa pele, seguiremos mantendo uma "civilização" baseada no racismo: a essa, também podemos dar o nome de barbárie.

Referências

Apolonio, G. S., & Verztman, J. S. (2022). Hipocrisia do analista e branquitude: os limites da analisabilidade na formação de psicanalista no Brasil. *Cadernos de Psicanálise (CPRJ)*, *44*.

Bento, C. (2022). *O pacto da branquitude*. Companhia das Letras.

Brasil. (1824). Constituição do Império do Brasil de 1824.

Brasil. (1850a). *Lei Eusébio de Queirós, Lei nº 581, de 4 de setembro de 1850*. Dispõe sobre a repressão ao tráfico de africanos.

Brasil. (1850b). *Lei de Terras, Lei nº 601, de 18 de setembro de 1850*. Regula a aquisição de terras devolutas.

Brasil. (1854). *Decreto nº 1.331, de 17 de fevereiro de 1854*. Reforma educacional de Couto Ferraz.

Brasil. (1871). *Lei do Ventre Livre, Lei nº 2.040, de 28 de setembro de 1871*. Declara de condição livre os filhos de mulher escravizada nascidos no Império.

Brasil. (1885). *Lei dos Sexagenários, Lei nº 3.270, de 28 de setembro de 1885*. Concede liberdade aos escravizados com mais de 60 anos.

Brasil. (1888). *Lei Áurea, Lei nº 3.353, de 13 de maio de 1888*. Extingue a escravidão no Brasil.

Brasil. (1890a). *Código Penal dos Estados Unidos do Brasil de 1890*. Inclui a previsão da vadiagem como contravenção. (Revogado).

Brasil. (1890b). *Decreto nº 528, de 28 de junho de 1890*. Dispõe sobre a entrada de imigrantes no país.

Brasil. (1941). *Decreto-Lei nº 3.688, de 3 de outubro de 1941*. Lei das Contravenções Penais.

Brasil. (1968). *Lei nº 5.465, de 3 de julho de 1968*. Institui cotas para cursos agrícolas (Lei do Boi).

Brasil. (2012). *Lei 12.711, de 29 de agosto de 2012*. Dispõe sobre o ingresso nas universidades federais e nas instituições federais de ensino técnico de nível médio e dá outras providências.

Câmara, I., Lôbo, D., & Holder, C. (2023). As cotas como medida de reparação histórica. *Tribunal Regional Federal da 5ª Região*. https://www.trf5.jus.br/index.php/noticias/leitura-de-noticias?/id=325255

Faustino, D., Cardoso, L., & Brito, L. (2023). O protagonismo negro no desvelar da branquitude. In I. V. Schucman & Instituto Ibirapitanga (Orgs.), *Branquitude: diálogos sobre racismo e antirracismo* (pp. 71-105). Fósforo.

Instituto Brasileiro de Geografia e Estatística. (2022a). *Censo demográfico 2022: população por cor ou raça – Resultados do universo*. https://censo2022.ibge.gov.br/panorama/

Instituto Brasileiro de Geografia e Estatística. (2022b). Desigualdades sociais por cor ou raça no Brasil. *Estudos e Pesquisas – Informação Demográfica e Socioeconômica, (48)*. https://biblioteca.ibge.gov.br/visualizacao/livros/liv101972_informativo.pdf

Núñez, G. (2023). As monoculturas como violação da singularidade. *Jornal de Psicanálise, 56*(105), 107–120. https://doi.org/10.5935/0103-5835.v56n105.08

Ohnmacht, T. (2024, nov.). Ações afirmativas: um novo ato de fundação? *Racialidades: psicanálise e instituições, 11*(9). https://appoa.org.br/correio/edicao/347/acoes_afirmativas_um_novo_ato_de_fundacao/1538

Paim, A., & Paim, I. (2023). *Racismo e psicanálise: a saída da grande noite*. Artes e Ecos.

Santos, K. Y. P. (7 de outubro de 2023). A urgência como interrogante da branquitude. Evento: *A urgência como interrogante do sintoma nos diferentes tempos*. Porto Alegre: CEPdePA/Serra.

Schucman, L. V. (2020). *Entre o encardido, o branco e o branquíssimo: branquitude, hierarquia e poder na cidade de São Paulo*. Veneta.

Souza, N. S. (2021). *Tornar-se negro: as vicissitudes da identidade do negro brasileiro em ascensão social*. Zahar.

11. Contra o racismo, o direito à esperança

Sankofa – Núcleo de Ações Afirmativas – ITIPOA Psicanálise e Criatividade

Uma noite, há anos, acordei bruscamente e uma estranha pergunta explodiu de minha boca. "De que cor eram os olhos de minha mãe?"

Evaristo, 2016, p. 11

No ITIPOA Psicanálise e Criatividade, a formação dos nossos membros entrelaça, além da base tradicional dos seminários teóricos, uma costura com seminários vivenciais, que contemplam expressões artísticas como artes plásticas, textos literários, escritas e expressão corporal – expressões criativas que acreditamos serem fundamentais para a escuta analítica. Durante um desses momentos, Conceição Evaristo, por meio de sua escrita ancestral e biográfica a partir da cor dos "olhos d'água", atravessa-nos e impele o questionamento: qual a cor da nossa instituição e da psicanálise que transmitimos em nossas formações?

No início da segunda década dos anos 2000, reconhecemos, com grande impacto, que em nossos corredores e em nossa biblioteca, havia predominantemente apenas uma cor: a cor branca. Poderíamos continuar a estudar, transmitir e aplicar uma psicanálise criativa sem a potência e o reconhecimento da diversidade de cores? Entendemos que não. Assim, passamos a abrir espaço para o estudo das relações raciais e para a discussão de como poderíamos colorir nosso ambiente de forma segura e acolhedora, com esperança no porvir.

Iniciamos o percurso antirracista com a psicóloga e ativista indígena Geni Núñez (2023, p. 107), tomando como inspiração: "para reparar, é necessário antes reconhecer". Nossos movimentos têm seu despertar na escuta das inquietações que os tempos atuais impõem (e são muitas), na disposição para se desacomodar e repensar nosso narcisismo, refletindo sobre seu impacto na manutenção da hegemonia branca nos espaços até então dominados por ela. Reconhecemos que é imprescindível aprofundar discussões sobre relações raciais, diversidade e pertencimento; analisar as resistências ao não saber ou ao não legitimar outros lugares de fala, de conhecimento e de vida, assim como o atraso em nos depararmos e nos ocuparmos desses questionamentos. De acordo com Jô Gondar e Nelson Coelho Jr. (2021), deve-se "tomar a responsabilidade que nos cabe na produção e na disseminação de normas, aprofundando a discussão: de que modo nós reproduzimos atitudes e discursos normativos quando praticamos a psicanálise?" (p. 205).

Este capítulo tem por objetivo compartilhar um tanto do que perpassa nossa caminhada coletiva em um processo de construção de vagas afirmativas, letramento racial e ações reparatórias contra o racismo institucional. Tensionamentos, responsabilidades e sonhos. Acreditamos que o Núcleo Sankofa nasce das reverberações do sentir com o outro, da necessidade e do desejo de ampliar ambientes, escutas e olhares, reconhecendo pluralidades e alertando para as trágicas consequências da falta de diversidade: exclusões, segregações e isolamentos.

O conceito Sankofa (Sanko = voltar; fa = buscar, trazer) origina-se de um provérbio tradicional entre os povos da língua Akan, da África Ocidental, em Gana, Togo e Costa do Marfim. Em Akan *se wo were fi na wosan kofa a yenki* pode ser traduzido por "não é tabu voltar atrás e buscar o que foi esquecido". Como um símbolo *adinkra*,[1] Sankofa pode ser representado como um pássaro mítico que voa para frente com a cabeça voltada para trás, carregando, no bico, um ovo, que simboliza o futuro (EPSJV/Fiocruz, 2018).

Sankofa ensina a possibilidade de retornar ao passado, às nossas raízes, para realizar nosso potencial e avançar. Trata-se, portanto, de uma realização do eu, tanto individual quanto coletiva. Tudo aquilo que foi perdido, esquecido, abandonado ou negado pode ser recuperado, reavivado, preservado ou perpetuado. Esse conceito faz parte do conhecimento dos povos africanos, expressando a busca de sabedoria ao aprender com o passado para compreender o presente e moldar o futuro (EPSJV/Fiocruz, 2018).

Para a psicanalista Maria Lúcia da Silva (2017), Sankofa é um símbolo do movimento antirracista, pois representa a recuperação da ancestralidade, expondo as cicatrizes da diáspora, mas também aponta os caminhos para a construção de um novo mundo. Trata-se de um ato necessário para a psicanálise brasileira, que deve transformar o antirracismo em um gesto efetivo e não apenas em um discurso.

Assim, o Núcleo Sankofa do ITIPOA Psicanálise e Criatividade elegeu esse *adinkra* como representação, reafirmando uma abertura para transformação, um movimento de quebra de paradigma e questionamento de conceitos fundamentais. Trata-se de um núcleo permeado pela esperança e pelo sonhar. Seu objetivo é promover ações contínuas na instituição de combate ao racismo estrutural, por meio do letramento racial e do aumento da representatividade negra e indígena entre os membros da instituição.

---

1 A palavra "Adinkra" significa "adeus à alma" na língua Twi, falada pelo povo Ashanti. Acredita-se que os símbolos tenham surgido no século XVI e sido desenvolvidos pelos Ashanti como uma forma de preservar e transmitir seus conhecimentos e tradições (N. R.).

Ocupar-se do racismo requer, impreterivelmente, reconhecer que ele é uma criação dos sujeitos brancos. A racialização – o negro enquanto categoria racial – é uma invenção do branco, historicamente forjada para subsidiar a escravização. Dessa forma, compreendemos que o racismo é um problema dos brancos, a ser reparado pelos brancos. Somos um coletivo que mira além de ações afirmativas e permanentes, visando também ações reparatórias.

> *O racismo tem sua existência viabilizada e sustentada, no decorrer do tempo e do espaço na história da humanidade, devido ao poder intrínseco que a branquitude comporta. Poder violento que determina uma forma única de ser, estar, ver, escutar e sentir no mundo. Sendo assim, pensar no racismo implica, antes de tudo, pensar na branquitude e em seus eternos privilégios. (Paim Filho, 2023, p. 37)*

Reconhecer a branquitude significa compreender os símbolos e valores que sustentam o pacto narcísico branco, responsável pela marginalização de formas não brancas de existência (Bento, 2022). É urgente descolonizarmos nossas percepções e práticas, assumindo nossa responsabilidade em coletivos sociais e psicanalíticos. O colonialismo eurocêntrico elevou o homem branco europeu como padrão de civilização, tratando o diferente como bárbaro e primitivo. Essa lógica perpetua desigualdades e afeta diversas esferas da vida social, exigindo a revisão de fundamentos teóricos e articulação de saberes para superar práticas coloniais (Canavêz, 2020).

Cida Bento (2022) afirma que não é apenas por meio de atos discriminatórios que se verifica se uma instituição é racista, mas também por suas taxas, número de profissionais, prestadores de serviço, lideranças e parceiros com perfil monolítico, em que não se observa diversidade. Por exemplo, em organizações de ensino, a branquitude se manifesta nos livros e planos de ensino que dialogam exclusivamente com uma visão eurocêntrica, com coordenadores ou professores, em sua maioria, brancos. Muitas vezes, quando elementos das culturas indígena e negra estão presentes, eles não são reconhecidos como saberes oficiais e permanecem estigmatizados e isolados.

A reparação, segundo Grada Kilomba (2019), não é um ato pontual, mas um processo contínuo de desarticulação de estruturas opressoras e de construção de novas formas de existir – com novas agendas, vocabulários, espaços e relações subjetivas. Entendemos, então, que, em vez de questionar se uma instituição é racista, o foco deve ser em como ela pode ativamente desmontar o racismo institucional.

José Damico (2021), ao tensionar a história e o desenvolvimento da psicanálise e seu entrelaçamento com questões de gênero e raça, remonta o quanto os psicanalistas muito pouco se ocuparam desse antigo mal-estar na cultura. Para o autor, "A colonialidade age silenciosamente, como o inconsciente psicanalítico, e, ao mesmo tempo, faz barulho e grita nos seus tropeços, enganos, lapsos, atos falhos e modos de violência" (Damico, 2021, p. 108). Consideração compreensível ao se identificar, por exemplo, o quanto as produções e os pioneirismos de Juliano Moreira, Virgínia Bicudo, Maria Manhães e José Simplício permaneceram (e permanecem) invisíveis para muitos.

Torna-se cada vez mais evidente a necessidade de que as instituições psicanalíticas, enquanto espaço de formação, questionem os impactos do racismo e reconheçam seus pontos cegos. O processo de descolonizar as lentes e escutas não deve ser entendido como um rompimento com as obras fundantes do conhecimento psicanalítico, mas como uma ampliação de perspectivas, considerando suas origens e equívocos.

Ainda que sejamos um coletivo que busca ser antirracista, somos também marcados pela branquitude na qual nascemos. Isso nos convoca constantemente ao trabalho de desconstrução do sistema racista estrutural e cultural, ao reconhecimento de nossa responsabilidade e implicação na sua não manutenção, analisando o pacto narcísico branco que habita nossas histórias – do qual já usufruímos. Sobre a posição das pessoas brancas no movimento antirracista, bell hooks (2022) afirma:

> *O comprometimento delas com o antirracismo não significa que nunca cometem erros, que nunca aceitam o privilégio de raça ou que nunca agem de acordo com a dominação racial da vida cotidiana. Isso sempre poderá acontecer de maneira inconsciente. O que significa é que, quando errarem, serão capazes de encarar o próprio erro e de corrigi-lo. (p. 79)*

O racismo não é uma questão de ser bom ou ruim, de ser uma boa pessoa ou não; segundo Kilomba (2021), tem a ver com poder e responsabilidade. Racismo, acima de tudo, relaciona-se a poder. E o antirracismo relaciona-se a responsabilidade. Novos conhecimentos só podem ser produzidos quando criamos novas configurações de poder. Apenas com essas novas configurações é que outros corpos podem circular, permitindo a criação de conhecimentos e políticas. Nesse sentido, Ignácio Paim Filho (2023) questiona: "Nós, analistas, estamos dispostos a assumir a responsabilidade pela ruptura – descontinuidade – do pacto narcísico que a psicanálise efetuou com a branquitude?... É necessário ampliar nossa escuta e reconhecer esse renegado por nós e em nós" (p. 38).

A psicanálise, embora tradicionalmente não tenha se dedicado extensivamente ao tema do racismo, oferece ferramentas conceituais para entender como este opera nos níveis psíquico e social, além de interpretar ações afirmativas como necessárias para reparar danos históricos. O racismo pode ser entendido como uma forma de violência que afeta a subjetividade de todos os envolvidos. A psicanálise pode contribuir para a compreensão dos mecanismos psíquicos envolvidos no racismo, como a projeção, a identificação e a formação de ideais.

> *É preciso a inauguração de uma psicanálise brasileira comprometida com a construção de uma clínica que não*

> *recuse a realidade histórico-social de nosso país e que leve em consideração o impacto dessa história na construção das subjetividades. Para tanto, também é preciso romper com o silenciamento. (Silva, 2017, p. 87)*

Partimos assim, em 2020, com a realização de uma pesquisa direcionada aos membros da instituição sobre as relações raciais e a psicanálise. Logo no início, percebemos que não bastava refletir, mas era necessário agir para promover maior igualdade e equidade. No mesmo ano, em nossas atividades científicas, organizamos eventos voltados à descolonização da psicanálise, ao letramento racial e à aproximação entre a psicologia e os povos originários.

Posteriormente, incluímos o critério raça/cor nas fichas dos pacientes atendidos em nossa clínica institucional. Além disso, após a aprovação das vagas de ação afirmativa em assembleia de sócios, no ano de 2023, acrescentamos o critério raça/cor também ao cadastro de todos os associados do ITIPOA. Esse processo de "racializar para desracializar", conforme a transmissão de Fanon (1952/2008) e de acordo com Souza, Damico e David (2020), traz a marcação da raça para o campo das ações, das formas de viver e do cotidiano, evitando a intelectualização defensiva e promovendo a desalienação colonial. Os autores escrevem:

> *A nomeação da raça branca possibilita que o racismo seja localizado, uma vez que aquele que o produz encontra-se em relação com aquilo que ele produz: relação entre povos racializados. No lugar da neutralidade universal comparece uma assimetria, no lugar do universal comparece o particular: a raça branca. A raça branca é particular, local, histórica, contingente, tem classe, interesses e estratégias . . . Trata-se de gerar afetação, pois a racialização da vida precisa ser redirecionada a quem dela se alimenta, mas por ela não se afeta. Corta-se a neutralidade, a transcendência e a denegação. (p. 6)*

Em 2022, lançamos o edital com vagas de ações afirmativas para profissionais negros e indígenas para nossos três cursos de formação: Formação em Psicoterapia de Orientação Psicanalítica – Adultos, Formação em Psicoterapia de Orientação Psicanalítica da Infância e Adolescência (NIA) e Formação na Teoria e Técnica de Intervenção na Relação Pais-Bebê. Inspirados no conceito de interseccionalidade, cunhado pela jurista afro-americana Kimberlé Crenshaw, que indica a interdependência das relações de poder entre raça, gênero e classe social, incluímos critérios sociais de desempate no edital: renda *per capita*, intersecção de gênero, considerando mães em situação de monoparentalidade, idade maior, maior número de filhos. Acreditamos que a luta antirracista só se efetivará quando for compreendida como uma emancipação coletiva – na qual se busca a igualdade de gênero, se reflete sobre a violência contra as mulheres e se luta por melhores condições de moradia, possibilidades financeiras e acesso aos direitos fundamentais.

O Brasil é marcado historicamente pelas capitanias hereditárias e pelo legado da escravização. Os psicanalistas Bruno Siniscalchi, Luciano Dias e Natasha Helsinger (2024) discutem a relação entre a transmissão e a herança na psicanálise no país. Por meio de um percurso teórico-histórico, eles refletem sobre a marca da herança psicanalítica, desde Freud até os dias atuais. Questionam-se quanto ao fato de que, muitas vezes, acabamos nos colocando mais como filiados à psicanálise, vivendo do seu patrimônio e história, do que como herdeiros que se apropriam do seu conhecimento e permitem construir destinos diversos. Eles afirmam: "herança não é algo que se herda, mas algo ao qual se torna herdeiro. Ou seja: é processo, não causa; é destino, não origem" (p. 12).

Desde o surgimento do Núcleo Sankofa, buscamos outras origens da psicanálise que minimizem o epistemicídio na teoria psicanalítica. O conceito de epistemicídio foi concebido originalmente pelo sociólogo português Boaventura Souza Santos e, de acordo com Sueli Carneiro (2023), pode ser compreendido como um processo que anula e desqualifica o conhecimento dos povos subjugados;

> *através do epistemicídio – que é uma forma de sequestro, rebaixamento ou assassinato da razão – as pessoas negras são anuladas enquanto sujeitos do conhecimento e inferiorizadas intelectualmente. Destaco também, dentre os elementos do dispositivo de racialidade, as múltiplas interdições das pessoas negras que, além de serem assassinadas intelectualmente, são interditadas enquanto seres humanos e sujeitos morais, políticos e de direito. (p. 14)*

Criamos uma política institucional de compra anual de livros de autores negros e indígenas. Desde 2023, promovemos a inclusão gradual desses escritores em nossos seminários teóricos, como Virgínia Bicudo, Neusa Santos Souza, Isildinha Nogueira, Ailton Krenak, Ignácio Paim Filho, Emiliano de Camargo David, Jôse Sales e José Damico.

Conforme a frase atribuída a Angela Davis, professora e filósofa estadunidense, "numa sociedade racista, não basta não ser racista, é necessário ser antirracista." Como coletivo antirracista, acreditamos que não basta ter responsabilidade; é preciso ter esperança. Ao escrever sobre esperança na atualidade, a historiadora feminista Rebecca Solnit (2020) relembra as palavras de Patrisse Cullors, uma das fundadoras do movimento *Black Lives Matter* (Vidas Negras Importam): "Dar esperança e inspiração para uma ação coletiva destinada a gerar forças coletivas, com o objetivo de alcançar uma transformação coletiva. Enraizada na dor e na raiva, mas orientada para a visão e para os sonhos." (s/p).

Para Solnit (2020), o movimento *Black Lives Matter* reconhece que a esperança pode coexistir com o sofrimento, a agressividade e as dificuldades. Mesmo em momentos de profunda tristeza ou em situações de fúria, tais circunstâncias não são incompatíveis com a esperança. Não devemos adotar uma visão simplista sobre a esperança; ela não se reduz ao sentimento otimista de que tudo estará bem, aconteça o que acontecer, nem à nostalgia de que tudo voltará ao habitual. Em situações de emergência, é a esperança que possibilita o surgimento de gestos de solidariedade e da defesa de direitos.

A reivindicação por representatividade e direitos, manifestada por negros e indígenas, é frequentemente interpretada como irracional ou silenciada, sendo associada à agressividade e à violência. Para Kilomba (2019), em algumas situações, a raiva é entendida como uma falha de caráter ou falta de educação. No entanto, na realidade, trata-se de uma reação natural à opressão e à injustiça decorrentes do racismo cotidiano. Segundo a autora:

> *Muitas vezes, confundimos sentimentos; por vezes, o que sentimos é raiva inflamada e irritação, mas em vez disso expressamos tristeza e impotência. Ou carregamos uma ferida profunda, mas expressamos raiva e irritação constantes. Nós confundimos sentimentos, não porque não entendemos, mas porque desejamos ser compreendidas/os. O que aconteceria se nos permitíssemos sentir a fúria causada pelo racismo? O que deveríamos fazer com essa raiva? Ou com esse desespero? E o que o* sujeito branco *teria de ouvir? (p. 231, grifos da autora)*

Embora Donald Winnicott não tenha aprofundado a temática racial em seus escritos, o conceito de ambiente, segundo Marina Reigado e Fábio Belo (2021), introduz novas perspectivas para refletir sobre a etiologia do sofrimento e do padecimento emocional. Segundo o psicanalista britânico, o ambiente, inicialmente representado pela mãe, vai se ampliando gradualmente para incluir a família, o sistema social e a comunidade. Portanto, se o cuidado é sustentado pelo ambiente, ele será determinado pelas singularidades, particularidades e também pelas limitações próprias de cada contexto. Para os autores, trata-se de "um conceito particularmente importante para a investigação do sofrimento psíquico produzido pelo racismo" (Reigado & Belo, 2021, p. 137).

Desde o início do Núcleo Sankofa, questionamo-nos: como pensar um "ambiente suficientemente bom" antirracista? Inspirados em Winnicott, entendemos um ambiente antirracista como um espaço que oferece a base de sustentação para os indivíduos, permitindo o reconhecimento das subjetividades e singularidades, e possibilitando que as pessoas vivam autenticamente sem temor da discriminação ou violência racial. Como coletivo, acreditamos que o pensamento winnicottiano pode ter efeitos decoloniais.

Conforme escreve Lia Pitliuk (2024), as contribuições de Winnicott reconhecem e celebram o *entre-vários*. A partir da identificação dos paradoxos que sustentam sua teoria, as relações não podem ser entendidas apenas pela via da subordinação ou da hierarquia. Há no espaço criativo, nem dentro nem fora – no *entre* – uma abertura para a complexidade e a diversidade, à medida que a diferença deixa de ser compreendida como rivalidade ou oposição. Para a psicanalista, é possível encontrar implicações contracoloniais nos textos do psicanalista britânico, especialmente em seu combate às relações baseadas na adaptação e na obediência, que favorecem o enfraquecimento ou o desaparecimento de componentes subjetivos.

Sustentamos que o ambiente antirracista se constitui nas relações *entre* brancos, negros e indígenas, e será, sempre, aquele que dá voz e espaço de existência a todos. Um espaço potencial onde o viver criativo pode emergir. Instigados pela transmissão de Winnicott, podemos pensar que um ambiente antirracista é aquele que nos permite enxergar a luta contra o racismo não apenas como uma questão política ou social, mas também como um processo relacional. Um ambiente que busca promover a justiça racial e a reparação histórica deve funcionar como um *holding* coletivo, um espaço de compartilhamento, colaboração e cocriação, em que diversas vozes possam se expressar e contribuir para a construção de um novo posicionamento para a psicanálise brasileira, ante sua herança colonial.

É essencial criar um espaço seguro e inclusivo para que negros e indígenas expressem suas experiências, demandas e visões de mundo, por meio do estímulo à busca por novas formas de existir e resistir, e da valorização da diversidade e da equidade. Acreditamos que o antirracismo se faz na construção de novas narrativas, com a responsabilidade branca pelo passado colonial, desconstruindo estereótipos que perpetuam a discriminação de negros e indígenas e estimulando a criação de novas histórias para a psicanálise no Brasil. Nessa direção, lembramos da fala de Achille Mbembe (2020):

> *o comum pressupõe uma relação de copertença e de partilha, de mutualidade – a ideia de um mundo que é o único que temos e que, para que seja duradouro, deve ser compartilhado por todos aqueles que a ele têm direito. Para que essa partilha se torne possível, a demanda por justiça e reparação é incontornável. (p. 19)*

Embora Winnicott tenha se concentrado principalmente no ambiente familiar, acreditamos que suas ideias podem ser expandidas para compreender como o racismo estrutural funciona como uma falha ambiental. Como destacam Reigado e Belo (2021, pp. 149-150), "o ambiente racista é o avesso de um ambiente de *holding*", pois obstaculiza a formação de um self seguro e integrado. No contexto brasileiro, a escuta das relações raciais deve estar alinhada a uma ética do cuidado. Para isso, é essencial não apenas revisar criticamente as teorias psicanalíticas, mas também incluir o estudo das ancestralidades negras e indígenas, refletir sobre a branquitude e seus efeitos na contratransferência e investigar a transgeracionalidade dos traumas coloniais.

Em sua leitura decolonial do "caso Piggle" de Winnicott, Carolyn Laubender (2024) alerta para os riscos de aplicar os conceitos winnicottianos de forma direta e acrítica na clínica psicanalítica. Ela incentiva, por exemplo, a ampliação de pesquisas que explorem as particularidades das mães negras, frequentemente relegadas a posições de subalternidade, destacando a necessidade de uma abordagem mais sensível e contextualizada. Com a implementação de ações afirmativas e do letramento racial no ITIPOA, nota-se um crescimento significativo de pesquisas e trabalhos dedicados à temática racial entre seus membros. Dentre esses estudos, destacam-se reflexões sobre a branquitude, a história da psicanálise brasileira e o legado de Virgínia Bicudo, além de análises sobre a dinâmica de famílias inter-raciais e as nuances da relação mãe-bebê no contexto da negritude.

Sobre a psicanálise brasileira, Wilson Franco (2022) questiona formas de ampliar o acesso e os caminhos para a democratização da formação psicanalítica no país, além de reduzir o elitismo presente nas instituições. O psicanalista convoca: "merecemos a boa luta, e acho que as instituições prestigiosas fariam bem a todos nós se arregaçassem as mangas e deixassem de lado as falsas certezas do dogmatismo e da autoalienação" (s/p).

Amparados pela teoria winnicottiana, acreditamos na potência vital do impulso agressivo enquanto expressão de esperança e não de patologia. Embora reconheçamos a agressividade como inerente ao desenvolvimento humano, seu amadurecimento saudável depende da presença de um ambiente capaz de suportar seus ataques. De acordo com Winnicott (1968/1994, p. 175), "a destruição desempenha seu papel na construção da realidade, situando o objeto fora do self. Para que isso ocorra, são necessárias condições favoráveis".

A relação entre ambiente interno e externo é base para a compreensão do olhar de Winnicott sobre o desenvolvimento humano. A partir da fusão inicial entre ambiente e indivíduo, o tempo, a confiança e a constância vão fazendo seu trabalho rumo a uma independência que nunca será completa (Winnicott, 1990). Ao contrário das teorias deterministas ou essencialistas, a visão winnicottiana propõe que a agressividade, conforme Carlos Augusto Peixoto Junior (2022), é sinônimo de atividade e movimento. Em um ambiente suficientemente bom, o impulso agressivo pode ser desenvolvido de maneira saudável e vivenciado como uma experiência de integração que estimula o potencial criativo.

No texto de 1967 "A delinquência como sinal de esperança" (1967/1999), Winnicott acredita que a tendência antissocial não deve ser compreendida como algo psicopatológico, mas sim como uma mensagem dirigida ao ambiente, um chamado de atenção feito por esses jovens ao meio que os cerca. Diz Winnicott: "A tendência antissocial caracteriza-se por um elemento que compele o ambiente a tornar-se importante" (1956/2000 p. 409). Para o autor, a característica principal do sintoma antissocial é a perturbação que ele causa no ambiente. O impulso agressivo contém a esperança de que o ambiente desperte e perceba as falhas.

Frantz Fanon em sua obra *Os condenados da terra* (1968) escreve que os aspectos da violência são fundamentais para a compreensão do colonialismo, do racismo e da exploração capitalista. No entanto, uma das estratégias de descolonização proposta por Fanon é transformar a violência em um instrumento de crítica ao colonialismo, ao mesmo tempo que a converte em uma forma de libertação e luta. Isso ocorre porque o sistema colonial impõe uma profunda indiferença em relação à humanidade do colonizado. Segundo o autor, "o homem colonizado se liberta na e pela violência. Essa práxis ilumina o agente, porque lhes indica o meio e o fim" (Fanon, 1968, p. 66).

Em consonância com Winnicott, nas palavras de Fanon (1968, p. 229), a "esperança é propulsora da fala". Ela é compreendida como um impulso ao enfrentamento da desumanização provocada pela violência colonial.

Nessa mesma toada de escuta e transformação, desde 2023, realizamos rodas de conversa sobre racismo e sexismo, encontros sobre ações afirmativas e contamos com um acompanhamento de escuta e acolhimento dos colegas bolsistas. Para Emiliano David, Patricia Villas-Bôas, Lívia Moreira (2021), além do letramento racial é fundamental a criação de espaços de elaboração coletiva do sofrimento institucional originado pelo racismo, do contrário, os sintomas e o mal-estar continuarão a se perpetuar.

Por meio das ações afirmativas no presente, reconhecendo que existe um passado colonial, é neste agora que vive a real possibilidade de mudança, de transformação da psicanálise brasileira. Sem esperança, não há possibilidade de luta antirracista, pois a esperança é uma pulsão de transformação. Como afirma Eduardo Viveiros de Castro (2015, p. 38), "Brancos, em suma, sonham com o que não tem sentido. Em vez de sonharmos com o outro, sonhamos com o ouro." Partindo da transmissão de Fanon, fica evidente que o projeto de dominar o mundo era um sonho branco europeu. Nosso sonhar antirracista, como escreve Núñez (2023) não é a busca de uma outra colonização, levada por outros agentes, mas o seu fim.

O que nos orienta para uma psicanálise antirracista é o *adinkra* Sankofa, alinhado à concepção de esperança formulada por Frantz Fanon (1968). Segundo o autor,

> *colonizado que escreve para seu povo deve, quando utiliza o passado, fazê-lo com o propósito de abrir o futuro, convidar à ação, fundar a esperança. Mas para garantir a esperança, para lhe dar densidade, é preciso participar da ação, engajar-se de corpo e alma. (p. 193)*

À luz dessa perspectiva, o trabalho da psicanálise antirracista não se trata de uma ingênua superação das relações de poder, mas de lutar, principalmente nas instituições, por novas formas de reconfiguração e reestruturação da circulação de poder. Nesse sentido, em sua passagem pelo Brasil, ocorrida em 2019, a ativista estadunidense Angela Davis destacou em sua conferência: "É preciso organizar a esperança." Organizando a esperança, podemos criar caminhos para a transformação da realidade, posicionando-nos como sujeitos autores da história de nosso país, rompendo com a ideia de que somos meros espectadores passivos da colonialidade.

A esperança, para bell hooks (2022), envolve sermos criativos na resolução de nossos problemas sociais. Quando apenas se aponta o problema, ficamos fixados na queixa e nos afastamos da esperança.

Próxima ao pensamento de Paulo Freire, a ativista enfatiza que a esperança possibilita o trabalho em prol da justiça, ainda que as forças da injustiça social possam muitas vezes parecer mais poderosas.

Enquanto Núcleo Sankofa, estamos em concordância com Décio Gurfinkel (2016), que brilhantemente formulou: "Ora, a espera-esperança é também condição essencial para a capacidade de sonhar" (p. 39). Projetar e estimular uma instituição antirracista, para nós, é indubitavelmente falar de esperança. Gurfinkel propõe uma relação fundamental entre o sonhar e o tempo futuro, indo além da relação habitual que relaciona o sonho e o tempo passado. Para o autor, esse sonhar passa pela sustentação de um projeto no tempo futuro, no sentido de potencialidade do que virá.

Acreditamos que o antirracismo dentro das instituições psicanalíticas marca sua presença na construção de espaços de acolhimento e cuidado, de resistência às opressões, de autoanálise e escuta atenta, promovendo pertencimento e otimismo. A partir da tradição africana Sankofa, "retornar ao passado para ressignificar o presente e construir o futuro", o antirracismo permite o direito à esperança. Esta esperança presente nos coletivos é capaz de sentir, comunicar e recuperar uma memória ancestral para construir um novo futuro.

De acordo com Winnicott (1965/2001): "Os artistas nos permitem permanecer vivos quando as experiências da vida ameaçam destruir nosso sentido de uma existência real e viva" (p. 48). Finalizamos, portanto, este capítulo, novamente com as palavras de Conceição Evaristo (2017, pp.55-56):

Na esperança, o homem

Da cabeceira do rio, as águas viajantes
não desistem do percurso.
Sonham.

A seca explode no leito vazio
e a pele enrugada da terra seca e
sonha.
O barco espera.
O sábio contemplativo aguarda.
O homem, ao peso de qualquer lenho,
não se curva.
Sonha.
Sonha e faz
com o suor de seu rosto,
com a água do seus olhos,
com a fluidez de sua alma,
cospe e cospe no solo
amolecendo a pedra bruta.
Faz e sonha.
E, no outro dia, no amanhã de muitos
outros dias, a vida ressurge fértil,
úmida,
alimentada pelo seu hálito.
E que venham todas as secas,
o homem esperançoso
há de vencer.
(Evaristo, 2017)

Referências

Bento, C. (2022). *O pacto da branquitude*. Companhia das Letras.

Canavêz, F. (2020). Raça, gênero e classe social na clínica psicanalítica. *Tempo psicanalítico*, 52(2), 79-102.

Carneiro, S. (2023). *Dispositivo de racialidade: a construção do outro como não ser como fundamento do ser*. Zahar.

Damico, J. (2021). Gênero e raça: marcas persistentes de um fazer--saber denegado. In J. Stona (Org.), *Relações de gênero e escutas clínicas*. (pp. 93-118). Devires.

David, E. C., Villas-Bôas, P., & Moreira, L. S. (2021). Por uma psicanálise antirracista: a psicanálise na encruzilhada. In: E. David & G. Assuar. (Orgs), *A psicanálise na encruzilhada: desafios e paradoxos perante o racismo no Brasil*. (pp. 74-100). Hucitec.

Davis, A. (2019, 21 de outubro). *É preciso organizar a esperança*. [Conferência]. Cine Odeon, Rio de Janeiro, Brasil. https://m.youtube.com/watch?v=UWR2F8QDl5c&pp=ygUzQW5nZWxhIGRhdmlzIDIwMTkgw6kgcHJlY2lzbyBvcmdhbml6YXQgYSBlc3BlcmFuw6dh

Escola Politécnica de Saúde Joaquim Venâncio. (2018). *Projeto Sankofa* (2a ed.). https://www.epsjv.fiocruz.br/sankofa-2a-edicao-2018

Evaristo, C. (2016). *Olhos d'água*. Pallas.

Evaristo, C. (2017). *Poemas da recordação e outros movimentos* (3a ed.). Malê.

Fanon, F. (1968). *Os condenados da terra* (J. L. de Melo, Trad.). Civilização Brasileira.

Fanon, F. (2008). *Pele negra, máscaras brancas* (R. da Silveira, Trad.). Ed. UFBA. (Obra original publicada em 1952)

Franco, W. (2022). Por uma psicanálise desvencilhada do eurocentrismo e do elitismo. *Revista Traço*. https://revistatraco.com/10_por-uma--psicanalise-desvencilhada-do-eurocentrismo-e-do-elitismo/

Gondar, J., & Coelho Junior, N. E. (2021). Psicanálise e normatividade. *Tempo psicanalítico*, *53*(1), 202-220.

Gurfinkel, D. (2016). Espera, esperança e sonho: deixar a terra descansar. *Revista Brasileira de Psicanálise*, *50*(4), 39-48.

hooks, b. (2022). *Ensinando comunidade: uma pedagogia da esperança*. (K. Cardoso, Trad.). Elefante.

Kilomba, G. (2019). *Memórias da plantação: episódios de racismo cotidiano*. (J. Oliveira, Trad.). Cobogó.

Kilomba, G. (2021, 4 de novembro). *A desmantelar o poder*. [Entrevista concedida a J. Domingos de Lima]. UOL Ecoa. https://www.uol.com.br/ecoa/reportagens-especiais/grada-kilomba-todas-as-crises-que-temos-sao-baseadas-em-600-anos-de-historia-colonial/#cover

Laubender, C. (2024). *The political clinic: psychoanalysis and social change in the twentieth century*. Columbia University Press

Mbembe, A. (2020). O fardo da raça (A. C. de Holanda, Entrev. e Trad.). Recuperado de https://www.n-1edicoes.org/textos/133

Núñez, G. (2023). As monoculturas como violação da singularidade. *Jornal de Psicanálise, 56*(105), 107-120.

Paim Filho, I. A. (2023). Racializando a psicanálise: rompendo as fronteiras alienantes da branquitude. In A. M. Paim & I. A. Paim Filho (Orgs.), *Racismo e psicanálise: a saída da grande noite* (pp. 35-44). Artes & Ecos.

Peixoto Junior, C. A. (2022). Destrutividade, sobrevivência, subjetivação: a agressividade como potência de destruição criativa em Winnicott. *Natureza Humana: Revista Internacional de Filosofia e Psicanálise, 24*(1), 17-39.

Pitliuk, L. (2024). *Pertinência e atualidade da obra de Winnicott para a clínica psicanalítica em nosso tempo e meio. Revista Rosa, 10*(1). https://revistarosa.com/10/pertinencia-de-winnicott-em-nosso-tempo-e-meio#origem_nota5

Reigado, M. R., & Belo, F. (2021). Winnicott e o caso Mollie: considerações a partir da temática do racismo. In E. C. David & G. Assuar (Orgs.), *A psicanálise na encruzilhada: desafios e paradoxos perante o racismo no Brasil* (pp. 136-155). Hucitec.

Silva, M. L. (2017). Racismo no Brasil: questões para psicanalistas brasileiros. In N. M. Kon, M. L. Silva & C. C. Abud (Orgs.), *O racismo e o negro no Brasil: questões para a psicanálise* (pp. 71-89). Perspectiva.

Siniscalchi, B., Dias, L., & Helsinger, N. (2024). *É de raça que estamos falando: tornar-se herdeiro da psicanálise no Brasil*. 7 Letras.

Solnit, R. (2020). Esperança em meio ao desastre. *Revista Serrote*. https://revistaserrote.com.br/2020/04/esperanca-em-meio-ao-desastre-por-rebecca-solnit/

Souza, T. P., Damico, J. G., & David, E. C. (2020). Paradoxos das políticas identitárias: (des)racialização como estratégia quilombista do comum. *Acta Scientiarum, Human e Social Sciences, 42*(3), e56465.

Viveiros de Castro, E. (2015). O recado da mata. In D. Kopenawa & B. Albert, *A queda do céu: palavras de um xamã yanomami* (pp. 11-41, B. Perrone-Moisés, Trad.). Companhia das Letras.

Winnicott, D. W. (1990). *Natureza humana*. Imago.

Winnicott, D. W. (1994). O uso de um objeto e o relacionamento através de identificações. In *Explorações psicanalíticas* (J. O. de A. Abreu, Trad., pp. 171-177). Artes Médicas. (Obra original publicada em 1968)

Winnicott, D. W. (1999). A delinquência como sinal de esperança. In *Tudo começa em casa* (P. C. Sandler, Trad., pp. 81-91). Martins Fontes. (Obra original publicada em 1967)

Winnicott, D. W. (2000). A tendência anti-social. In *Da pediatria à psicanálise: obras escolhidas* (D. Bogomoletz, Trad., pp. 406-416). Imago. (Obra original publicada em 1956)

Winnicott. D. W. (2001). Sobre segurança. In *A família e o desenvolvimento individual* (pp. 40-48). Martins Fontes. (Obra original publicada em 1965)

12. Projeto Ubuntu – Evocações coletivas e a rede

Comissão Ubuntu

Pensamos em trazer o que emergiu na Comissão Ubuntu a partir do convite para compor este livro, junto com outros grupos que estão implicados na luta antirracista em nosso meio. O desafio ao qual nos propusemos foi o de compartilhar, de forma bastante espontânea, ações, emoções ou pensamentos que nos viessem à mente a partir do convite de Ignácio Alves Paim Filho e Larissa Ulrich para que participássemos da presente obra. Agradecemos o convite!

A Comissão Ubuntu é a responsável pela criação e implementação do Projeto Ubuntu – Programa de Bolsas de Formação Psicanalítica do Instituto de Psicanálise da Sociedade Brasileira de Psicanálise de Porto Alegre (SBPdePA), voltado a profissionais negros, negras e indígenas das áreas de Psicologia e Medicina. O Projeto foi criado em 2020 e aprovado em Assembleia Geral da SBPdePA, realizada em dia 27 de abril de 2021. Em 2025, temos sete bolsistas cuja bolsa inclui um valor mensal em dinheiro, além da isenção do pagamento da mensalidade e das inscrições em jornadas e eventos, pelo período de cinco anos.

Começamos com uma poesia de Mitti Mendonça (2022, p. 11):

Desemboco nesse mundo
Caio no escuro da noite
Derramo meu todo

Com intensidade
Desde a lua cheia
Do útero de minha mãe
Verto infinito
Corro pelos labirintos
Tintos de meus avós
Teimo
Sigo pelo meu
próprio caminho
Ao meu lado,
a persistência
Do outro, a
correnteza
Do imprevisto
Inquieto
Que converto em
risco
Sobre o papel"

(Mendonça, 2022, p. 7)

Mitti Mendonça, artista visual e multidisciplinar, é a criadora do logo do Projeto Ubuntu. Com toda a sua criatividade, representa a força das mulheres negras no Brasil e sua luta diária por espaço e reconhecimento. No livro *Cavalos em corrida dentro da garganta* (Mendonça, 2022, p.7), do qual extraímos a poesia citada anteriormente, a artista faz uma dedicatória que revela a força da ancestralidade na luta contra o racismo no Brasil: "Dedico estas escritas às minhas mais velhas, que me sopram aos ouvidos as sabedorias que moram no fio de cada palavra, e à coragem, afeto e zelo de meus pais".

A própria definição da filosofia africana Ubuntu evoca profundamente a noção do coletivo, implicando também a natureza, o animado e o inanimado, os vivos e os mortos, os que vieram antes, os que estão e os por vir. Assim, todos somos e estamos num coletivo. Essa filosofia nutre o conceito de humanidade em sua essência e enfatiza a coletividade em contraponto ao individualismo: "Eu sou porque nós somos" (Portal Geledés, 2016).

Nesse sentido, o filósofo e psicólogo sul-africano Dirk Louw (Sbardelotto, 2010), ao descrever o *ethos ubuntu*, explica que uma pessoa não é uma pessoa somente por meio de outras, mas também por meio de todos os seres do universo – inclui o ser por meio dos outros e os outros serem por meio de ti, sejam vivos ou mortos (os ancestrais), humanos ou não. Em sintonia, Krenak (2022, p. 27) conclama: "Vamos escutar a voz dos rios, pois eles falam. Sejamos água, em matéria e espírito, em nossa movência e capacidade de mudar de rumo, ou estaremos perdidos". Assim, formar um coletivo implica também o reconhecimento da legitimidade do viver do outro, em sua diversidade e singularidade, e da importância em preservar a natureza e o planeta.

Conforme descrevem Albert e Kopenawa (2023), os Yanomamis são conhecidos como *mestres da escuta*. Por meio da *calma silenciosa* da floresta e de seu confronto com a polifonia das vozes que dela emergem, vão traduzindo seus sonidos e decodificando seus significantes pela leitura da subjetividade que os compõe. Portanto, esses múltiplos sons equalizam uma única e harmoniosa sinfonia, contrastando com a cacofonia industrial que vivemos nas cidades.

No livro *Inconfidências metapsicológicas*, de Ignácio Alves Paim Filho (2019), escritor e psicanalista, encontramos evocações importantes ao esforço coletivo para que a luta antirracista ingresse de vez no cenário psicanalítico. O autor sustenta que é preciso desenvolver um pensamento científico com coerência e relacioná-lo com a cultura, para não nos tornarmos negacionistas dos tempos atuais. Sua frase de alerta, para que possamos nos unir como seres sociais, é certeira e dolorosa: "As questões de ser escravo de ontem ressoam na escuridão da escravidão de hoje" (Paim Filho, 2019, p. 231).

O coletivo e a rede

A vivência coletiva é uma das marcas das comunidades negras e indígenas; por isso, pareceu-nos importante nos debruçarmos sobre esse conceito. Escóssia e Kastrup (2005) propõem uma ideia de coletivo que se desloque da dicotomia coletivo *versus* indivíduo. O conceito de coletivo surge ressignificado, entendido como plano de coengendramento e de criação, pautado na noção de relação, em lugar de um dualismo dicotômico. As autoras citam Veyne (1971/1982), ao afirmarem que há um primado da relação e da prática sobre o primado dos sujeitos ou dos objetos, configurando uma materialidade da relação – como nos relacionamos na prática cotidiana, o que vamos sentir.

Para usar um exemplo, Escóssia e Kastrup (2005) remetem a uma obra de arte, na qual existe a matéria da obra, mas esta só adquire sentido na relação com cada um de seus intérpretes. Da mesma maneira, indivíduo e sociedade não podem ser analisados como objetos naturais que preexistem às relações ou às práticas de uma época, de um povo, de uma cultura. Além disso, consideram que são as práticas datadas que objetivam o indivíduo e a sociedade, de forma igualmente datada. Portanto, indivíduos e sociedades são objetos históricos e múltiplos, uma vez que dependem das múltiplas práticas e relações que podem ser estabelecidas em cada época, cultura, país, cidade, família, instituição etc. Assim, os conceitos de prática e de relação remetem a um plano produtor de mundo e de sentido.

Ainda segundo as autoras, a noção de rede coletiva contribui para a ultrapassagem da tensão que sempre existe entre os níveis individual e social de fenômenos como a cognição, a emoção ou a ação (Escóssia & Kastrup, 2005). Com base em Latour (1994, citado por Escóssia & Kastrup, 2005), as autoras trazem a rede como versão empírica e não dicotômica do coletivo. A noção de sociedade fica composta por uma infinidade de materiais heterogêneos (humanos, não humanos, objetos animados e inanimados). O processo de tradução é entendido como o movimento que coloca os seres em relação.

Uma das características das redes coletivas é sua capacidade de relançar constantemente sua própria ação. Trazem as figuras de ponto e rede: essa dupla natureza do ser nos permite apreender toda entidade em seu aspecto individualizado, estável ou pontual, por um lado, e em seu aspecto coletivo e distribuído, por outro lado. O coletivo não se situa como uma reunião de indivíduos, mas dentro de um plano relacional, de coengendramento, que se dá no espaço "entre" indivíduo e sociedade – lembramos do conceito do espaço "entre dois", na clínica psicanalítica vincular de Berenstein e Puget (1997).

As autoras destacam que se agenciar com alguém, com um animal ou com uma coisa não é substituí-lo, imitá-lo ou identificar-se com ele: é criar algo que não está nem em você e nem no outro, mas entre os dois, nesse espaço-tempo comum, impessoal e partilhável que todo agenciamento coletivo revela. Esse plano coletivo e relacional é também o plano de produção de subjetividades.

Na mesma linha, Malvezzi e Nascimento (2020) afirmam que, em meio às profundas transformações ocorridas no mundo contemporâneo, as organizações em rede habitam as novas realidades política, econômica, ambiental, cultural e social. Em sua essência, as redes visam integrar e conectar pessoas, objetos ou ideias, com o objetivo de descentralizar e estabelecer relações mais horizontais entre os elementos, podendo promover articulações entre o setor público e privado, a sociedade civil e outros atores (intersetorialidade), diante da complexidade dos problemas e a escassez de recursos.

Os pensadores pontuam que existem redes sem contornos fixos e em constante mobilidade, como é o caso das interações culturais entre grupos étnicos. Nas conexões em rede afloram as necessidades, os desejos, as contradições e as tensões presentes nos processos de interação humana, o que permite revelar a complexidade das formações em rede e, ao mesmo tempo, seu potencial de operar transformações na sociedade.

Nesse sentido, consideramos importante uma menção à Teoria Ator-Rede (TAR), desenvolvida por Bruno Latour e Michel Callon, na década de 1980 (como citado por Freire, 2006), que consiste em uma abordagem que analisa a relação entre os humanos e não humanos, considerando-os atores igualmente importantes, em que todos agem mutuamente, interferindo e influenciando o comportamento um do outro.

Para esses autores, o que aparece no laço social não é visto como estanque nem como algo sem possibilidades de transformações. Nas formações em rede, os grupos são feitos e refeitos constantemente. As controvérsias e os conflitos se constituem nos fenômenos mais importantes a serem observados, pois permitem que o que ainda não foi estabelecido possa ser transformado. A ação dos mediadores tem a capacidade de gerar transformações; já a ação dos intermediários, não, pois estes apenas transportam as coisas e os significados. A liberdade de movimento se torna crucial, mesmo que se necessite ir mais devagar em algum momento.

Na TAR, cada nó representa conexões com outros nós, em uma perspectiva relacional e não unidirecional. Qualquer ponto pode ser conectado a qualquer outro ponto, em uma totalidade aberta, que cresce em todos os lados e direções. A principal característica dessa rede de formação ininterrupta é sua capacidade de transformação, estabelecendo novas alianças com novos e diversificados atores, humanos e não humanos (Freire, 2006).

A partir dos conceitos referidos anteriormente, podemos situar o Projeto Ubuntu como uma iniciativa que consegue se desenvolver no contexto de estar em rede coletiva com a Diretoria da SBPdePA, com o Instituto de Psicanálise, com a Associação dos Membros do Instituto, com os membros da SBPdePA e de outras sociedades de psicanálise, psicologia e psiquiatria, bem como com a sociedade civil, por meio de apoiadores, sejam pessoas físicas ou jurídicas, com outras entidades regional, nacional e internacional da área "psi", e com instituições de saúde e educação em geral, além de instituições jurídicas e financeiras.

Como a rede é um sistema em aberto, nunca se sabe quais novas parcerias surgirão para agregar ou quais novos obstáculos e resistências se colocarão em suas possibilidades de expansão.

Considerando que este é um projeto de ações afirmativas para ingresso de pessoas negras e indígenas na formação psicanalítica, toda a realidade do racismo antinegro e anti-indígena se apresenta de forma imediata. Assim, experienciamos fatos importantes, que conversam com os aportes teóricos mencionados. Por exemplo, uma parcela de colegas revelaram seu constrangimento em votar contra o projeto na assembleia, com receio de serem tomados por racistas. Cabe mencionar que o percentual de colegas da instituição que se tornou apoiadora mensal, semestral ou anual do Projeto Ubuntu está em 30%.

Outro fator de destaque é o constante investimento em letramento racial mantido dentro da SBPdePA, por meio do Núcleo Colonialismo, Racismo e Desigualdade (NCRD) e de atividades criadas pela Comissão Ubuntu. Nesses espaços, diversos convidados e estudiosos da área são recebidos em nossa Sociedade, propondo estudos de autores negros ou indígenas, com textos não eurocêntricos. Há, ainda, um movimento para que esses autores sejam incluídos em seminários, e o tema do racismo e preconceitos foi incluído nos eixos teóricos da formação psicanalítica.

Todavia, é preciso registrar que perceber-se racista e branco, com privilégios, com toda a violência que o pacto narcísico da branquitude contém, traz vivências de dor e mal-estar consigo mesmo e com os demais. Criados em uma cultura e uma sociedade estruturalmente racista, todos estamos habitados pelo racismo, e sua desconstrução é um árduo, doloroso e infindável trabalho no mundo interno e externo. Nesse sentido, a Comissão Ubuntu exerce um papel de mediadora que gera contatos e transformações, pois antes de sua existência, não havia projeto nem verbas para implementá-lo. Seus integrantes também exercem a função de intermediários sempre que necessário – papéis que também estão presentes entre os demais colaboradores do projeto e os próprios bolsistas.

À medida que os bolsistas ingressaram nos seminários – após um ano de análise prévia, conforme prevê o estatuto da SBPdePA para todos os postulantes à formação –, o campo relacional vai revelando tensões: "Parece que querem que me mostre muito agradecida pela bolsa e bem submissa e quietinha, e esse não é meu jeito." (fala ficcional) ou surpresas: "Não imaginava que encontraria colegas me tratando bem e querendo me ajudar no que eu precisasse; também tem uns que me geram desconforto, como se eu não devesse estar ali." (fala ficcional). Surgiram comentários sobre o fato de o bolsista pegar Uber ou almoçar no mesmo restaurante que os não bolsistas (ao invés de andar de ônibus e trazer seu almoço), o que significaria que não é tão pobre assim para ganhar bolsa. O fato de o colega branco ter tido que fazer esforços e sacrifícios para pagar sua formação justifica para alguns a ideia de que a bolsa não deveria existir ou que, se existisse, deveria ser uma bolsa social, e não racial.

Podemos compreender tais situações como nós críticos que podem ou não ser desatados. Ao desamarrar alguns, logo adiante mais e mais nós surgem; contudo, um nó desatado pode desfazer algum outro de sua proximidade. Trata-se dos efeitos imprevisíveis e exponenciais de estar em rede de conexões, em que sabemos como o Projeto Ubuntu começou, seu ponto de partida, mas não seu ponto de chegada. Talvez seja interessante pensar não como ponto de chegada, mas como um processo em constante movimento, transformador da realidade racista dentro das instituições de psicanálise no Brasil e em outros países.

Em nossa realidade próxima, pudemos constatar que um dos efeitos transformadores que surgiu em nosso meio, a partir da existência do Projeto Ubuntu da SBPdePA, foi que diversas instituições "psi" começaram a oferecer vagas gratuitas em seus eventos para estudantes e profissionais negros e indígenas (não temos conhecimento da oferta de vagas anteriormente à implantação do Projeto Ubuntu). Cada pessoa negra ou indígena que acessa esses espaços e o conhecimento veiculado também pode se sentir outra e com direito a ocupar um lugar antes inexistente. Ainda assim, sabemos da discrepância entre a enorme demanda de desejo e o pouco espaço proporcionado de forma gratuita ou acessível.

Relação e o direito à opacidade

Um aporte interessante para pensar sobre as nuances na construção de um senso de coletivo é trazido por Glissant (2021). O autor aponta a importância do reconhecimento do direito à opacidade, agregando-o ao direito à diferença. Ele afirma que a teoria da diferença permitiu lutar contra as reduções provocadas pela presunção de superioridade de raça e pelo direito de existência dos grupos minorizados. Mas alerta que a própria diferença pode revelar uma tendência a reduzir o outro à transparência, para poder compreendê-lo, como numa transparência de modelos universais.

O direito à opacidade fala da subsistência em uma singularidade irredutível, na qual opacidades podem coexistir e confluir, tramando os tecidos cuja verdadeira compreensão levaria à textura de certa trama e não à natureza dos componentes. O pensamento da opacidade distrai das verdades absolutas e resguarda das vias unívocas e das escolhas irreversíveis. Nessa lógica, não necessitamos compreender totalmente uma pessoa para nos solidarizarmos ou construir algo com ela e nem nos reduzirmos uns aos outros, mas confluirmos e nos singularizarmos sempre. O direito à opacidade (o não redutível) fundamentaria a Relação, em liberdade. Novamente, isso nos remete à epistemologia de Puget e Berenstein (Puget, 2011; Berenstein & Puget, 1997) com o conceito de *ajeno/ajenidad*, da teoria vincular, no qual o vínculo se estabelece a partir do irredutível do outro no espaço "entre-dois". É necessário respeitar o direito à opacidade do outro para fazer

Relação e lidar com o fato de que sempre haverá o inapreensível, o *ajeno* do outro, na construção do vínculo a partir do espaço "entredois".

Alves (2024) insere o direito à opacidade no contexto das instituições de psicanálise, em função das ações afirmativas, como o direito de não ser definido pelo percurso, pela deriva, pela imagem e semelhança do outro, em sua instância absoluta, vista como mais uma investida colonial sobre os corpos-sujeitos negros. Para a autora, pensar e sentir a opacidade no semelhante é reconhecer a existência genuína do dessemelhante como aquele que pode confluir experiências, compor vivências e inscrever novos imaginários na poética da Relação.

Nessa mesma direção, o pensador quilombola Antonio Bispo (2021), da Comunidade Quilombola Saco de São João, no Piauí, expressa lindamente o que é confluência: o encontro entre dois ou mais rios, nos quais são mantidas e preservadas suas identidades. Nas palavras dele,

> *confluência é esse encontro que vai e volta, onde se juntam, se misturam e se fortalecem, mas não deixam de existir. Assim, um rio não deixa de ser o mesmo rio porque se encontrou com outro rio. Formam um só rio do encontro até a foz, mas do encontro até a nascente cada um continua sendo o rio que nasceu de sua nascente.*

O encontro dos corpos negros e brancos nos espaços de seminários do Instituto de Psicanálise, e na instituição como um todo, não se dá sem algum desconforto ou tumulto/barulho, semelhante à turbulência do encontro dos rios, inevitável e necessário para produzir mudanças. Mas não haverá verdadeira mudança sem rupturas no pacto narcísico da branquitude, que define quem pode e quem não pode adentrar os espaços e qual lugar cada um pode ocupar. A verdadeira reparação significa o reconhecimento do mal e da violência causados pelo racismo, e isso se dá por meio da mudança de posições na dinâmica das relações subjetivas. Ou tentamos romper o pacto ou somos coniventes com sua perpetuação maligna.

A psicanálise foi praticamente construída a partir de autores brancos, que são os mais frequentemente estudados nas formações psicanalíticas. Aqui, temos uma outra face do racismo que é o epistemicídio das contribuições de psicanalistas negros e de outros autores negros. Com o surgimento das emergências climáticas, a sabedoria dos povos originários, na relação com a natureza, passa a receber algum grau de reconhecimento. Também a produção de livros de autores indígenas vem aumentando.

Grada Kilomba (2019), em *Memórias da plantação*, levanta a pergunta se pode a subalterna falar e aponta para a posição de marginalidade e silêncio a que os negros foram confinados num regime colonialista e racista.

Nossa esperança, que não tem nada de passiva, ao contrário, é posta em ato/ação por meio do árduo trabalho de buscar desmantelar o racismo próprio, para que possamos nos encontrar na condição sensível e humana. Isso também significa lidar com as confluências e as opacidades que brotam do espaço da relação entre diferentes raças, cores e etnias.

Diz Ezequiel de Candido Amaral (2023, p. 102): "Não me entenda mal, é simples... Quero desfrutar também do mundo dos vivos com o direito humano da dignidade, sem que precise estar no fronte o tempo todo, lutando armado de palavras, para convencer que a minha vida importa".

Trata-se da possibilidade de estar numa instituição psicanalítica sem ser colonizado ou embranquecido para ali permanecer, criando espaços de relação que até então nunca existiram. Ademiel de Sant'Anna Junior (2023, p. 61) afirma: "Fuga sem um projeto coletivo de liberdade não é fuga. É troca de cativeiro...".

Branquitude – Lugar da não relação com o outro negro ou indígena

Tânia Corghi Veríssimo (2017) aponta que o povo brasileiro endossou o mito do sujeito cordial, amigável, extrovertido e criativo: "Povo miscigenado! Povo feliz!". A autora questiona:

> *Como seria abrir mão dessa crença? Como seria para o brasileiro, do ponto de vista narcísico, reconhecer que há contas a serem ajustadas? Como seria sua sustentação narcísica após a admissão de registros traumáticos da história, tais como o massacre do negro e o racismo tão presente? Quando o assunto é a discriminação contra o negro, o brasileiro recusa a própria realidade racista na tentativa de evitar um grande abalo narcísico. (p. 240)*

O mito de uma democracia racial no Brasil não se sustenta perante a realidade e é mais uma das faces da violência racista e do cinismo da branquitude, que constrói a narrativa que lhe convém para manter os seus privilégios e pactos.

No pacto narcísico da branquitude, descrito por Cida Bento (2002), as pessoas brancas se fecham em grupos cujos benefícios e privilégios são distribuídos somente dentro do próprio grupo, impedindo a mobilização contra o racismo estrutural. E Djamila Ribeiro (2019, p. 65) afirma: "O privilégio social resulta no privilégio epistêmico, que deve ser confrontado para que a história não seja contada apenas pelo ponto de vista do poder. É danoso que, numa sociedade, as pessoas não conheçam a história dos povos que a construíram".

Temos aqui a branquitude e seus pactos como uma posição que impede a relação com o outro negro ou indígena, bem como a entrada na rede coletiva de conexões com esses povos, não promovendo o laço social enquanto instrumento de defesa dos seus direitos à vida digna.

Tânia Veríssimo (2017, p. 239) faz referência a Renato Janine Ribeiro em seu artigo: "O Brasil é um país traumatizado, que jamais ajustou as contas com suas dores terríveis, obscenas, da colonização e da escravatura". A não elaboração dessa violência redunda na "repetição mortífera e obsessiva dos traumas de desigualdade e iniquidade a que ficamos submetidos em nossa história" (p. 239).

A violência perpetrada pela branquitude contra pessoas negras ou subalternizadas é, em geral, completamente negada ou desmentida. Como exemplo, uma estudante negra conta sobre uma experiência de supervisão online com uma terapeuta branca. No decorrer da apresentação do material clínico sobre um paciente negro, começa a passar por trás da supervisora uma senhora negra em trajes de empregada doméstica. A estudante observa essa cena e comenta sobre a importância do sigilo. A supervisora responde: "não se preocupe, pois ela é só uma empregada, não ouve e nem iria entender o que estamos falando". A estudante sentiu-se muito mal e agredida triplamente (por ela mesma, pela empregada doméstica e pelo paciente supervisionado). Para a estudante ressurgiu a imagem violenta de apagamento, semelhante à do criado-mudo, perpetrada pelo racismo da branquitude brasileira.

Nessa situação ficcional descrita, aparece claramente o apagamento e a invisibilização da pessoa negra e subalternizada. Aqui, o direito à opacidade nem chega a se configurar, dada a condição de inexistência e desumanização, como se a pessoa fosse uma máquina que presta serviços, nada ouve, vê, sente ou entende. A incapacidade de relação fica evidenciada na atuação violenta do racismo, que não reconhece um semelhante na pessoa da empregada.

Outra situação é o cansaço manifestado por pessoas negras quando estão em um lugar onde foi praticada uma fala ou ato racista e nenhuma das pessoas brancas presentes denuncia o ocorrido. São elas mesmas que terão de falar e reagir. Como se o problema do racismo fosse do negro e não do branco, fruto de uma falta de identificação com o outro negro, não reconhecido como semelhante.

Por outro lado, quando a pessoa branca, dentro da instituição, inicia seu processo de rompimento com o pacto narcísico da branquitude vigente, poderá ser vista como alguém que está incomodando, fazendo barulho, pode perder seu lugar habitual junto aos demais e o "amor" anteriormente recebido. Poderia ser vista como traidora do pacto ou mensageira das más notícias, pois denuncia de alguma maneira a violência do racismo individual e institucional. Alguém que "deveria silenciar tanto as denúncias quanto a si mesma". Inclusive, na sequência da Assembleia Geral que aprovou o Projeto Ubuntu, um colega – homem e branco – disse que a presidente da instituição (na época) havia sido eleita para administrar a sociedade, e não para falar as coisas que vinha falando (referindo-se a posições de denúncia e aos alertas quando surgiam falas racistas e xenofóbicas em atividades científicas abertas).

Mobilidade social e racismo

Como aponta Paim Filho (2019), a população negra brasileira se viu coagida, desde a escravização, a viver em territórios simbólicos e materiais que perpetuassem o *apartheid* cultural, econômico e social. Temos, assim, a ausência significativa de negros e negras em espaços de poder. Ocupar tais espaços traz possibilidades de novas narrativas, de criar e recriar efetivas possibilidades reparatórias para um povo que construiu, e segue construindo, este país, sem o reconhecimento devido. Ainda conforme o autor, um processo de metamorfose, para ocorrer, exige, por parte da branquitude, o desenvolvimento de uma capacidade de renúncia inaudita. Requer ainda assumir as responsabilidades críticas pelo que foi herdado do universo patriarcal europeu: o poder conferido pelo simples fato de ser branco – gênese primeira do simulacro de uma meritocracia descolada de seu legado identificatório com o colonizador. Prevalece a ideia de que "tudo posso, pois sou branco".

Azevedo (2022, p. 30) afirma que "muitos de nós insistem na falácia de que o problema é social, e não racial. Mas não devemos nos enganar: a mobilidade social do indivíduo, como fato isolado, não afeta o coração do sistema racista".

Em relação aos processos de mobilidade, conforme Neusa Santos Souza (2021, pp. 50-51), a emocionalidade do negro é historicamente determinada, sendo subordinada ao conjunto da formação social na qual está inscrito. Devido ao processo identificatório com o branco, que ficou no lugar de ideal, passando pela miscigenação imposta pela branquitude, o negro é compelido a tomar o branco como modelo de identidade em suas estratégias de sobrevivência e ascensão social com o objetivo de "tornar-se gente". A "democracia racial", associada à ideologia do embranquecimento, foi gerando um distanciamento do pertencimento, pois, para ascenderem, os negros precisavam se afastar de seu grupo, fortalecendo o individualismo e resultando num crescente desestímulo à solidariedade do grupo. Um exemplo clássico desse processo é o "negro único" nas diversas trajetórias de ascensão social de negros, em qualquer âmbito, inclusive na psicanálise.

Diz Neusa Santos Souza (2021, p.52): "Enquanto exceção, 'confirmava a regra', já que seu êxito não trazia como consequência uma reavaliação das condições de possibilidade do negro enquanto grupo, nem uma mudança de sua posição na ordem social vigente. Como exceção, perdia a cor."

Na Sociedade Brasileira de Psicanálise de Porto Alegre (SBPdePA), vivemos dentro dessa lastimável realidade até o ano de 2020, quando a fala contundente do "negro único", o colega Ignácio Alves Paim Filho, ressoou entre nós como uma necessidade de mudança e abertura de espaços e ações reparatórias possíveis. Conforme Djamila Ribeiro (2019), a inação contribui para perpetuar a opressão.

Nessa perspectiva, é criado o Projeto Ubuntu, buscando romper com a ideia da história única, como bem descreve Adichie (2010), pois "ela rouba a dignidade das pessoas" (p. 27). No decorrer do ano de 2025, teremos sete bolsistas. Já não temos o negro único, mas estamos longe do número justo, considerando a proporção da população negra no Rio Grande do Sul (RS). No censo de 2022, o IBGE (2022) revela que 21% da população do estado se identifica como negra (pardos e pretos) no RS, o que corresponderia a aproximadamente quarenta colegas negros na instituição. Muito caminho a andar.

Espaços de resistência e luta: modelos de identificação

A capacidade de resistência é evidenciada na luta secular por sobreviver e viver, sendo os terreiros de religiões de matriz africana e as escolas de samba espaços essenciais para o enfrentamento coletivo das dores e feridas abertas que o racismo causa. A beleza e a alegria das escolas de samba e de todas as manifestações artísticas produzidas pela população negra no Brasil mostram uma força gigante, a mesma que construiu este país.

Cada vez mais, os sambas enredo têm mostrado críticas sociais que denunciam o racismo e a desigualdade social, além de exaltar a história e a cultura afrobrasileiras, incorporando elementos de religiões de matriz africana e recontando a nossa história, retirando do apagamento grandes personalidades negras.

No carnaval carioca de 2025, a Estação Primeira de Mangueira cantou, no enredo criado por Sidnei França – *À Flor da Terra – No Rio da Negritude entre Dores e Paixões* (Mangueira, s.d.) –, a presença dos povos bantus na cidade do Rio de Janeiro.

Os bantus, um agrupamento linguístico do continente africano, representaram a maioria dos negros que adentraram, de forma forçada, pelo Cais do Valongo, localizado no que hoje se entende como Pequena África. A Mangueira retratou a vivência dessa população em toda a cidade, a partir da sua chegada nessa região, revelando sua história "à flor da terra". As vidas negras que florescem no solo carioca foram exaltadas e homenageadas em sua capacidade de dialogar com diferentes religiões, influenciar a cultura, tendo fundamental presença na vivência da cidade, apesar de tantas tentativas de apagamento da sua contribuição à negritude do Rio de Janeiro (Mangueira, s.d.).

Dos diversos sons vindos de instrumentos individuais que compõem a bateria de uma escola de samba, surge uma melodia própria pela soma de todos, a qual transcende o indivíduo e o grupo, invadindo a avenida e contagiando quem assiste. O canto, a coreografia e a bateria carregam a força, a tristeza, a alegria e a beleza da luta antirracista no Brasil.

As novas gerações de crianças negras podem encontrar, cada vez mais, modelos de identificação valorizados, que ocupam espaços de prestígio na cultura e no mundo profissional, ainda que estejamos muito longe do justo e desejável. Dados do IBGE (2025) apontam que, entre 2000 e 2022, a proporção de pessoas com 25 anos ou mais de idade com nível superior completo cresceu 2,7 vezes, passando de 6,8% para 18,4% (enquanto a média esperada para os países da Organização para a Cooperação e Desenvolvimento Econômico é de 48%).

A percentagem de pessoas com ensino superior completo aumentou entre brancos e negros (pardos e pretos), mas ainda há diferenças significativas entre os grupos étnicos. Na população preta, o aumento foi de 5,8 vezes no período, passando de 2,1% para 11,7%. Entre os pardos, a taxa subiu de 2,4% para 12,3% (crescimento de 5,2 vezes). O maior aumento ocorreu entre os brancos, cuja proporção passou de 9,9% para 25,8%. Ou seja, a desproporção permanece enorme, sobretudo diante do fato de que mais da metade da população brasileira é composta por pardos e pretos, mantendo-se, assim, a desigualdade social vigente.

Junto com os cantos e as danças das várias etnias de povos originários, trazendo a polifonia da natureza e a história de cada tribo, temos no Brasil um caldo de cultura imensamente fértil e belo que contrasta com a violência para seu extermínio e que resiste desde a invasão do Brasil pelos colonizadores.

Travessia contínua

Jairo Carioca de Oliveira (2025), na obra *O eu rasurado*, seu manifesto de um "Devir-Negro do Mundo", analisa os efeitos do racismo sobre a subjetividade negra, os estragos, as rasuras, mas recusa o lugar de objeto passivo da branquitude e reivindica um espaço de criação, ruptura e transformação. Para ele, a solução não está em disputar um espaço dentro do Outro programado para excluir a pessoa negra, mas reinscrever-se fora dele, construindo uma outra lógica de existência que não dependa do reconhecimento branco.

No prólogo do livro, Kibuuka (2025) pontua que Jairo chega afirmando que a subjetividade negra foi construída historicamente como um erro a ser corrigido, um borrão a ser apagado. Mas, o que acontece quando o erro se recusa a ser consertado? E se torna a própria gramática de um novo discurso? Ele também percebe como a psicanálise pode ser um instrumento de descolonização ou de perpetuação do apagamento.

Para Jairo Oliveira (2025), reconhecer-se negro não é um processo passivo, mas um ato de ruptura, um *vir a ser* que desafia a gramática colonial e exige novas formas de nomeação e de existência. Nessa leitura, ele faz uma proposta instigante, a de que a energia da raiva e do ódio seja usada para a revolta e a criatividade.

Tornar-se racializado, enquanto brancos, também requer atos de ruptura com os pactos de privilégios que a branquitude propõe e executa. Assim, nós nos associamos à fala de Jairo Oliveira (2025): a luta contra o racismo é uma travessia contínua, sem ponto final, sem síntese conciliadora, apenas a persistência do pensamento crítico contra o trauma destruinte. Sigamos, então, na travessia com nossas redes coletivas possíveis, criando devires e formas de existir.

Referências

Adichie, C. N. (2010). *O perigo de uma história única*. Companhia das Letras.

Albert, B., & Kopenawa, D. (2023). *O espírito da floresta*. Companhia das Letras.

Alves, M. C. (2024, 15–19 de outubro). *Violência antinegro e direito à opacidade: o lugar do semelhante para Além do Princípio do Prazer da sua majestade a branquitude*. Trabalho apresentado no 35° Congresso da FEPAL – Intolerância, Fanatismo e Realidade Psíquica, Rio de Janeiro, RJ.

Amaral, E. C. (2023). Pólens de cuidado. In M. C. Alves, C. M. I. Pinto & A. D. Sant'Anna Jr. (Orgs.), *Insurgências poéticas-políticas: epistemologias e metodologias negras, descoloniais e antirracistas* (pp. 87-110). Redeunida.

Azevedo, L. M. (2022). *A sociedade da cor: Brasil, país da igualdade racial?* Editora de Cultura.

Bento, M. A. (2002). Branqueamento e branquitude no Brasil. In M. A. Bento & I. Carone (Orgs.), *Psicologia social do racismo: estudos sobre branquitude e branqueamento no Brasil* (2a ed., pp. 1-30). Vozes.

Berenstein, I., & Puget, J. (1997). *Lo vincular*. Paidós.

Bispo, A. (2021). *Confluências* [Vídeo]. Do Morro Produções. https://www.youtube.com/watch?v=fi-4T8tdYDY

Escóssia, L., & Kastrup, V. (2005). O conceito de coletivo como superação da dicotomia indivíduo-sociedade. *Psicologia em Estudo, 10*(2), 295–304.

Freire, L. L. (2006). Segundo Bruno Latour: notas para uma antropologia simétrica. *Comum, 11*(26), 46–56.

Glissant, É. (2021). *Poéticas da relação*. Bazar do Tempo.

Instituto Brasileiro de Geografia e Estatística. (2022). *Edição Censo Demográfico 2022*. https://www.gov.br/igualdaderacial/pt-br/composicao/secretaria-de-gestao-do-sistema-nacional-de-promocao-da-igualdade-racial/diretoria-de-avaliacao-monitoramento-e-gestao-da-informacao/informativos/Informe-edicao-censo-demogrfico2022.pdf

Instituto Brasileiro de Geografia e Estatística. (2025). *Censo 2022: proporção da população com nível superior completo aumenta de 6,8% em 2000 para 18,4% em 2022*. https://agenciadenoticias.ibge.gov.br/agencia-noticias/2012-agencia-de-noticias/noticias/42742-censo-2022-proporcao-da-populacao-com-nivel-superior-completo-aumenta-de-6-8-em-2000-para-18-4-em-2022

Kibuuka, B. (2025). Prólogo. In J. C. Oliveira, *O eu rasurado: um manifesto afro-pindorâmico pela insurreição do pensável* [Livro eletrônico]. Ed. do Autor.

Kilomba, G. (2019). *Memórias da plantação: episódios de racismo cotidiano*. Cobogó.

Krenak, A. (2022). *Futuro ancestral*. Companhia das Letras.

Malvezzi, C. D., & Nascimento, J. L. (2020). A teoria ator-rede e o estudo da intersetorialidade nas políticas públicas. *Interface – Comunicação, Saúde e Educação, 24*.

Mangueira. (s.d.). *À flor da terra – No rio da negritude entre dores e paixões* (Enredo de carnaval; Sidnei França, Aut.; S. França, A. Portes, F. Tinoco & S. Paz, Pesq. e Texto; G. Firmino, Presidente; M. Barreto, Vice-presidente). https://mangueira.com.br/site/enredo-2025/

Mendonça, M. (2022). *Cavalos em corrida dentro da garganta*. Estúdio Mar Edições.

Oliveira, J. C. (2025). *O eu rasurado: um manifesto afro-pindorâmico pela insurreição do pensável* [Livro eletrônico]. Ed. do Autor.

Paim Filho, I. A. (2019). *Inconfidências metapsicológicas: Das Unheimliche*. Sulina.

Portal Geledés. (2016, 13 de março). *Ubuntu: a filosofia africana que nutre o conceito de humanidade em sua essência*. https://www.geledes.org.br/ubuntu.filosofia-africana-conceito-de-humanidade-em-sua-essencia

Puget, J. (2011). Las violencias en diferentes situaciones. *Psicoanálisis*, 33(1), 117-131.

Ribeiro, D. (2019). *Pequeno manual antirracista*. Companhia das Letras.

Sant'Anna Jr., A. D. (2023). A clínica na escrita. In M. C. Alves, C. M. I. Pinto & A. D. Sant'Anna Jr. (Orgs.), *Insurgências poéticas-políticas: epistemologias e metodologias negras, descoloniais e antirracistas* (pp. 37-62). Redeunida.

Sbardelotto, M. (2010, 6 de dezembro). Ser por meio dos outros: o ubuntu como cuidado e partilha. *IHU On-line - Revista do Instituto Humanitas Unisinos* (Ed. 353). Acesso em 18 agosto 2024.

Souza, N. S. (2021). *Tornar-se negro: ou as vicissitudes da identidade do negro brasileiro em ascensão social*. Zahar.

Veríssimo, T. C. (2017). O racismo nosso de cada dia. In N. M. Kon, M. L. Silva & C. C. Abud (Orgs.), *O racismo e o negro no Brasil: questões para a psicanálise* (pp. 232–249). Perspectiva.

Veyne, P. (1982). *Como se escreve a história; Foucault revoluciona a história* (A. Dutra & M. A. Kneipp, Trads.). Editora da UNB. (Obra original publicada em 1971)

GRÁFICA PAYM
Tel. [11] 4392-3344
paym@graficapaym.com.br